DOM OBÁ II D'ÁFRICA,
O PRÍNCIPE DO POVO

EDUARDO SILVA

DOM OBÁ II D'ÁFRICA, O PRÍNCIPE DO POVO

Vida, tempo e pensamento de um homem livre de cor

COMPANHIA DAS LETRAS

Capa:
Ettore Bottini
Fundo: detalhe de
Rua da Candelária, óleo sobre
tela de Victor Meireles, s/ data
Desenho de d. Obá: detalhe
de *cartoon* satírico (artista
desconhecido) publicado em
Distração, janeiro de 1886.

Preparação:
Carlos Alberto Inada

Índice remissivo:
Daniela de Franco Carneiro

Revisão:
Isabel Jorge Cury
Ana Paula Castellani

Dados Internacionais de Catalogação na Publicação (CIP)
(Câmara Brasileira do Livro, SP, Brasil)

Silva, Eduardo
Dom Obá d'África, o príncipe do povo : vida, tempo e pensamento de um homem livre de cor — / Eduardo Silva. — São Paulo : Companhia das Letras, 1997.

Bibliografia.
ISBN 85-7164-723-2

1. Brasil — Condições sociais — Século 19 2. Brasil — História — Século 19 3. Escravidão — Brasil — História 4. Escravos — Brasil — Emancipação 5. Obá II, d'África, Dom. I. Título.

97-4895 CDD-981.04

Índice para catálogo sistemático:
1. Brasil : História social : Século 19 981.04
2. Século 19 : Brasil : História social 981.04

1997

EDITORA SCHWARCZ LTDA.
Rua Bandeira Paulista, 702, cj. 72
04532-002 — São Paulo — SP
Telefone: (011) 866-0801
Fax: (011) 866-0814
e-mail: coletras@mtecnetsp.com.br

Para Graça e Isaura

SUMÁRIO

Jacobina
Morro do Chapéu
N
0 50 km
Lençóis
Andaraí
Paraguaçu
BRASIL
BAHIA
AMÉRICA DO SUL
Salvador
Paraguai
São Francisco
Paraná
OCEANO PACÍFICO
Rio de Janeiro
Assunção
Desterro
Uruguai
PARAGUAI
Paraná
Uruguaiana
S. Gabriel
Porto Alegre
Alegrete
Buenos Aires
Uruguai
OCEANO ATLÂNTICO
ARGENTINA
0 500 km

PREFÁCIO

Este livro procura recuperar aspectos do cotidiano, ambiência cultural e universo simbólico prevalecentes entre escravos, libertos e homens livres de cor do Brasil do século XIX, através de um estudo de caso da vida e pensamento do auto-intitulado Dom Obá II d'África (*Obá* significando "rei" em ioruba), um "tipo de rua" que viveu na cidade do Rio de Janeiro nas últimas décadas da escravidão e do Império. Para a sociedade de bem Dom Obá não passava de um homem meio amalucado; entre escravos, libertos e homens livres de cor, ao contrário, ele era reverenciado como príncipe real, o Príncipe do Povo. Para o historiador ele representa um insuspeitado elo entre as elites dominantes de então e a massa brasileira que emergia da desagregação da sociedade tradicional.

Nos primeiros quatro capítulos, o livro reconstrói a vida de Dom Obá tão completamente quanto possível, tendo em vista a natureza fragmentária da documentação. Os dois capítulos seguintes (capítulos 5 e 6) constituem uma investigação sobre a natureza de suas relações com o imperador do Brasil, dom Pedro II, por um lado, e, por outro, sobre a extensão e natureza de sua liderança dentro de seu próprio reino, a "África Pequena" do Rio de Janeiro. O capítulo 7 lida com o quadro geral das idéias de Dom Obá, em particular com seu pensamento sobre as grandes questões políticas e sociais do seu tempo, o processo de abolição da escravatura e as relações inter-raciais. O último capítulo é uma discussão sobre as fontes do pensamento de Dom Obá e as influências nele presentes, seus pressupostos básicos, universo simbólico e visão da história.

INTRODUÇÃO

No dia 2 de dezembro de 1888 o Rio de Janeiro amanheceu em festa. O povo da cidade, "homens de cor a maior parte", em ruidosa manifestação de apoio, invadiu o Palácio Imperial, no centro. Celebrava-se então o 63º aniversário do imperador dom Pedro II, recém-chegado da Europa, onde sua saúde chegou a inspirar cuidados. Celebrava-se também — e pela primeira vez em presença do monarca — a lei que aboliu a escravidão no país, assinada sete meses antes, no dia 13 de maio, por sua filha e regente.

O contentamento popular, com essa confluência de motivos, ultrapassou todos os limites naquele 2 de dezembro. "A fisionomia popular da manifestação monarquista exagerava de tal maneira em franqueza que foi preciso a polícia mandar vestir camisa a alguns cidadãos de menos cerimônias", escreveu, com impaciência, um jovem ligado à oposição republicana. Um desses populares, Cândido da Fonseca Galvão, mais conhecido como Príncipe Obá, ou Dom Obá II d'África, foi preso por apresentar-se em palácio com sua farda de alferes do Exército enfeitada com "cintos de penas demasiado africanos". Tal atitude, como quase tudo que esse homem fez, acabou por transformar-se num prato feito para a "sátira política desocupada" daquela época de turbulências.[1]

Um ano depois, em 2 de dezembro de 1889, já não existia mais Império nem imperador. A República fora proclamada havia dezessete dias, os militares à frente, e o clima da cidade não era de festa. Naquele dia o "popularíssimo príncipe" Dom Obá II d'África saiu de novo às ruas com seu uniforme da Guerra do Paraguai, com seus galões e dragonas douradas, sua espada à cinta e seu chapéu armado com os penachos regimentais à cabeça. Conforme avançava, arrastou atrás de si considerável multidão marchando em protesto em direção ao mesmo Palácio Imperial. Diante das portas trancadas, apresentou armas, fez as continências de estilo e, segundo repetiram todos os jornais do dia seguinte, com as mesmas palavras, prorrompeu em "vivas" e "outros disparates". A polícia reagiu com mão pesada e a "alegre e aguda manifestação", classificada como "préstito festivo e assobiático", foi "rapidamente dispersada".[2]

Esse pequeno episódio não deixaria de ter conseqüências drásticas, considerando-se a pouca importância com que foi tratado pela imprensa. Quatro dias depois da marcha de protesto, o recém-instalado Governo Provisório, presidido por um general, cassou as honras militares do alferes, por "mau comportamento habitual e desordeiro".[3] Poucos meses mais, em 8 de julho de 1890, chegou ao fim de seus dias, "só e abandonado no mundo", numa casa da rua Barão de São Félix, no gueto pobre da cidade. Sua morte, para nossa surpresa, também ganharia a primeira página dos jornais, quase todos ressaltando a "enorme tribo de vassalos" do "príncipe", ou sua "imensa popularidade" na cidade do Rio de Janeiro.[4]

Depois de morto e enterrado, o Príncipe permaneceu na memória do Rio de Janeiro por muitos anos, até que fosse completamente esquecido. Ainda em 1918, como confirma o escritor Lima Barreto (1881-1922), podiam ser encontradas, muito orgulhosas, as "últimas pretas minas que conheceram o Príncipe Obá", sobretudo nos logradouros mais populares, como o largo do Moura e o beco da Batalha.[5] Do outro lado da cidade, na elegante Confeitaria Colombo e na rua do Ouvidor, também a boêmia poética lembraria o alferes em versos de ocasião, às vezes com desagradáveis sugestões raciais. Olavo Brás Martins dos Guimarães Bilac (1865-1918), o mais conhecido de nossos parnasianos, por exemplo, menciona o Príncipe em um poema escrito para ridicularizar os recorrentes boatos de um possível contragolpe monarquista, ou, como se dizia na época, uma reação "sebastianista".

Surda, a voz dos boatos assevera
Que grande parte da população
Alonga os olhos sôfregos, à espera
De dom Sebastião.

Dizem que, de uma longa soledade,
Que é o ninho escuro da conspiração,

Ele virá, em busca da cidade
De dom Sebastião.

É o Grão-Pará? O Obá? O Natureza?
É mulher fraca ou válido barão?
Ninguém sabe se príncipe ou princesa
É dom Sebastião![6]

Da mesma forma, Emílio de Menezes (1886-1918), em versos de sátira grosseira, ainda podia classificar um professor negro do Colégio Militar e da Escola Normal, Hemetério José dos Santos, de "neto de Obá, o príncipe africano", "Froebel de nanquim ou de azeviche", "Pestalozzi genial pintado a piche!".[7]

Quem foi, afinal, Dom Obá II d'África? O que representou? Por que provocava tantas reações contraditórias? O que estava tentando dizer em 1888 com suas penas demasiadamente africanas; ou depois, em 1889, com seus censurados "vivas" e "disparates"? Por que sua palavra, e mesmo sua aparência, parece tocar tão profundamente aquela sociedade, do povo comum aos editores de jornais e altos poderes do Estado?

Estas foram perguntas iniciais. Este livro pretende ser uma investigação histórica sobre a vida, o tempo e o pensamento desse homem e, por extensão, uma contribuição para a história cultural da sociedade brasileira. O tempo é a segunda metade do século XIX, marcado por profundas transformações sociais. Tempo de abolição do tráfico africano, a própria espinha dorsal do país até então; tempo de guerra prolongada na fronteira e da Guerra do Paraguai; tempo de abolição progressiva no front interno; tempo de crise política, golpe de Estado e mudança de regime.

O propósito de estudar um homem comum como individualidade pensante, e, ao mesmo tempo, como via de penetração em uma elusiva cultura popular ou mentalidade coletiva não pode ser considerado novo. Tal propósito, ao contrário, encontra-se magnificamente exercitado em pelo menos dois trabalhos publicados nas décadas de 1970 e 1980. Primeiro, *O queijo e os vermes*, em que Carlo Ginzburg procura estudar as "idéias [...] sentimentos, fantasias [...] aspirações" de um moleiro friulano, um certo Domenico Scandella, como via de acesso às "mentalidades coletivas" do século XVI italiano, uma "tradição oral antiqüíssima", um "estrato obscuro, quase indecifrável, de remotas tradições camponesas". O segundo, *O grande massacre de gatos*, no qual

Robert Darnton procura revelar (muito ousadamente, em se tratando de um anglo-saxão) "um ingrediente fundamental da cultura artesanal" do *ancien régime* francês, através da velha narrativa de um massacre de gatos executado com grande jocosidade por aprendizes e operários gráficos de uma oficina parisiense nos idos de 1730.[8]

Diferentemente do moleiro Scandella, contudo — e mesmo dos operários da rue Saint-Séverin, em Paris —, o alferes Galvão era um homem conhecido, uma quase celebridade em seu tempo. Seu retrato, como o retrato de sua esposa, ambos de autoria de Auguste Petit, consta dos catálogos da prestigiadíssima 26ª Exposição Geral da Academia Imperial de Belas-Artes, ocorrida entre agosto e novembro de 1884.[9] Um outro artista de renome, Belmiro de Almeida, pintou de novo o seu retrato, em 1886. Sobre o alferes podemos encontrar uma documentação relativamente abundante: notícias e caricaturas espalhadas pelos jornais; aqui e ali, observações de memorialistas, viajantes estrangeiros, médicos ilustres, delegados de polícia, políticos, escritores, poetas e assim por diante. Temos ainda seus próprios escritos perdidos nos arquivos e, sobretudo, nos jornais menos importantes da época. Muitos o conheciam por tomar parte em "desordens" como as de 2 de dezembro de 1888 e 1889; outros por terem ouvido falar de seus artigos; outros, por causa de suas freqüentes visitas ao Palácio Imperial da Quinta da Boa Vista, e ainda outros (na verdade quase todos) por tê-lo visto em seus passeios solenes pelas ruas estreitas da velha cidade envergando seu bem cuidado uniforme de alferes, ou, mais freqüentemente, metido em elegante fraque, cartola, luvas, bengala, guarda-chuva e *pince-nez* de aro de ouro.

O julgamento dos contemporâneos dificilmente poderia ter sido mais severo. Para o imigrante alemão Carl von Koseritz, que o conheceu em 1883, o alferes Galvão não passava de "um homem meio amalucado" que o imperador tinha a "paciência" de receber em palácio e que se dava a publicar textos incompreensíveis.[10] Para o dr. Rodolpho Galvão, em tese defendida na Faculdade de Medicina do Rio de Janeiro em 1886, o príncipe era um caso clássico de psiquiatria. "Toda a gente conhece e tem visto passar pelas ruas desta cidade [...] esse original paranóico, conhecido por Príncipe Obá II d'África", escreveu ele, na tentativa de esclarecer à banca examinadora a delicada questão do delírio ambicioso sistemático.

> Pois este é também um megalomaníaco que não perde ocasião de dar provas da sistematização de suas concepções delirantes, quer nas ruas, conservando sempre os ademanes principescos no modo de comportar-se e de trajar; quer na imprensa, onde constantemente exibe-se, fazendo a sua profissão de fé e aludindo ao seu caráter régio.[11]

Para Mello Moraes Filho, que escreveu na década de 1890, pouco depois da morte do Príncipe, foram precisamente os "excessos alcoólicos" que o acabaram levando à megalomania, ao sempre perigoso "sonho das grandezas". Para Moraes Filho, como para outros contemporâneos, o alferes era uma "figura típica" a mais dentro da "interminável galeria dos tipos de rua" de seu tempo, o Rio de Janeiro da transição escravista. Por isso, em seu livro, trata não apenas do Príncipe, mas também de outras figuras notórias — talvez os bodes expiatórios da transição —, como "Capitão Nabuco", o brutamontes mais forte da cidade; "Príncipe Natureza", também tido por amalucado e discursador; "Castro Urso", um vendedor de bilhetes de loteria, tido por parvo completo; "Padre Quelé", "Bolenga" e tantos outros, famosos por suas esquisitices, desalinho das vestes ou deformidades físicas.[12] Para o escritor Hermeto Lima (1872-1947), sem deixar de ser "figura típica", o Príncipe era ainda um elemento perigoso, um caso de polícia.[13] Para o jornalista, teatrólogo e delegado de polícia Vicente Reis (1870-1947), de novo, o Príncipe incluía-se entre os "tipos mais exóticos da cidade", mas não parecia perigoso. Parecia um "homem calmo", "risonho", que "a ninguém fazia mal".[14]

A partir desses contemporâneos, já na geração seguinte, o Príncipe entraria para o folclore brasileiro. Para Artur Ramos (1903-49), grande estudioso da cultura afro-brasileira, pareceu um bom exemplo, quase um arquétipo, de "rei ou príncipe destronado de monarquias históricas ou lendárias". Tais reis ou príncipes, segundo pensava Ramos — juntamente com o africano "guardador e transmissor da tradição, o velho escravo conhecedor das crônicas de família, o bardo, o músico cantador de melopéias nostálgicas, o mestre-de-cerimônias dos jogos e autos populares negros" —, acabariam permitindo a criação do rico, embora sempre descuidado, folclore negro do Brasil.[15]

Em meados do século XX, já quase esquecido, o príncipe ganharia uma entrada no *Dicionário do folclore brasileiro*, de Câmara Cascudo, e um pequeno capítulo num livro de *petite histoire*, ambos baseados substancialmente nas recordações de Mello Moraes Filho, sobre esse ponto, o texto mais acessível e influente.[16]

Além de severo, o julgamento dos contemporâneos era superficial e não parecia levar na devida conta o outro lado da moeda. Na verdade, ao mesmo tempo que era tido por louco pela sociedade de bem, o Príncipe era reverenciado como príncipe real por considerável parcela da população carioca — escravos, libertos e homens livres de cor —, que parecia compartilhar suas concepções de mundo, seus símbolos e idéias. Muitos pagavam-lhe tributo em dinheiro como a um verdadeiro soberano; ajoelhavam-se à sua passagem solene com exclamações de orgulho e reverência; reuniam-se nas tavernas para ler em voz alta os seus artigos, publicados tanto nos pasquins como na grande imprensa.[17]

Embora considerados à época como meras "moxinifadas", isto é, embrulhadas incompreensíveis, tais escritos constituem uma rara oportunidade para encaminhar a pesquisa por direções freqüentemente pouco exploradas, entre outros motivos, por falta de documentação adequada. Afinal, como explicar o comportamento de escravos, libertos e homens livres de cor nos dramáticos momentos de desintegração da ordem escravista? Como a nação brasileira pensou as relações raciais, os direitos e os deveres da cidadania?

Filho de africano forro, brasileiro de primeira geração, o Príncipe, como seus súditos, viveu processos históricos e culturais complexos. Seus escritos, vazados em português ainda mal assimilado, com algumas pitadas de ioruba e mesmo latim (ver Anexos), não deixarão de produzir ainda hoje, como na própria época em que foram formulados, forte dose de estranhamento, barreiras sócio-culturais que não podem ser desconhecidas, nem desrespeitadas, neste tipo de trabalho. Penetrar essa época, essa cultura específica, requer um respeito metodológico à diferença. Como ensinou Lévi-Strauss, apoiando-se em Malinowski: "Pôr-se no lugar dos homens [...], compreender-lhes as intenções no seu princípio e no seu ritmo, perceber uma época ou uma cultura como um conjunto significante".[18] Batendo na mesma tecla, também Robert Darnton alerta-nos para a importância epistemológica desses resíduos de indecifrabilidade, quando pretendemos penetrar um mundo de significados estranhos. "Quando não conseguimos entender um provérbio, uma piada, um ritual ou um poema" — ou ainda um príncipe, podemos acrescentar —, "temos a certeza de que encontramos algo."[19]

Enquanto empenhado na pesquisa para este livro, por boa parte dos últimos oito anos, contei com o interesse e o apoio de vários historiadores estabelecidos: dr. Américo Jacobina Lacombe, dr. Francisco de Assis Barbosa e dr. Francisco José Calazans Falcon, no Rio de Janeiro, e, na Inglaterra, professor Leslie Bethell, da Universidade de Londres, um especialista em tráfico e escravidão no Brasil, que se tornou não apenas meu orientador acadêmico, mas um amigo.

Pelo interesse e comentários críticos, desde os primeiros momentos do projeto, devo agradecer aos colegas do Setor de História da Fundação Casa de Rui Barbosa, especialmente a Rosa Maria Barboza de Araújo, que a todos representa.

Tive a boa fortuna de apresentar partes específicas deste trabalho (e minhas formulações iniciais) em proveitosos encontros acadêmicos. Em dezembro de 1986, em seminário promovido pelo curso de mestrado em ciências sociais da Universidade Federal da Bahia; em junho de 1988, no congresso internacional promovido pela Universidade Federal Fluminense e pela Universidade Federal do Rio de Janeiro, por ocasião do centenário da Abolição da escravatura no Brasil; em junho de 1991, na Universidade de Londres, como parte da programação desenvolvida no ILAS, Institute of Latin American Studies.

Nessas ocasiões, como em outras, foram especialmente benéficos os comentários dos drs. Luís Henrique Dias Tavares, da Universidade Federal da Bahia; Sandra e Richard Graham, da Universidade do Texas; Christopher Abel, da Universidade de Londres, e Peter Clarke, do King's College. Robert Levine, da Universidade de Miami, mandou-me gentilmente os manuscritos de seu livro sobre o sertão da Bahia. Babatunde Sofela, da Universidade de Ibadan, na Nigéria, e companheiro de curso na Universidade de Londres, generosamente discutiu e traduziu algumas frases que Dom Obá II d'África escreveu diretamente em ioruba.

A pesquisa tornou-se possível pela generosa assistência dos seguintes arquivos e bibliotecas: no Brasil, Arquivo Nacional, Biblioteca Nacional, Arquivo Seletivo do Exército, Arquivo do Instituto Histórico e Geográfico Brasileiro, Museu Histórico Nacional, Arquivo Geral da Secretaria do Patrimônio Histórico e Artístico Nacional, Biblioteca da Academia Nacional de Medicina, Biblioteca e Arquivo Histórico da Fundação Casa de Rui Barbosa, Museu Imperial de Petrópolis e Arquivo Público do Estado da Bahia; na Inglaterra, British Library, University of London Library, School of Oriental and African Studies Library e Biblioteca da Embaixada do Brasil, em Londres. Estou especialmente em débito com Helena Dodd Ferrez e Célia Góes, do Museu Histórico Nacional; José Gabriel da Costa Pinto, do Arquivo Nacional; Lygia Cunha, da Biblioteca Nacional; Vicente Tapajós, do Instituto Histórico e Geográfico Brasileiro; Abigail de Oliveira Carvalho, da Universidade Federal de Minas Gerais, e Fátima Argon, do Museu Imperial de Petrópolis, por me enviarem informações a que, de outra forma, eu não teria acesso. Cecília Moreira Soares, em Salvador, por curto período, e Pedro Paulo Soares, no Rio, durante seu estágio na Fundação Casa de Rui Barbosa, ajudaram-me no trabalho de levantamento arquivístico.

Em 1986 e 1987 tive a sorte de passar dois períodos realizando pesquisa de campo em Lençóis, no sertão da Bahia. A cidade já não guardava memória de seu modesto filho, Cândido da Fonseca Galvão, e os documentos históricos se perderam ou foram transferidos para a capital. Guardava, contudo, muito da arquitetura, costumes, crenças, ditos e lendas do seu tempo. Pela acolhida humana, pela paciência de ouvir minhas perguntas e pela generosidade das respostas, devo agradecer a quase toda a cidade, em especial a dona Benedita Pereira da Paixão, forte e lúcida em seus 75 anos e conservando ainda, com todo o zelo, o altar de barro tipicamente ioruba deixado por sua bisavó, "nagô legítima", por nome Cilivera; ao sr. José Porcino Araújo, o garimpeiro Zé Cangolá, 64 anos, "filho de ex-cativo" e devoto de são Jorge Guerreiro. Nascido na região vizinha de Morro do Chapéu, chegou a Lençóis tocado pela seca, e ainda conheceu, na mocidade, as "netas das nagô", com seus turbantes, seus panos-da-costa e seus ditados característicos. Agradeço também ao sr. Theotônio Oliveira, 96 anos, ex-comprador de diamantes e grande comerciante local; a Ivanice Alcântara de Souza, vereadora e diretora da Casa de Cultura Afrânio Peixoto; e, de modo especial, ao colecionador e guardião das tradições locais, sr. Oswaldo Senna Pereira, Mestre Oswaldo por aclamação de toda a cidade.

Estou em débito ainda com o CNPq, pela bolsa que permitiu finalizar minhas pesquisas em Londres, ao mesmo tempo que perseguia minha formação de historiador. Maria Lúcia Lamounier emprestou o escritório em momentos decisivos; minha irmã Jô e meu compadre Carlos Règent atuaram como procuradores no Rio durante minha ausência; Luciano Magnavita confeccionou o mapa; Graça não apenas digitou os originais como dividiu os bons e maus momentos da travessia.

Londres, abril de 1992

NOTA À 1ª EDIÇÃO EM PORTUGUÊS

Este livro foi publicado pela primeira vez na Inglaterra, em 1993, e reproduz a tese que defendi na Universidade de Londres, no ano anterior.

Para a presente edição, além da atualização dos capítulos, procedeu-se à expansão dos apêndices, com a inclusão de novos textos de Dom Obá.

Nos apêndices, como nas citações, não é sem emoção que vejo Dom Obá II d'África voltar a expressar-se em sua própria língua, com toda a fidelidade. Para facilitar a leitura, contudo, atualizamos a grafia das palavras e desdobramos as abreviaturas. A pontuação e o uso de maiúsculas foram mantidos conforme os originais.

O presidente da Fundação Casa de Rui Barbosa, Mario Brockmann Machado, e o diretor do Centro de Pesquisas, José Almino de Alencar e Silva Neto, garantiram o apoio institucional e o bom clima acadêmico. Elizabeth da Silva Fonseca, do Setor de História, rebateu com a competência de sempre.

Rio de Janeiro, março de 1997

ABREVIATURAS

AN	Arquivo Nacional (Rio de Janeiro)
Apeba	Arquivo Público do Estado da Bahia (Salvador)
ASE	Arquivo Seletivo do Exército (Rio de Janeiro)
CNPq	Conselho Nacional de Desenvolvimento Científico e Tecnológico (Brasília)
FCRB	Fundação Casa de Rui Barbosa (Rio de Janeiro)
IHGB	Instituto Histórico e Geográfico Brasileiro (Rio de Janeiro)
INL	Instituto Nacional do Livro (Brasília)
MEC	Ministério da Educação e Cultura (Brasília)
MHN	Museu Histórico Nacional (Rio de Janeiro)
MIP	Museu Imperial de Petrópolis (Petrópolis, RJ)
PP	Parliamentary Papers

1
O ENGANO DAS MINAS

> *Lençóis é como o Brasil, todo o sertão do Brasil. Sem o engano das minas, a cobiça e a esperança de as lograr, quem lá, das costas do mar, teria chegado até aqui, além daqui, neste fundão de terras sem fim? Quem haveria de tomar conta disso, que é hoje nosso e foi conquistado e apossado por eles, os mineiros, caçadores de ouro e diamantes?*
>
> Afrânio Peixoto, *Bugrinha*, 1922

O SERTÃO

Pouco antes da independência do Brasil, em 1822, quando os naturalistas alemães Johann von Spix e Karl von Martius atravessaram o sertão da Bahia catalogando a flora, fauna e geologia da região, a cordilheira do Sincorá ainda dominava uma paisagem descrita como "solitária" e de "beleza agreste". A serra, com seus declives suaves cobertos de verde, suas paredes abruptas e terraços muito brancos e brilhantes, pareceu àqueles homens de ciência um pano de fundo "extremamente pinturesco".[1]

Já mais próximos, no vale do rio Sincorá, foram surpreendidos pelo esvoaçar de "milhares de borboletas multicores" em torno deles, e muito se deixaram impressionar, então, por aquela corrente de águas límpidas guarnecida, em ambas as margens, pelas "magníficas" flores roxas e purpurinas das melastomáceas, rhéxias e andrômedas.

Vinham da vizinha província de Minas Gerais, acompanhando o curso do rio São Francisco pelo interior da Bahia. Impressionava-os, naquele ponto em especial, as formações geológicas do centro-oeste baiano. Tudo ali os fazia lembrar — como notam, repetidas vezes — o Tijuco, a região diamantífera que tinham deixado, em Minas Gerais. A certa altura já estavam convencidos, e com inteira razão, de que aquela serra, dita do Sincorá, não era senão a última irradiação setentrional do grande maciço da Mantiqueira, núcleo principal das riquezas minerais da província de onde vinham.[2]

As hipóteses eram sedutoras, sem dúvida, mas os cientistas correriam perigo de vida se insistissem na pesquisa. Era outubro, início da estação mais seca do ano, e nem o próprio vigário do povoado mais próximo, também conhecido como Sincorá, "conseguia obter milho". A pesquisa passou a ser secundária. Na manhã seguinte, "a falta absoluta de forragem" obrigou-os a transpor a serra e, depois dela, enfrentar a difícil travessia até Maracás, o povoado mais próximo na direção da capital e porto de São Salvador. Como foram alertados pelos sertanejos, através da caatinga brava, não poderiam contar com mais nada por vinte léguas, nem água de beber, nem forragem para os animais. Quando muito, "em três ou quatro lugares", poderiam encontrar pequenas poças de água verde, fétida e amarga. "Na verdade, era desesperadora a nossa situação e iminente o risco de ficarmos com a nossa bagagem nessa triste solidão, para morrer à míngua", conforme escreveram. Para cúmulo dos azares, certa noite, o próprio guia da expedição fugiria, temeroso, também ele, dos resultados da viagem.

Já a travessia da serra do Sincorá, poucos dias antes, fora um empreendimento de fôlego. As mulas de carga, famintas, haviam comido uma erva venenosa, muito comum na região, e "tremiam", "bufavam arquejantes" e ajoelhavam-se nos pontos mais íngremes da trilha, sem forças para prosseguir. Os cientistas foram obrigados a carregar, eles mesmos, suas coleções para o outro lado da montanha. Agora, no meio da caatinga, as mulas, extenuadas e com os lombos feridos pelas cangalhas, "recusavam-se ao serviço". Duas caíram mortas na estrada e outras, doentes e exaustas, seriam abandonadas à própria sorte. "Nessa extrema aflição", Spix e Martius foram obrigados a abandonar "naquela mata ressecada" grande parte das amostras de minerais e esqueletos de animais exóticos, que haviam coletado no curso de suas aturadas pesquisas, para, como escrevem, "somente cuidar de salvar as nossas vidas".

Salvou-os de fato o surgimento de uma outra tropa, "bem organizada" e conduzida por gente da terra, que, providencialmente, fazia a mesma rota levando seus fardos de algodão para serem vendidos em Salvador. Senhor Agostinho Gomes — um "honrado fazendeiro" de Caetité — "ofereceu generosamente algumas de suas mulas [...], cedeu-nos uma parte de sua provisão de milho, e, em suma, encarregou-se dos cuidados da nossa viagem até o litoral, onde nos deixou sãos e salvos".[3]

ECONOMIA E SOCIEDADE

Estas eram as condições reinantes, por todo o centro-oeste baiano, ao tempo de Spix e Martius, isto é, entre 1817 e 1820. Além de alguns pequenos núcleos dedicados à mineração do ouro, que remontavam à primeira metade do século XVIII, como a vila do Rio de Contas, comarca de Jacobina, e outros arraiais menores,[4] a ocupação da parte plana — área contígua aos extensos "campos gerais", com vegetação típica de cerrado — fez-se sob a forma de enormes fazendas, situadas em torno das melhores fontes de água potável, dedicadas à criação extensiva de gado vacum, asinino e cavalar, aproveitando os pastos de capim nativo, resistentes às estiagens, ou, mais raramente, por plantações de algodão. Estão neste último caso, sem dúvida, a fazenda da Lagoa de Nossa Senhora da Ajuda, entre Caetité e a vila do Rio de Contas, "uma das maiores propriedades do sertão", onde Spix e Martius puderam contar "mais de cento e sessenta escravos"; ou, já no Rio de Contas, a fazenda Casa de Telha — sendo as coberturas desse tipo um luxo notável na região —, "vasta fazenda" com grandes plantações de algodão nas matas de caatinga. Os proprietários dessas fazendas maiores eram quase sempre absenteístas, vivendo às vezes "com incrível aparato" em centros mais civilizados e confiando a administração de suas terras, segundo os viajantes, "a um mulato".[5]

Nas áreas mais secas as fazendas eram ainda mais pobres, "muito espaçadas" umas das outras e, geralmente, em torno não exatamente de fontes de água potável, mas "de umas poças ou péssimas cisternas", conhecidas na região como *cacimbas*. A própria denominação das propriedades encontradas por Spix e Martius nessas áreas reflete as condições reinantes: fazenda do Pau de Espinho, fazenda do Seco ou, finalmente, fazenda do Rio Seco. [6]

Em torno a esses produtos principais — ouro, couro e algodão destinados ao longínquo mercado externo — viam-se ainda pequenos núcleos dedicados à agricultura de subsistência, sobretudo de milho e mandioca. Nas fazendas maiores essas culturas de subsistência estavam entregues, como foi comum na formação escravista brasileira, à iniciativa autônoma dos escravos. Na fazenda da Lagoa de Nossa Senhora da Ajuda, por exemplo, Spix e Martius puderam comprar as provisões de que tanto necessitavam, diretamente aos escravos, que, segundo notam, "cultivavam suas pequenas roças, nos dias de liberdade". [7]

Também dedicados à agricultura de subsistência, podiam ser encontrados, aqui e ali, pequenos núcleos de população, sempre muito pobres, como o Arraial de Maracás, um lugarejo que, "além de ruim e muito pobre, estava abandonado pela maioria dos habitantes"; ou a vila da Pedra Branca, descrita como simples "filas de palhoças baixas, de taipa, e, no meio delas, uma igreja da mesma construção"; ou ainda a "pobre e pequena" Sincorá, onde Spix e Martius não conseguiram comprar nem forragem para suas mulas de carga e onde "o próprio vigário moreno do povoado não conseguia obter milho". O padrão de saúde — assim como as condições de vida — encontrado por toda aquela área pareceu aos viajantes "inferior [...] ao dos mais remotos sertanejos de Minas" e mesmo "incrível" num "país de riqueza tão exuberante" como o Brasil.[8]

Completa o quadro social uma população perigosa e flutuante de homens de aluguel conhecidos por *valentões* ou *jagunços*, que vagavam por aqueles sertões sempre prontos a executar o eventual trabalho sujo dos fazendeiros. Praticavam todo tipo de atrocidades e escapavam à justiça graças ao conhecimento exato do terreno e ao auxílio dos aliados. Este era o caso, sem dúvida, daquele "homem agigantado", certamente em fuga, que, "metido numa capa de cavaleiro, armado de espada e de pistolas", entrou com grande "atrevimento" na casa em que estavam hospedados os cientistas, na vila de Caetité, e, sem cumprimentar ninguém, "com impetuosa arrogância e joviais gracejos", exigiu "imediato tratamento" de suas doenças venéreas.[9]

"LOUCURAS, VERDADEIRAS LOUCURAS"

Profundamente impressionados com tudo o que viram e particularmente com a possibilidade de haver diamante nos terrenos da chapada, os naturalistas alemães, depois de salvos, alertaram para o fato um dos grandes proprietários da região, sargento-mor Francisco José da Rocha Medrado. A primeira descoberta, contudo, só ocorreria mais de vinte anos depois, em 1841 (lavra de Aroeiras, em Xiquexique), por um alferes de nome Malto, que desceu de Minas Gerais pelo rio São Francisco, repetindo percurso semelhante ao de Spix e Martius.[10] Novas descobertas se sucedem numa cronologia extremamente difícil de estabelecer, a começar pela rapidez dos acontecimentos: morro do Chapéu (1841), serra da Chapada Grande, ou das Aroeiras (1841-2), serra do Sincorá (1843-4), Santa Isabel do Paraguaçu (1844), Perdizes, Andaraí, Lençóis e outros achados menores.

A população às margens do rio Mucugê, na serra do Sincorá, explodiu para mais de 25 mil pessoas em menos de seis meses. No povoado de Paraguaçu, em 1844, segundo consta, um garimpeiro podia apanhar, em poucas horas, dezenove oitavas, isto é, 1972 quilates de diamante. Notícias de fabulosas riquezas correm por Salvador, por todo o vale do São Francisco e pelo sertão afora, atraindo levas cada vez maiores de esperançosos garimpeiros, comerciantes, fugitivos e desertores de toda espécie, sobretudo da área decadente de Minas Gerais. Em pouco tempo aquela "paisagem solitária" que tanto havia encantado Spix e Martius transformara-se completamente.

Lugares até então perdidos naqueles espaços vazios, habitados por uns poucos roceiros de milho e mandioca, receberiam, de uma hora para outra, uma população de 1800 a 2 mil garimpeiros. Conforme o sucesso ou fracasso de seus achados, essa população podia permanecer na região ou deslocar-se, seguindo os rumores de novas descobertas. Com isso, o período que vai de 1844 a 1848 foi marcado por um *rush* em nada inferior, segundo Sílvio Fróes, aos da Califórnia e da Austrália.[11] "Loucuras, verdadeiras loucuras", conforme descreveu um observador local, que ainda conheceu alguns desses pioneiros, no início do presente século. "Cada qual mais intrépido atravessava serras, matas, procurando córrego ou canais, e aí assentava sua tenda de trabalho, e em poucos dias, se a felicidade o bafejar, reunia em torno de si grande influência [...] e assim continuava a exploração."[12]

A abertura do garimpo no rio dos Lençóis, em 1845, seria o epicentro desse movimento migratório, atraindo aventureiros de todas as classes e ofícios. "Ai de ti, Lençóis! Acorreram todos os estropiados, mendigos, jagunços, ladrões de cavalos, mulheres de má vida, desses sertões do Brasil", escreveu, anos mais tarde, o romancista da cidade, Afrânio Peixoto.[13] E não apenas estes, podemos acrescentar. Muitos libertos que vegetavam à margem do sistema em Salvador, no recôncavo e mesmo no alto sertão, viram a riqueza dos diamantes como uma possibilidade de integração e também de ascensão social. Mesmo homens mais abastados pareciam incapazes de resistir à tentação da riqueza fácil. Vinham de toda a província e, sobretudo, das áreas decadentes de Minas Gerais. Alguns chegavam em grandes caravanas, como a organizada pelo comendador Antônio Botelho de Andrade, que partiu das lavras do Grão-Mogol com vultosa bagagem, rebanhos, escravos, família e agregados.[14]

A ausência quase total de lei e ordem nesses primeiros tempos seria sintetizada, anos mais tarde, num ditado muito característico da região: "Nas lavras não há mulher velha nem lenha verde!".[15] Eram tempos de aventura e riqueza fácil, carentes de regra ou autoridade. Poço Rico, um dos melhores depósitos de diamantes, cedo converteu-se em Poço das Mortes. Nele os garimpeiros mergulhavam com pratos de folha-de-flandres para retirar o cascalho, que, uma vez na superfície, era objeto de um leilão entre os compradores. Tais leilões deram motivo a muito conflito violento. Um deles, que ficou na memória da cidade por muitos anos, com todos os detalhes, resultou em seis mortos e muitos feridos, ocasionando, com o tempo, a mudança de nome.

O governo da província, em vista da riqueza da região, logo procurou acautelar os interesses do fisco e garantir o império da ordem. Afinal, as descobertas diamantíferas, tanto por alvará colonial de 24 de dezembro de 1734 como por lei do Império, de 25 de outubro de 1832, eram do domínio da Coroa. Já em 1845, o presidente da província da Bahia, Francisco José de Souza Soares de Andréa, o barão de Caçapava, classificava a extração ilegal de pedras preciosas na região como "verdadeiro roubo à fazenda pública" e, nesse sentido, solicitava providências ao governo central.[16]

TABELA 1 — VALOR DA MOEDA BRASILEIRA EM US$, 1825-1900

Ano	*Valor de 1 mil-réis em dólares*	*Valor de 1 conto de réis em dólares*
1825	1,05	1050,00
1850	0,58	580,00
1875	0,55	550,00
1900	0,19	190,00

Um mil-réis escreve-se 1$000; um conto de réis (igual a mil vezes o mil-réis) escreve-se 1:000$000. Os sinais $ e : são lidos como se segue: 153:247$320 significa "153 contos, 247 mil-réis e 320 réis".
Fonte: Stanley J. Stein, op. cit., p. 351.

As lavras de Sincorá abrangiam, então, "um terreno de 15 léguas de raio" e a afluência de garimpeiros e aventureiros ultrapassava a casa dos 30 mil. Os donos de terra — ou os que assim se diziam, segundo o presidente da província — cobravam tributos devidos ao governo e arrendavam pequenos terrenos por quantias que variavam, segundo a localização, de 10$000 até 100$000 ao ano. Trechos do rio com poços naturais, onde os diamantes se acumulavam, eram negociados em separado, sempre por um preço especial. Alguns foram vendidos por até 5:000$000. Os poços mais promissores não eram simplesmente negociáveis. Dizia-se de um, por exemplo, que em três dias de trabalho teria produzido a fábula de 16:000$000.[17] Reina um clima de segredo, cujo principal propósito era o de enganar o fisco, que torna extremamente difícil, hoje, qualquer avaliação mais precisa sobre a produção de diamantes nesses primeiros tempos. Mr. Wetherell, vice-cônsul da Grã-Bretanha na Bahia, estimou, com base "na opinião das pessoas mais familiarizadas com o distrito" e mesmo de alguns "especuladores", que, no primeiro ano (1845), foram extraídos cerca de 4 mil ou 5 mil quilates de diamantes a cada mês. No ano seguinte, a produção pulou para qualquer coisa entre 10 mil ou 12 mil quilates por mês.[18] Entre 1852 e 1862, tomando-se a província como um todo, os números disponíveis indicam uma produção média anual de 5007 oitavas (uma oitava = 3,6 gramas). Entre 1888 e 1904, a produção caiu para 1339 oitavas e, entre 1904 e 1923, para apenas trezentas oitavas anuais.[19]

Grande fortuna jazia no fundo do pequeno rio, ao alcance das mãos. Não houve, por isso, nem tempo nem gosto para construções sólidas e demoradas. Os alojamentos não passavam de simples barracas improvisadas com um tecido de algodão branco, muito grosseiro, usado para vestir escravos, e cobertura de palha. Visto de longe, o acampamento lembrava lençóis estendidos para secar, resultando daí, segundo a versão mais aceita, tanto o nome do rio — rio dos Lençóis — como o do lugarejo que brotou do dia para a noite.[20]

Apesar de grosseiras, tais acomodações não eram baratas. "Cada barraca de palha feita pelos moradores [...] paga pelo terreno ocupado, mensalmente, 1:000$000 por braça", denuncia o presidente da província ao ministro da Fazenda do Império. "Não há casas de Aluguel [e] estes terrenos são vendidos por mais ou menos contos de réis, segundo a sua precisão." Contra tal situação, pedia o barão de Caçapava prontas medidas de apoio ao governo central, no sentido de "chamar aos cofres nacionais, por qualquer modo [...], toda a imensa renda que alguns particulares estão desfrutando, sem título ou direito algum". Pelas informações que possuía — e o barão mostrava-se muito bem informado a esse respeito —, o governo estava deixando de recolher, na área, renda superior a 200:000$000 ao ano. Caso o Estado se fizesse presente, lembrava ele, essa quantia poderia ser carreada para os cofres do Império, ou a bem das obras públicas da Bahia, "que muito as precisava".[21]

Os interesses do fisco, da administração e da ordem pública, contudo, só aos poucos se firmariam naquela "paisagem solitária".[22] Com a abundância trazida pelos diamantes, as barracas de pano e palha deram lugar aos sobrados com janelas ogivais e vidros multicores. O novo casario, construções sólidas de taipa e telha, ocupou rapidamente o pequeno vale e subiu as encostas de ambos os lados do rio, dando à cidade o encantamento sem par de suas ladeiras suaves, becos e ruelas.

Em 28 de maio de 1852, o povoado, que pertencia à freguesia de Santa Isabel do Paraguaçu (atual Mucugê), foi elevado à categoria de distrito; em 18 de dezembro de 1856, à categoria de vila — Comercial Vila dos Lençóis —, sede de novo município, independente de Santa Isabel. Em 15 de julho de 1857, a Repartição dos Terrenos Diamantinos foi transferida de Santa Isabel do Paraguaçu para a nova vila dos Lençóis, refletindo a importância crescente de sua produção. Finalmente, em 20 de maio de 1864, foi elevada à categoria de cidade, sob a denominação, que ainda conserva, de Lençóis. Em apenas dezenove anos transformara-se por completo aquele tumultuado acampamento de garimpeiros, agora sede administrativa de vasto município.[23]

"A CORTE DO SERTÃO"

Os diamantes trazem riqueza, influência, títulos e vernizes de cultura. As relações comerciais — com Paris em particular, mas também com Londres e Amsterdam — tornam-se cada vez mais importantes. Donos de garimpo e, sobretudo, "pedristas" — grandes compradores de diamantes — fazem fortunas e constroem confortáveis casarões protegidos por guarda-costas e jagunços. No romance de costumes *Bugrinha* — obra inspirada nas vivências pessoais e familiares de Afrânio Peixoto na região —, esses bons tempos de fastígio são lembrados por um ex-garimpeiro inconformado: "Diamantes achavam-se assim aos punhados, nos cascalhos virgens e em qualquer lavagem [...]. Dinheiro corria como água da serra; qualquer sujeito tinha contos e contos de réis. Acendia-se cigarro em notas graúdas; lavava-se cavalo com sabonete; só se viam arreios de prata e vestidos de seda".[24]

Lençóis civilizava-se com ostentação e pompa. Era agora a cidade mais importante do centro-oeste baiano. Seus habitantes, orgulhosos do prestígio social e político recém-adquirido, conferem-lhe o título de "Corte do Sertão", por analogia com o distante Rio de Janeiro, a Corte do Império do Brasil.

Os filhos das melhores famílias saem para estudar em Salvador, no Rio de Janeiro e até na Europa. As lojas importavam de Paris a última moda para senhoras e pianos Pleyel (alguns dos quais ainda hoje podem ser encontrados); da Inglaterra chegam tecidos e artigos finos para cavalheiros, inclusive tinta de escrever. Comendador Joaquim José Pereira, rico comerciante que viveu entre 1829 e 1899, cognominado O Catacury, mandou os filhos a estudar em Londres, e sua esposa, por ser loura e muito adornar-se de jóias, passaria à crônica local como Iaiá Douradinha. Coronel Ulderico de Magalhães Macedo, também comerciante, ligado a alguns dos mais ricos garimpos da região, instalou-se em Paris com mulher, filhos e aias.[25] Também em *Bugrinha*, os coronéis locais gabam-se com freqüência de terem mais ligações com a Europa do que com a capital da província, a cidade de São Salvador da Bahia. "Tudo nos vem de lá", afirma um certo capitão, referindo-se a Paris, "e para lá vai o nosso diamante... que nos importa a Bahia?" Em outra passagem, certo pedrista é descrito a perambular de um lugar para outro, com freqüentes viagens à Europa, "numa vida errante de rapaz feliz que faz bons negócios".[26]

SECA, PESTE E FOME

Apesar da prosperidade e influência rapidamente acumuladas, os problemas não estavam ausentes. Já em 1858 grassou com intensidade, na então Comercial Vila dos Lençóis, a primeira epidemia de varíola, ou bexiga, e a câmara municipal dirige veemente apelo ao presidente da província, João Lins Vieira Cansanção de Sinimbu, solicitando vacinas.[27] No ano seguinte, 1859, começam a ser sentidas as dramáticas e prolongadas seqüelas da grande seca que assolava a região. A vila, um oásis de abundância naqueles sertões desolados, começa a ser invadida por levas de retirantes, vindos de toda parte, em demanda de caridade e trabalho.

Além disso, a seca, dificultando a lavagem do cascalho, diminuía a produção de diamantes e tornava mais pesados os custos de manutenção, tanto de escravos como dos chamados *meias-praças* — isto é, homens livres obrigados a dividir os frutos do seu trabalho com um fornecedor, ou patrão, em troca de um adiantamento em meios de subsistência.[28]

Quando da seca de 1859, muitos adventícios encontrariam trabalho como meia-praça; outros, porém, teriam que ser empregados, para evitar calamidades ainda maiores, em "frentes de trabalho" abertas pela câmara municipal. Data desse período, por exemplo, a construção da ponte em arco romano ligando a praça das Nagôs ao bairro de São Félix, no tomba-surrão.[29] Em 1860, notícias sobre o aprofundamento da crise chegam à Corte e província do Rio de Janeiro, onde corre, entre abastados fazendeiros e comissários de café, uma subscrição pública "a favor das vítimas da fome na Bahia".[30] A crise prolonga-se até 1862.

No final da década de 1860, após vinte anos de exploração intensiva, os diamantes se tornam cada vez mais escassos nas cascalheiras do pequeno rio. Ao mesmo tempo, os preços caem no mercado internacional, influenciados por acontecimentos que afetavam tanto o lado da oferta como o da procura. Primeiro, em 1866, iniciou-se a grande corrida dos diamantes na África do Sul, com a descoberta dos campos de exploração do Transvaal. Em 1870, a União Sul-Africana passou a dominar o mercado de diamante, pondo um fim à hegemonia de Lençóis. Pelo lado da procura, a deflagração da Guerra Franco-Prussiana, em 1871, pressionou os preços ainda mais para baixo.[31]

Depois da crise, e por toda a década de 1870, os grandes proprietários, os "lavristas", começam a abandonar a região, dirigindo-se, sobretudo, para o sul da província, onde poderiam empregar seus capitais na lavoura e comércio do cacau, produto cuja demanda internacional prometia lucro equivalente ao dos diamantes. O esvaziamento de Lençóis foi apenas abrandado, na década de 1880, com a exploração do carbonato, uma variedade negra de diamante, a princípio sem valor comercial, mas que, por essa época, alcança altos preços devido à descoberta de sua utilidade nas perfuratrizes de rocha.[32] A emigração continuou, contudo, apesar dos carbonatos. Este foi o destino, por exemplo, da família do escritor Afrânio Peixoto, uma das mais influentes da região, que em 1885 transfere-se para Salobro, município de Canavieiras, ao sul da província. O romance *Bugrinha*, aliás, transcorre exatamente nessa época — meados da década de 1880 —, quando os diamantes haviam se tornado escassos, mas o preto carbonato sustentava a economia, trazendo ainda alguma prosperidade. Trata-se de uma história de amor socialmente impossível entre uma moça da terra, disposta a todas as doações, e um menino da elite local, recém-chegado de seus estudos em Salvador. Para Afrânio Peixoto, a Lençóis escravista era apenas o microcosmo de um todo maior, "sempre em crise, nunca precavido", chamado Brasil.[33]

ESCRAVO, LIBERTO, HOMEM LIVRE

Este, em grandes linhas, o pano de fundo da primeira fase da vida — poderíamos dizer, a fase de socialização política — daquele "homem livre de cor", Cândido da Fonseca Galvão. Seu pai, um africano da nação ioruba, recebeu o nome cristão de Benvindo ao chegar em Salvador, como escravo. Quando foi libertado, em data desconhecida da primeira metade do século XIX, adotou — como muitos libertos o fizeram — o sobrenome de seu ex-senhor, um onomástico que transmitia prestígio social, tanto em Salvador da Bahia como no Rio Grande do Norte, Pernambuco e Alagoas.[34]

Benvindo da Fonseca Galvão logo teria ensaiado, também, o recém-conquistado direito de ir e vir, lançando-se na corrida dos diamantes. As evidências sugerem que teria participado de uma daquelas primeiras levas que partem da capital da província para o sertão em busca de oportunidade e fortuna na serra do Sincorá, em torno de 1845.

A pesquisa documental sobre esse ponto específico, contudo, se mostrou particularmente infrutífera, por ausência total de documentos comprobatórios, como certidões de nascimento, casamento ou morte, em qualquer dos arquivos pesquisados, seja em Lençóis, Salvador ou Rio de Janeiro.

No que diz respeito a seu filho, podemos ter assentado que nasceu em Lençóis, como comprovam todos os documentos, e que nessa cidade, em 1865, participou ativamente no recrutamento de voluntários para a Guerra do Paraguai, sua primeira oportunidade de exercitar suas qualidades de liderança, como teremos ocasião de ver. Embora ainda não sejamos capazes de precisar a data de seu nascimento, é provável que tenha partido para a guerra como um jovem adulto, o que parece indicar que teria nascido juntamente com o povoado dos Lençóis, em meio ao *rush* de 1845, vinte anos antes, ou pouco depois.

A CAMPANHA DE ALISTAMENTO

Em 1865, Lençóis, como tantas comunidades do interior e como a própria capital da província, começou a viver o drama do recrutamento e alistamento para a guerra contra o Paraguai, uma época de grandes agitações.

No Império, como na Colônia, o serviço militar não era obrigatório. Para a formação e manutenção do efetivo, recorria-se, principalmente, ao recrutamento forçado nas camadas mais humildes da população, constituídas, sobretudo, de negros, índios e miscigenados.[35] Por isso, "nas fileiras do exército como nas tripulações da esquadra só se viam negros e mestiços de vários tons", como escreveu, talvez preocupado, Oliveira Lima.[36]

Às vésperas da guerra contra o Paraguai, os efetivos de linha — com exceção daqueles homens que haviam lutado no Uruguai, vinte anos antes — reduziam-se a soldados mal treinados e mal aparelhados, "que viviam nas províncias, dando guarda e destacamento pelo sertão e fazendo diligências policiais". Em todo o Império, contavam-se apenas "dezesseis batalhões de infantaria, cinco regimentos de cavalaria e outros tantos corpos de artilharia".[37]

TABELA 2 — NÚMERO DE VOLUNTÁRIOS DA PÁTRIA POR PROVÍNCIA, 1865

Província		*Província*	
Bahia	9164	Paraíba	1472
Corte	7128	Piauí	1420
Pernambuco	5793	Mato Grosso	1417
São Paulo	4824	Sergipe	1405
Rio de Janeiro	4667	Santa Catarina	1103
Rio Grande do Sul	3200	Rio Grande do Norte	814
Maranhão	2385	Espírito Santo	625
Minas Gerais	2158	Paraná	613
Pará	2084	Amazonas	367
Ceará	2037	Goiás	275
Alagoas	1591		
Total			54 542

Fonte: Adaptado de Duarte, op. cit., vol. I, p. 2.

A situação era das mais delicadas, portanto, em 1865, quando começou a guerra. Fez-se necessária ação imediata: no dia 7 de janeiro o imperador assinou o decreto de número 3371, criando os corpos de Voluntários da Pátria e, simbolicamente, apresentou-se como o primeiro voluntário. Durante a guerra seria o "Pai dos Voluntários".

Na Bahia, mal saída da seca de 1859-62, os efeitos do decreto foram imediatos. A província irá contribuir com mais efetivos de voluntários que qualquer outra, como pode ser observado na tabela 2.

Ainda em janeiro de 1865, o presidente da província, desembargador Luís Antônio Barbosa de Almeida, promove as primeiras reuniões em palácio visando à implementação dos alistamentos, publica uma proclamação no *Diário da Bahia* e mobiliza os destacamentos da Guarda Nacional de Salvador, transformando-os, "por decisão do governo", em Corpo de Voluntários. Assim, apenas quinze dias após o decreto imperial, partia de Salvador o primeiro Corpo de Voluntários rumo ao front; outros dois seguiram em março. A mesma política, no mesmo ritmo, foi mantida pelos sucessores de Barbosa de Almeida na presidência da província, tanto pelo dr. Baltazar de Araújo Aragão Bulcão, vice-presidente que ocupou o cargo por apenas um mês e meio, como pelo bacharel Manoel Pinto de Souza Dantas, que assumiu a província em 24 de julho.

Salvador, em pouco tempo, "parecia um grande acampamento ou centro de treinamento militar, com soldados e recrutas em cada quarteirão, rua ou praça". A mobilização continuou em ritmo febril, somando, em toda a província, mais de 9 mil homens em menos de um ano.[38]

O movimento logo se estenderia ao sertão mais distante. Já no início de fevereiro, em Lençóis, tomavam-se as primeiras providências "para que deste município concorra grande número de voluntários para o Exército", e, nesse sentido, a Câmara Municipal distribuía editais de convocação "a todos os indivíduos que como tais se queiram prestar".[39] Como em tantos municípios do interior, os trabalhos foram encabeçados pelo poderoso chefe político local, coronel Antônio Gomes Calmon, comandante superior da Guarda Nacional do município, chefe do Partido Conservador e primeiro-intendente (prefeito) da cidade.

A campanha liderada pelo coronel Antônio Gomes Calmon foi tão bem-sucedida que provocou ciúme e insinuações de que motivos escusos teriam guiado a ação do coronel. Tais insinuações logo transbordam as fronteiras do município e aparecem nos jornais da capital da província, Salvador, e, no Rio de Janeiro, nos "a pedidos" do *Jornal do Commercio*, sob um título geral que sugeria escândalo: "Negócio dos Lençóis". O autor, ou autores, nunca foi identificado, aparecendo sempre sob pseudônimos, como "Aristarchus" ou "Justiça".

Muitos, à época, colocariam tais artigos na conta de algum partidário do coronel Felisberto Augusto de Sá, chefe do Partido Liberal e rival do coronel Calmon dentro do município. Disputas políticas em pequenas comunidades do interior, como em Lençóis, reduziam-se freqüentemente a meras disputas por poder pessoal entre coronéis, agravadas, nesse caso, pela tensa atmosfera de arregimentação e preparação para a guerra. Não se trata de uma controvérsia entre duas correntes de pensamento político. Na verdade, como ficará claro ao estudarmos a ação dos partidos no processo de abolição progressiva, nem liberais nem conservadores possuíam fundamentos ideológicos muito precisos no Império do Brasil.[40]

Segundo "Aristarchus", às vésperas de partir para a capital da província à frente de seus voluntários, o chefe conservador e comandante superior da Guarda Nacional, Antônio Gomes Calmon, "mandou prender de puro arbítrio" o tenente Marciano Gonçalves Pereira, coletor de rendas da província e um dos "felizmente não poucos" cidadãos "independentes" do município. Aristarchus critica ainda, genericamente, os "excessos" que se vinham praticando, sertão adentro, no tocante ao alistamento de voluntários. Também denuncia — e este é o seu ponto principal — as "muitas ambições ilegítimas" que estavam a se fortalecer na esteira dos alistamentos patrióticos. "Não houve quem não se julgasse competente para organizar batalhões", denuncia ele, "contanto que lhes garantisse o governo a condição de os comandar." Este, segundo Aristarchus, era o caso do coronel comandante superior do município, que, com essas "fosforescências de patriotagem", procurava apenas obter favores "a expensas do governo".[41]

Também "Justiça" toca na mesma tecla, prevendo o mais completo fracasso para o alistamento em Lençóis, devido à falta de habilidade e prestígio político do coronel comandante superior. Apesar dos meios empregados, garante Justiça, os "súditos" do comandante superior não confiam nele, zombam de suas ameaças, escarnecem de suas pretensões e não o querem seguir.[42]

OS VOLUNTÁRIOS DA PÁTRIA

As formas de arregimentação prevalecentes, de fato, mereceram críticas de alguns contemporâneos. Medeiros e Albuquerque, ácido defensor de idéias republicanas, por exemplo, escreveu que os batalhões de pretos "se diziam *voluntários*, mas eram quase sempre de recrutados à força".[43] Em certos círculos esteve em moda referir-se a esses soldados como "voluntários de corda" ou "voluntários a pau e corda".

Esse não foi, contudo, o caso do homem livre Cândido da Fonseca Galvão, nem, seguramente, de muitos outros que, como ele, se apresentaram desde o primeiro momento "àquele grande monarquista conservador", coronel Antônio Gomes Calmon.[44] Dirigindo-se ao próprio imperador, anos mais tarde, Galvão referiu-se à época do alistamento com grande orgulho. "Quando de todos os ângulos do Império soou o aflito brado, e os corações entusiastas dos filhos do Cruzeiro, possuídos do mais vivo e denodado patriotismo, correram pressurosos a reivindicar a honra da pátria vilmente ultrajada", recordava ele.

Nessa emergência, continua, "o humilde súdito que vos fala deixou também aliar-se e difundir-se por todas as vísceras a flama viva, o fogo sagrado de amor à pátria".[45] Em outro texto, dirigido ao mesmo "Imperial Senhor", explicou que, àquela época, "tendo sido agredida e vilipendiada a honra e integridade nacional pelo déspota ex-governo do Paraguai, inspirado pelo Sacrossanto amor do Patriotismo, alistei-me como verdadeiro soldado nas fileiras das valentes falanges dos briosos Voluntários da Pátria que marcharam [...] em diversos combates".[46]

Outros homens livres de cor, ou ex-escravos, contariam uma história talvez diferente. Muitos, mais freqüentemente nas grandes cidades, foram realmente "voluntários de corda", sobretudo aquela gente tida por turbulenta, grandes mestres da *pernada carioca* e da *capoeiragem* soteropolitana. Este foi o caso, por exemplo, daquele outro voluntário, também baiano, recrutado ao tempo do conselheiro Sinimbu, quando o povo de Salvador levantou-se insubmisso a exigir das autoridades competentes, em grandes arruaças, "carne sem osso, farinha sem caroço e toucinho do grosso". A História não lhe guardou o nome, mas ele, uma vez incorporado, não parece ter feito vergonha. "Era um crioulo alto e musculoso, gingando muito quando andava, com uma trunfa pontiaguda no alto da larga testa luzidia", tentou descrever o general Dionísio Cerqueira em suas reminiscências de guerra. E continuando: "Era muito limpo — fazia gosto ver a chapa do seu cinturão e os botões a reluzir. Afamado fabricante de cigarros, vendia-os aos oficiais. Gostava muito de cantar".[47]

Para muitos outros, contudo, a guerra representava a possibilidade de deixar de ser propriedade de outrem, ou mão-de-obra barata, para ser homem de respeito, soldado, defensor da pátria. Sentar praça às escondidas, sob nome falso, foi um recurso utilizado por escravos, desde os tempos coloniais, na luta pela liberdade, ou, pelo menos, por uma vida melhor. Apesar das durezas da caserna e das dificuldades de promoção, o alistamento militar foi um recurso muito utilizado, tanto para legitimar fugas como para garantir casa e comida.

Quando da Guerra do Paraguai, muitos escravos aceitaram, como facultado por lei, partir para a guerra no lugar de seus senhores, ou dos filhos de seus senhores, em troca da liberdade. Homens livres e libertos, da mesma forma, viram no fato de pertencerem ao Exército prova de bravura pessoal e via de integração na sociedade mais ampla. Sob esse aspecto, Galvão e seus companheiros foram paradigmáticos; seus antecedentes históricos mais ilustres remontam aos valorosos terços de Henrique Dias, o capitão negro das lutas contra o invasor holandês no século XVII.

Voluntário Galvão, aliás, não se alistou sozinho, mas já como líder de um grupo de companheiros, homens livres como ele. "Conseguindo trazer em sua companhia trinta cidadãos brasileiros, seus conterrâneos, em cujos peitos sobrava entusiasmo e amor à Pátria", escreveu ele ao imperador. Com a sustentação e fardamento desses cidadãos, segundo explica, teria gasto os "seus mesquinhos recursos".[48] Esses "mesquinhos recursos" podem ter sido, talvez, fruto de aturadas economias de um homem livre de cor, ou — como parece mais provável naquela região em particular — o resultado de algum *bambúrrio*, expressão local ainda hoje usada para expressar a boa fortuna na lavra dos diamantes.

Além de escravos e pretos livres, o serviço militar, no clima romântico da época, atraiu também moços da melhor elite. A declaração de guerra contra o Paraguai foi a primeira comoção verdadeiramente nacional, desde a Independência, 43 anos antes. O mesmo discurso que acabamos de ver no interior da Bahia, com o voluntário Galvão, mobilizava os sonhos da mocidade bem-nascida, leitores assíduos, muitos deles, do heroísmo nativo de *Os timbiras*, de Gonçalves Dias; de *O Uraguai*, de Basílio da Gama, e de *O Guarani*, de José de Alencar.[49] Para esses jovens, os sentimentos nacionalistas estavam exacerbados, até o limite, pelas interferências britânicas favoráveis à abolição do tráfico africano, em 1850, e seus desdobramentos posteriores, como a chamada Questão Christie, em 1863, quando o embaixador britânico no Brasil, William Christie, ordenou o apresamento dos navios brasileiros ancorados na baía de Guanabara, tornando muito clara a decisão britânica de usar a força contra o tráfico, caso necessário. Muitos dos que seguiriam para a guerra três anos mais tarde — jovens como Antônio Tibúrcio Ferreira de Souza e Dionísio Cerqueira — participaram, então, de passeatas e manifestações no Rio, pelo largo do Paço e rua Direita, dando vivas nacionalistas contra o que entendiam ser interferência indevida da Grã-Bretanha nos assuntos internos da altiva nação que se formava.[50]

Dionísio Cerqueira, por exemplo, um jovem da elite baiana que cursava o segundo ano da Escola Central, na Corte, não pôde assistir, sem grandes abalos, à partida de seus colegas da Escola Militar da Praia Vermelha, em seus uniformes reluzentes. "Quando vi [...] todos aqueles caros companheiros em ordem de marcha [...] e carregando garbosos a carabina com que iam defender a pátria, achei-os admiráveis e, confesso meu pecado, tive tanta inveja, que não pude mais abrir um livro." Dionísio contava dezessete anos de idade e sentia irresistível "força mágica" — para usar expressão sua — a impeli-lo para o teatro de operações, no Sul. Já em 2 de janeiro de 1865, cinco dias antes da assinatura do decreto que criaria o voluntariado da pátria, apresentou-se no quartel-general do Campo de Santana — de fraque, colete e cartola — pedindo para ser voluntário do Exército. Jovem bem-nascido, criado "com hábitos de conforto e no meio da abastança", partiu para a guerra como simples praça de pré, cujo soldo mais as gratificações mal chegariam a "meia pataca e cinco réis por dia" (isto é, a minúscula quantia de 165 réis). Salvou-o, muitas vezes, nos duros anos que teve pela frente, a mesada de duas libras esterlinas que lhe mandava um pai sempre muito previdente.[51]

Durante a campanha, que fez inteira, Dionísio conviveu com muitos outros jovens de background semelhante ao seu. Nos corpos que vinham da Bahia encontrou, muitas vezes, "colegas e amigos de infância", vários primos, inclusive José Joaquim, irmão de dom Antônio de Macedo Costa, arcebispo da Bahia. Nos corpos que vinham da Corte reencontrou velhos camaradas da Escola Central e, vindos de toda parte, novos conhecidos, rapazes como ele, entre dezessete e vinte anos. "Estremecíamos a Pátria", tentou definir, "e aspirávamos, na sua desafronta, o nosso quinhão de glória."[52]

Seja como for, podemos apenas imaginar o que se passava na cabeça daqueles jovens que marchavam pelas ruas da pequena Lençóis no dia 1º de maio de 1865. Das janelas do Paço Municipal eles foram saudados por vibrantes oradores; Galvão foi feito sargento e o contingente de 230 voluntários partiu para a capital da província.

2

OS CAMPOS GLORIOSOS DA PELEJA

> *Filho de pais pobres, Senhor,* [...] [*o*] *obscuro e humilde súdito de Vossa Majestade Imperial sufocou no peito ofegante de saudade um suspiro profundo, e prestou ouvidos ao honroso apelo, que requeria o sacrifício pela pátria. Banhou de lágrimas a mão de seu Caro pai, imprimindo-lhe saudosos e expressivos ósculos, e lá voou, impávido aos campos gloriosos da peleja, disposto a selar com seu sangue a liberdade e a dignidade do Império da Cruz!*
>
> Cândido da Fonseca Galvão,
> 21 de março de 1872

Em Salvador, no dia 24 de maio de 1865, os jovens recrutas de Lençóis foram integrados ao 3º Corpo de Voluntários, sob o comando do tenente-coronel da Guarda Nacional Domingos Mondim Pestana, veterano das lutas pela Independência na Bahia e autor de um compêndio de ordenança militar muito apreciado na época.[1]

O "3º de Voluntários", como Cândido da Fonseca Galvão diz com freqüência, receberia na Repartição de Ajudância-General, na Corte, a designação oficial de 24º Corpo de Voluntários da Pátria. Contribuíram para sua formação, além daqueles 230 jovens de Lençóis, dezesseis outros oriundos do município vizinho de Santa Isabel do Paraguaçu e do próprio Corpo de Polícia de Salvador, num total de 246 praças.[2]

Embora os uniformes dos vários corpos de voluntários não fossem padronizados, eles podiam ser identificados, como tantas vezes o fez Dionísio Cerqueira, "pela gloriosa divisa de bronze dourado que traziam na manga das blusas".[3]

O 24º de Voluntários era um batalhão de *zuavos*, por adotar um uniforme inspirado nos regimentos dos zuavos franceses da Argélia, então em voga. Os zuavos baianos chamavam a atenção, no teatro da guerra, tanto por seus vistosos uniformes como por sua composição particular, em que mesmo os oficiais eram negros. O conde d'Eu, marido da princesa Isabel, considerava-os, simplesmente, "a mais linda tropa [...] de todo o exército brasileiro", além de muito louvar a bravura de seus oficiais.[4]

Também Dionísio Cerqueira comentou o uniforme e a composição étnica dos zuavos baianos. O conjunto, realmente, não deixava de ser interessante: largas e vistosas bombachas vermelhas, polainas brancas até a curva da perna, jaqueta azul aberta no peito e bordados de trança amarela. Para completar, fez à cabeça, mochila às costas, embornal a tiracolo, sabre-baioneta, cantil de madeira e espingarda Minié (ver figura 1).

Salvador vivia dias movimentados, com as ruas apinhadas de recrutas vindos de todos os pontos do interior. Era uma cidade tensa. À medida que ganhava corpo a preparação para a guerra, irrompiam as disputas no interior da elite dominante, e os descontentamentos da soldadesca, vez por outra, explodiam em clara insubordinação. A capital da província transformou-se na caixa de ressonância das disputas políticas locais, como a que vimos em Lençóis entre os coronéis Sá e Calmon.

O contingente de Santa Isabel do Paraguaçu, por exemplo, fora arregimentado pelo tenente-coronel da Guarda Nacional Landulfo da Rocha Medrado. Ao chegar a Salvador, em 29 de maio de 1865, Medrado foi destituído de seu comando por ordem do vice-presidente da província, dr. Baltazar de Araújo Bulcão.[5] Também Dionísio Cerqueira fala de um primo seu, João Evangelista de Castro Tanajura, major da Guarda Nacional, que, tendo organizado no sertão um corpo de voluntários às suas próprias custas, "morreu de uma febre cerebral, causada, decerto, pela decepção amarga de ver seu batalhão dado ao comando de outro, influência política do partido dominante".[6]

Essas disputas por poder pessoal repercutiam diretamente no ânimo dos soldados. A situação encontrada pelos jovens de Lençóis, sargento Galvão entre eles, era, portanto, tensa. A tropa de Santa Isabel, por exemplo, não se conformou facilmente com a decisão do vice-pre-

1. *Uniforme dos zuavos da Bahia* (*1865-70*).

sidente da província de destituir o seu comandante. Por isso rebela-se e termina retida num acampamento de cavalaria, com vários de seus oficiais presos, e posta em armas para o juramento à bandeira.[7]

Fatos como esses, envolvendo deserções, disputas de comando, indisciplina da tropa e ausência de garantias para a população, foram comuns na época. "Todos os dias se repetem conflitos; já de tropa, já de paisanos, e a ação da polícia, quando ela aparece, o que raras vezes acontece, é sempre nula, se não é nulificada", relatou o *Jornal do Commercio*, no Rio.[8]

Com seu efetivo já formado, a 3ª Companhia de Zuavos foi transferida do abarracamento no Quartel da Palma para o arsenal de Marinha. Como resultado de uma das escaramuças da época, contudo, faltava-lhe o alferes, desligado também por ordem do vice-presidente em exercício. "Ficando por conseguinte a vaga deste posto, torna-se necessário o preenchimento dela", reivindicou seu comandante, indicando em seguida que, em todo o corpo, apenas dois sargentos, o Almeida e o Galvão, estariam "no caso para o referido posto".[9]

A nomeação não se fez esperar: "O vice-presidente da província usando da faculdade que lhe é concedida pelo parágrafo 5, art.6 da lei de 3 de outubro de 1834, nomeia pelo presente ato ao cidadão Cândido da Fonseca Galvão para alferes da 3ª Companhia de Zuavos Baianos".[10]

Ainda em junho, o corpo marchou até o palácio arcebispal, onde recebeu as bênçãos. No dia 17, partia para o sul no vapor inglês *Saladin*. O presidente da província proferiu discurso incitando os soldados à guerra, com referências às "agressões injustificáveis" sofridas pelo Império. "Eia, marchai!", exclamou ele, "e [...] contai que haveis de colher os louros, que vos asseguram a justiça da causa e o vosso valor."[11] O comandante superior, Joaquim Antônio da Silva Carvalho, também discursou de forma emocionada, ressaltando o valor da disciplina:

> Camaradas da 3ª Companhia de Zuavos Baianos!
>
> Trabalhei para reunir-vos e organizar-vos, instruir-vos e disciplinar-vos; fiz, em suma, para convosco o mesmo que pratiquei para com as 1ª e 2ª Companhias da vossa bem cabida denominação. Agora por complemento de minha grata e honrosa tarefa, venho acompanhar-vos ao vosso embarque, dar-vos o meu entusiástico e saudoso abraço de irmão.
>
> Recebei-o: e, se alguma coisa vos merecer o que por vós fiz, recompensai-me com o vosso brioso e subordinado comportamento no campo da guerra.
>
> Não aspiro a mais: a vossa glória, e sobretudo a da pátria vitoriosa, é a minha única ambição. Bravos da 3ª Companhia de Zuavos Baianos! Deus é por vós, tendes por comandante um oficial corajoso e honrado, saberá dirigir-vos como chefe nos combates, e como pai tratar-vos nos sofrimentos. Ide, com denodo igual ao vosso patriotismo pelejai e vencei! As saudades que hoje sofremos serão em breve bem compensadas com as alegrias do vosso regresso triunfal.[12]

Os soldados deram vivas à Igreja, ao imperador, à Constituição, ao Exército, aos Voluntários e foram correspondidos pelo aplauso do povo que assistia ao embarque. O vapor fez-se ao mar. Seis dias depois entrava nas águas da baía de Guanabara, o coração do Império do Brasil.

Após desembarcar, a tropa marcha sob o comando de Mondim Pestana em direção ao Campo da Aclamação (atual praça da República), onde ficou aquartelada.[13] O recém-nomeado alferes Cândido da Fonseca Galvão vivia, então, sua primeira experiência na capital do Império. Uma experiência na verdade muito breve, embora a muitos habitantes da cidade não tenham passado despercebidos os modos de "um negro de estatura gigantesca, de porte marcial e de olhar respeitável" que, cheio de ufania, marchava à frente de seu batalhão.[14] Na manhã do dia 3 de julho, o 24º, juntamente com o 28º Corpo de Voluntários do Rio Grande do Norte, embarcou no arsenal da Marinha para o Rio Grande do Sul.[15] Presentes o imperador dom Pedro II, o duque de Saxe, ministros militares e grande massa de povo. Sua Majestade passou em revista a tropa e inspecionou as acomodações que serviriam aos soldados nos vapores *Jaguaribe*, *Brasil* e *Falcão*.[16] Era o primeiro encontro do novo alferes com o imperador, "o Deus dos brasileiros", como costumava chamá-lo. Três dias depois as tropas faziam escala no Desterro, capital de Santa Catarina, e, em 23 de agosto, incorporavam-se ao Exército em operação no Rio Grande do Sul.

No tempo da guerra, alferes Galvão iria avistar-se com dom Pedro II ainda uma vez, por ocasião da marcha para Uruguaiana. O imperador fazia o mesmo percurso, acompanhando pessoalmente o desenrolar da guerra; o encontro se deu em 3 de setembro de 1865. O 24º Corpo de Voluntários, junto com o 19º, o 31º e o 4º Batalhão de Artilharia a pé, que formavam a 1ª Brigada da 3ª Divisão, sob o comando do coronel Joaquim José Gonçalves Fontes, tinha acampado próximo à cidade de São Gabriel. Toda a brigada formou em linha, foi passada em revista e realizou manobras, dirigidas pelos generais marquês de Caxias e Silva Cabral. No dia seguinte, novos exercícios sob sol intenso, até o meio-dia, seguidos da inspeção real ao acampamento e à enfermaria volante.

Um mês depois, em 6 de outubro, a brigada, agora comandada pelo coronel Alexandre Gomes de Argolo Ferrão, chegou ao arroio Inhanduí, nas vizinhanças de Alegrete, onde foi visitada também pelo conde d'Eu, genro de dom Pedro II. O conde regressava de Uruguaiana, onde assistira, ao lado do imperador, à rendição da vila, duas semanas antes. Coronel Ferrão mostrava-se satisfeito com o ritmo das marchas, que, apesar das dificuldades, vinham cobrindo cinco léguas por dia. O conde conversa ainda com os oficiais negros do Corpo de Zuavos — alferes Galvão certamente incluído — e a eles se refere com elogios. Eram todos muito bons oficiais, segundo pôde apurar o conde, e estavam “inteiramente a par de todos os pormenores do serviço e orgulhosos do seu batalhão”.[17]

No dia 11 de outubro os zuavos chegam à vila de Uruguaiana, já em posse dos aliados. Daí atravessam o rio Uruguai em Passo de los Libres e marcham para Mercedes na retarguarda do exército uruguaio, liderado por Venâncio Flores. Em Corrientes, território argentino, transpõem o rio Miriñai, no passo das Éguas, e, mantendo o rumo norte, incorporam-se, finalmente, ao exército do general Osório, em seu acampamento de lagoa Brava, em 2 de janeiro de 1866.

Em fevereiro, com uma reorganização das tropas, o 24º de Voluntários passa a fazer parte da 13ª Brigada de Infantaria, elemento da 4ª Divisão, comandada pelo brigadeiro Guilherme Xavier de Souza. A divisão contava, então, 47 oficiais, alferes Galvão incluído, e 588 soldados.

A brigada desloca-se, em abril, para Porto Corrales, na margem sul do rio Paraná. No dia 16 um navio da esquadra transporta-os para a margem esquerda do rio Paraguai, já em território inimigo. Em maio os exércitos aliados (uruguaio, brasileiro e argentino) transpõem o *estero* Bellaco (rio de fundo lodoso e difícil travessia, exceto em pontos específicos, chamados *passos*) e acampam em ordem profunda na região de Tuiuti, em frente às linhas de defesa paraguaias.

A 4ª Divisão de Infantaria penetra pelo caminho à esquerda, atravessa alguns alagados, e acampa no centro e à esquerda do dispositivo aliado, na confluência da estrada Passo da Pátria—Humaitá.[18]

“SENHOR DEUS, MISERICÓRDIA”

Completavam-se nove meses de marcha pesada, desde Porto Alegre, sob frio intenso, chuvas torrenciais, epidemias, falta de equipamento, soldos atrasados e refeições compostas, quase sempre, de carne gorda no espeto com farinha seca. Dionísio Cerqueira — o jovem estudante que vimos apresentar-se como voluntário na cidade do Rio de Janeiro, já agora promovido a alferes — deixou-nos o melhor relato disponível sobre o clima reinante no acampamento. Atento não apenas aos grandes comandantes, mas também ao soldado comum, seu relato de guerra é um documento de inestimável valor tanto para a história militar como para a história social.[19]

A região era delimitada por dois grandes rios, os *esteros* Bellaco e Rojas, e coberta de lagoas — Tuiuti, Piriz e outras menores —, pântanos, florestas e clareiras.

Em 23 de maio, "todos sentiam a iminência de um encontro entre os dois exércitos, com todas as forças reunidas". Os comandantes passavam em revista o armamento de suas companhias e convocavam a todos para a batalha do dia seguinte, sem exceção de nenhum soldado, "nem mesmo os bagageiros e camaradas dos senhores oficiais". Às oito da noite, com o toque de recolher, todos os corpos entravam em formação para responder à chamada e rezar o terço em frente à bandeira. Entoou-se, então, a oração do soldado brasileiro, dedicada a Nossa Senhora da Conceição, com o acompanhamento das bandas de música de quarenta batalhões.

Era outono. A temperatura caía e a noite era úmida. A reza foi seguida pelo toque de *ajoelhar corpos*, que tanto impressionou Dionísio, com a visão de "todos aqueles homens simples, rudes e crentes" de joelhos, "com as mãos musculosas apertando os largos peitos", a entoarem, "cheios de contrição e de fé, o *Senhor Deus, misericórdia*".

Por fim, o toque de silêncio executado pelo corneteiro-mor do 7º Corpo de Voluntários da Pátria, de São Paulo, muito apreciado por todos pela vibração especial que sabia emprestar a cada nota. "Executava o toque como um hino de saudade", recorda emocionado Dionísio, quarenta anos depois, "e terminava lento, suave e muito triste, até morrer como um gemido longínquo, confundindo-se no silêncio da noite."[20]

A BATALHA DE TUIUTI

No dia seguinte, 24 de maio, eram já os toques nervosos de *assembléia*, *avançar*, *acelerado* e *carga*, envolvendo cavalaria, infantaria e artilharia na mesma ação. De ambos os lados mais bravura do que técnica propriamente dita — cinco horas de combate desesperado, homem a homem em terreno alagadiço.[21]

Quando soou o cessar-fogo, alferes Dionísio pôde, finalmente, reparar em si mesmo: sua camisa, a única que possuía, tinha um rasgo no ombro direito, provocado por uma bala que passara raspando; sua espada havia quebrado ao meio e as solas de suas botas reiúnas ficaram perdidas na lama do pantanal.[22]

O resultado foi aterrador. George Thompson, engenheiro inglês a serviço de Francisco Solano López, retornou ao local, às escondidas, poucos dias depois. "Os bosques e as clareiras que os dividiam estavam cobertas de cadáveres", relatou ele. "Os corpos não se achavam decompostos, eram verdadeiras múmias. A pele mirrada sobre os ossos tinha a cor amarela e conservava-se muito seca. O campo estava coberto de balas, cartuchos e projéteis de todo tipo; as árvores crivadas de balas de carabina em muitos lugares."[23]

Travara-se ali a maior batalha da América do Sul, com 30 200 homens, do lado paraguaio, contra 32 400 das forças aliadas (21 mil brasileiros, 9700 argentinos e 1700 uruguaios). À frente de cada exército — à exceção do exército brasileiro, comandado por um militar de carreira, general Manoel Luiz Osório — estavam os próprios chefes de Estado, os *caudillos* da região: Solano López, *el Supremo* do Paraguai, dom Bartolomé Mitre, comandante-em-chefe das forças aliadas e chefe de governo da Confederação Argentina, e Venâncio Flores, presidente da República Oriental do Uruguai.

Os paraguaios sofrem a perda de 13 mil combatentes, entre mortos e feridos, contra 3931 dos aliados. (Para uma avaliação por nacionalidade, ver tabela 3.)

TABELA 3 — PERDAS NA BATALHA DE TUIUTI, 24/5/1866

Soldados	*Mortos*	*Feridos*	*Total*
Paraguai	6000	7000	13 000
Aliados	996	2935	3931
Brasil	737	2292	3029
Argentina	126	480	606
Uruguai	133	163	296

Fonte: Murad, op. cit., p. 23.

Do lado brasileiro morreram 62 oficiais e 675 praças, totalizando, junto com os feridos, mais de 3 mil homens fora de combate. As perdas foram particularmente sensíveis entre as "valentes falanges dos briosos Voluntários", como se expressava o alferes Galvão. Em seu corpo somente, o 24º, foram contados 152 homens fora de combate, entre eles, 44 mortos. Apesar da vitória, as forças aliadas estavam esgotadas e incapazes de tirar partido imediato da boa fortuna. Permaneceriam quase dois anos ainda no mesmo local, empenhadas em pequenos combates e sofrendo com a insalubridade do terreno e as epidemias devastadoras de cólera-morbos.

Nesse tempo, o 24º de Voluntários esteve engajado ainda no combate de Punta Ñaró, na madrugada de 16 de julho, quando enfrentou o fogo cerrado de "quatro canhões pequenos" e fortes trincheiras abertas sob a supervisão direta do engenheiro George Thompson, sofrendo, entre mortos e feridos, mais de 69 baixas. Dois dias depois estava outra vez em combate, em Isla Carapá, onde dois oficiais e três soldados tombaram sem vida e mais dezoito soldados saíram feridos.[24]

Pouco podemos saber a respeito de participações individuais em combates como esse. Dionísio Cerqueira, um temperamento observador, refere-se aos zuavos em geral como "gente forte e brava". Com relação especificamente ao 24º de Voluntários, ressalta em outra passagem seu treinamento, realizado sob as ordens do general Deodoro da Fonseca, que, "em pouco tempo", transformou-o em um "dos melhores corpos do exército".[25] Outro contemporâneo, Mello Moraes Filho, registrou a opinião dos próprios voluntários sobre a atuação do alferes em campo de batalha. "Referem companheiros seus que a sua fé de ofício é limpa e elogiosa", e que, "uma vez na guerra, empenhados na luta, todos se distinguiram pelo valor, salientando-se [...] o zuavo Galvão, que, como recompensa de seus feitos, mereceu as honras de alferes do exército."[26]

O próprio Galvão, referindo-se à época, garante ter marchado "sempre tendo em vista sustentar a glória do meu Soberano Monarca e também da cara pátria". E, em seu estilo característico:

> Fui arrojando os meus denodos de bravura não com interesse do leproso ouro causador de todas as desgraças aos infelizes que pelos maus princípios são aconselhados [...], mas sim como esteve sempre em minha mente, que quando voltasse destes campos de batalha queria ver o meu monarca coberto de glória, e tapizando os troféus do tirano que audazmente nos atirou a luva.[27]

Seja como for, em 31 de agosto de 1866, ferido na mão direita, o alferes retirou-se da luta. Quinze dias depois, o próprio 24º Corpo de Voluntários da Pátria, com suas fileiras já muito rarefeitas, foi dissolvido e as poucas praças remanescentes, mandadas a completar outras unidades. A guerra, embora praticamente definida, arrastar-se-ia ainda, como guerra de posição, até a tomada de Assunção e, pouco mais adiante, a morte de Solano López, transpassado pela lança de um outro voluntário baiano, o Chico Diabo.[28]

O LEGADO

A importância da campanha do Paraguai para a história social, cultural e política do Brasil dificilmente pode ser exagerada. Em suas grandes batalhas, particularmente em Tuiuti, redefinem-se os símbolos de valor da nacionalidade nascente. Foi o nosso tempo de heróis e tradições. Tempo de Caxias, patrono do Exército; de Osório, patrono da cavalaria; de Mallet, patrono da artilharia, e de Sampaio, patrono da infantaria, arma a que pertenceu o alferes Galvão.

A idéia do Brasil como nação ganhou uma concretude inimaginável fora de certos círculos de elite. Durante a guerra, como depois dela, cessam completamente, e mesmo desaparecem do horizonte político, os movimentos armados de cunho separatista, que caracterizaram a primeira metade do século.

A guerra colocou brasileiros de praticamente todas as províncias — que até então se conheciam muito vagamente — em contato estreito e prolongado. Para a gente simples do Rio Grande do Sul — os *quascas* —, o termo *baiano* designava brasileiros de qualquer outra província. Segundo pode notar o baiano Dionísio, "para eles o Brasil dividia-se em duas partes: uma, muito grande e de bons ginetes, a que davam o nome de *província*; a outra — a *Bahia* —, pequena, e de gente que não sabia montar a cavalo".[29]

A guerra também colocara em contato brasileiros de todas as classes sociais. Estavam juntos pela primeira vez, parceiros no mesmo transe, escravos recém-alforriados pela condição de soldado, homens livres de cor como Cândido da Fonseca Galvão, e moços de elite, como Dionísio Cerqueira. Cor, classe social e educação eram, obviamente, barreiras profundas entre esses dois brasileiros, ambos orgulhosos, contudo, de serem baianos, brasileiros, voluntários e, ao menos em Tuiuti, alferes.

Um contato difícil, como se depreende dos testemunhos em geral, mas de grande significado. Dionísio, desde 1865, quando se apresentou de fraque, colete e cartola querendo ser "voluntário do exército", reconheceu a existência de dificuldades de relacionamento com seus novos companheiros de arma, recrutados todos nas "camadas mais baixas da sociedade". Eram tão grandes as diferenças, segundo confessa, que apenas "o entusiasmo da fé" de que estava tomado lhe permitiu suportar o que, naquele momento, parecia humilhante.[30]

Depois, tendo atravessado dez meses de campanha como simples soldado, até ser promovido a alferes, teve oportunidade de observar bem de perto o comportamento daquela gente.[31] Suas *Reminiscências* de guerra são, nesse sentido, uma quase-etnografia do soldado brasileiro de então. Desde cedo, durante as marchas, notou-lhes Dionísio não apenas as carências óbvias de treinamento, mas a "boa vontade" e o humor constante, mesmo nos piores momentos, "longe de tudo que [...] mais amavam no mundo".[32] Observou a "abnegação" e o "estoicismo" não apenas dos soldados, mas ainda de suas companheiras, de lenço vermelho à cabeça, a seguir a marcha de seus homens, do sertão ao campo de batalha. Mulheres do povo, de coragem e carências indizíveis, a darem à luz nos acampamentos improvisados e a seguirem viagem, na manhã seguinte, montadas em seus magros *matungos*, tendo como sela o pano da própria barraca e já com os rebentos amarrados às costas.[33]

Desde os primeiros entreveros Dionísio deixou-se impressionar, profundamente, com o "coração generoso e bom" daqueles homens rudes, que ao fim de cada combate, com o toque de cessar-fogo, já "não pareciam mais os feros guerreiros" de alguns minutos antes, mas, "cuidadosos e cheios de caridade", saíam a socorrer os inimigos feridos. Alguns, como presenciou Dionísio, chegavam ao extremo de repartir com eles o fumo de corda, que era pouco, e a mortalha de papel branco com que enrolavam os cigarros.[34] Ou a saciar-lhes a sede — terrível em quem perde sangue — com a água fresca de seus cantis.[35] Ou ainda, em situação semelhante, a reciprocidade dos paraguaios, como daquele soldado anônimo que, depois de renhido combate, carregou um ferido brasileiro às costas, pela estrada, até entregá-lo no acampamento inimigo e entregar-se a si próprio, cansado já de tanta miséria.[36]

A guerra foi um tempo de autoridade e hierarquia, tanto quanto de companheirismo, de medo da morte e da alegria das vitórias, dividido por negros, brancos e miscigenados, juntos sob a mesma bandeira. Passagens como as descritas acima muito impressionaram Dionísio e a outros como ele. Muitos voltariam da guerra descontentes com a sociedade tradicional e convertidos ao ideário abolicionista. Dezessete anos depois da vitória, um manifesto do Clube Militar, dirigido à princesa regente, solicitava a dispensa dos pesados encargos "da captura de pobres negros que fogem à escravidão, ou porque viviam já cansados de sofrer-lhe os horrores, ou porque um raio de luz da liberdade lhes tenha aquecido o coração e iluminado a alma".[37]

Depois da vitória, o Império jamais seria o mesmo. O prestígio da farda crescera como nunca e os heróis do novo tempo serão os soldados, como mostram as histórias de vida de mais de 183 brasileiros nascidos entre 1850 e 1900, recolhidos por Gilberto Freyre em meados do século XX. Depois da vitória os jogos preferidos dos meninos, de uma ponta a outra do Império, serão as brincadeiras de "soldado", de "batalha do Tuiuti", de "guerra". Por muitos anos, desde então, a imaginação infantil será povoada com as figuras clássicas de guerreiros como Aníbal, Alexandre Magno da Macedônia, Napoleão Bonaparte, Nelson e, sobretudo, com as figuras de nossos mais conhecidos cabos-de-guerra, como Caxias, Porto-Alegre, Osório, Barroso, Tamandaré.

Trata-se de fenômeno social amplo, não restrito à infância, como se pode perceber. Muitos entrevistados, aliás, atribuíam tais fantasias à influência "do meio e dos mestres", como o fez Cláudio da Costa Ribeiro, nascido em 1873, no Recife; à influência do próprio pai, como no caso do padre Matias Freire, nascido em 1882, em Mamanguape, na Paraíba; ou à influência e mesmo à colaboração de um "velho soldado veterano", como contou Demóstenes Ipiranga, nascido em 1880; ou ainda por "ouvir dizer", como no depoimento de Leopoldo Lins, nascido em 1857, no sertão de Pernambuco.[38]

Dezenove anos depois da vitória, a proclamação da República. Na presidência, como na vice-presidência, veteranos da campanha do Paraguai: marechal Deodoro da Fonseca, o *Fundador*; Floriano Peixoto, o *Marechal de Ferro* e consolidador do novo regime.

3

A VOLTA PARA CASA

Atendei, Senhor, em Vossa Imperial munificência, aos justos reclamos deste soldado, que também ouviu em tempo aos gritos pungentes da aflita pátria... Ele pede simplesmente as honras do posto que serviu, e uma pensão correspondente.

Cândido da Fonseca Galvão para
o imperador, 1872

Ferido na mão direita — ou "vítima de cruel enfermidade", como ele próprio se refere ao fato —, Cândido da Fonseca Galvão retirou-se do serviço ativo no dia 31 de agosto de 1866.[1] Depois de desembarcar no Rio de Janeiro, foi mandado de volta para sua província natal, e, a partir dessa viagem, começa o difícil processo de readaptação à vida civil. "Ao regressarem do Prata os regimentos triunfantes", escreveu Oliveira Lima, "parece que o governo do Rio de Janeiro receava da sua parte qualquer acesso de febre militarista ao contágio das aclamações populares." A volta dos voluntários, em especial, era vista como potencialmente perigosa à paz e segurança públicas. A política geral, portanto, foi a de "despi-la de toda pompa, fragmentando as unidades, dissimulando os estandartes, abafando as músicas" e, o mais cedo possível, procedendo ao desarmamento e à desmobilização geral.[2]

Depois da guerra, e apesar da vitória, a situação era delicada. O país começava a viver longa série de crises sócio-institucionais que, arrastando-se por dezenove anos, desaguaria na proclamação da República, em 1889. Tais crises foram sendo percebidas pelos contemporâneos como "questões" isoladas, isto é, manifestações conjunturais que, uma após outra, tumultuavam o quadro político do período. Para os senhores de terra e escravos, os verdadeiros pilares da monarquia, era a *questão abolicionista* que dava cor específica ao período; para a hierarquia católica, a *questão religiosa*; para o Exército, a *questão militar*; para os setores urbanos, um leque bem aberto de questões, correndo do custo de vida, na base, às mais recentes ideologias do progresso, no topo.

NA VELHA BAHIA

Como tantos retornados, Galvão buscava, em primeiro lugar, o reconhecimento social de seus feitos e valimentos. Para tanto percorria os trâmites legais, dirigindo-se preferencialmente ao próprio imperador. "Vendo-se hoje o suplicante sem aquela garantia concedida a todos aqueles que, como ele, se prestaram para a defesa de sua cara Pátria; vem submisso implorar a Vossa Majestade a graça de seu posto de honorário, e bem assim desfrutar a medalha comemorativa da campanha."[3]

O pedido, contudo, esbarrava em dificuldades burocráticas e teve uma tramitação difícil, devido à exigência de apresentação de uma fé de ofício, "provando os relevantes serviços que prestou na campanha do Paraguai", conforme determinava a ordem do dia de nº 52, da Repartição de Ajudância General.[4]

O documento não podia ser apresentado, segundo o requerente, "porque a casa em que residia na cidade dos Lençóis [...] incendiou-se com tudo quanto nela se achava". Sem as provas, contudo, a burocracia não podia avaliar sobre a justiça do caso, embora reconhecesse, como líquido e certo, seu direito à medalha geral da campanha.[5]

O impasse foi afinal resolvido, um ano depois, pela ordem do dia nº 880, de 30 de setembro de 1872: "Por decreto de 25 do corrente mês, foram concedidas as honras do posto de alferes do Exército ao sr. ex-alferes de comissão da 3ª Companhia de Zuavos Baianos Cândido da Fonseca Galvão, em atenção aos relevantes serviços prestados na guerra contra o Paraguai".[6]

Não inteiramente satisfeito, e "não podendo aplicar-se às suas antigas ocupações em conseqüência de moléstia que adquiriu no Campo [...] da Guerra", Galvão encaminhou, no ano seguinte, um pedido de pensão.[7]

A insatisfação parece ter sido a marca dessa quadra da vida do alferes de zuavos, como o foi, aliás, para muitos outros militares retornados. Uma das conseqüências secundárias da guerra, segundo alguns, foi exatamente a emergência da figura do "veterano resmungão" na sociedade brasileira.[8]

Em junho de 1876, "tendo sido dispensado do Asilo de Inválidos da Pátria, onde [...] recebia os meios de sua subsistência, e de sua família", Galvão requer ao ministro e secretário de Estado dos Negócios da Guerra, duque de Caxias, sua incorporação à Companhia de Inválidos da Província da Bahia. Talvez pela justiça do caso, talvez porque o ministro realmente conhecesse e prezasse os serviços que prestara durante a guerra, o fato é que a solicitação foi imediatamente atendida.[9]

Já no dia seguinte o alferes deu entrada a mais dois requerimentos. No primeiro, defensor do trono na paz como na guerra, pede a "graça especial" de usar seu uniforme de gala, ou "uniforme grande", nos dias santos e nos dias de festa para a família imperial. No segundo, em razão de suas dificuldades para voltar à Bahia, pede um adiantamento de três meses de soldo, a ser descontado em pagamentos posteriores.[10]

Além de insatisfeito, o alferes parece um tanto confuso. Em 1880 faria com que suas queixas chegassem até o Senado do Império, exigindo restituição dos 20$000 mensais "que, ao partir para a Guerra do Paraguai, deixara a seu pai, e que este não recebeu".[11] A reclamação, segundo foi apurado, não procedia, a Repartição Fiscal tendo recibos assinados por seu pai, Benvindo da Fonseca Galvão, de julho de 1865 a fevereiro de 1866.[12]

Certamente o alferes não estava sozinho em suas pretensões. O voluntário Agostinho Petra de Bittencourt, que fora músico de batalhão durante a guerra, acreditava-se herdeiro de fabulosas fortunas depositadas no Tesouro Nacional. Agostinho bombardeava o Ministério da Guerra com requerimentos sem fim a respeito do posto que tinha ocupado — o de músico de primeira classe, como constava na documentação do ministério, ou o de mestre de música, que ele afirmava ter sido. Sempre inconformado, Agostinho, segundo o funcionário Lima Barreto, "requeria sem dó nem piedade", durante anos a fio, chegando até os inícios do século XX. Em um só mês, certa feita, deu entrada a mais de dez requerimentos, todos no mesmo sentido.

Outro que vivia no ministério a reclamar seus direitos era o tenente honorário José Dias de Oliveira, descrito como um homem corpulento, já de idade avançada, e "com umas abundantes e longas barbas mosaicas". Tenente Oliveira, sempre gesticulando muito, semigritando com sua voz cava, defendia o seu direito ao posto de major com o apoio infalível da aritmética. Antes da guerra, fora tenente de polícia no Paraná; uma vez alistado, fora feito tenente honorário do Exército. Duas vezes tenente, o Oliveira acreditava-se, pela soma, com direito ao posto de major.

Casos como esses, e "outros mais significativos, talvez, mas pouco pitorescos", acabariam por convencer o funcionário público Afonso Henriques de Lima Barreto de que, se o Império, frente ao perigo da guerra, "não disse francamente aos voluntários que, se voltassem, não teriam mais que trabalhar para viver, prometeu com certeza grandes cousas, pois todos com que tratei estavam possuídos de uma forte convicção dos deveres do Estado para com eles". Lima Barreto acreditava que esse sentimento teria sido "centuplicado" e "deformado", depois da vitória, pelo espírito simples de homens recém-saídos da escravidão ou que viviam ainda muito próximos dela.[13]

Não apenas a volta para casa era difícil. Uma vez aqui, a vida parecia combinar-se, no dia-a-dia, com novas dificuldades e complicações. Datam desse imediato pós-guerra as primeiras alusões aos abusos alcoólicos e à doença mental do alferes de zuavos. Já em maio de 1876, o comandante do quartel do Asilo de Inválidos da Pátria relatava que

> este oficial, dando-se há muito tempo ao vício da embriaguez, vem ultimamente entregando-se tão freqüentemente a ele, que além de já não ser muito conveniente em seu estado natural, torna-se ainda mais insolente e insuportável no estado de embriaguez, não respeitando a pessoa alguma, nem procurando distinguir a quem deva fazer o alvo de suas grosseiras e injuriosas expressões.

Exatamente por embriaguez Galvão fora recolhido, dias antes, ao estado-maior daquela força. Em lugar de corrigir-se, andava a declarar que "prisão para ele é importância que se lhe dá". Tal conduta, segundo seu comandante, já não podia ser atribuída "senão à loucura" e ao "estado de embriaguez", um conjunto verdadeiramente "insuportável".[14]

Ainda por embriaguez e audácia, "a ponto de recusar obedecer a seus superiores", um conselho de investigação, finalmente, pediu o seu desligamento do Asilo de Voluntários no início de 1877.[15]

O RUMO DO RIO

Galvão, como tantos conterrâneos seus nas décadas que se seguem a 1870, logo deixaria Salvador em busca de melhores condições de trabalho e de vida na capital do Império. Já na época, a prosperidade da região Sudeste, com a lavoura cafeeira e o prestígio político da Corte, contrastava enormemente com o marasmo, recessão e empobrecimento geral do Nordeste.

Para bem compreender essa migração voluntária, empreendida por homens livres como Cândido da Fonseca Galvão, é preciso caracterizar, primeiro, ao menos em suas linhas mais gerais, um movimento que lhe é anterior, que abre caminho e empresta sentido histórico à própria migração voluntária. Trata-se da migração forçada de mão-de-obra — o chamado tráfico interprovincial de escravos. Voluntárias ou involuntárias, tais migrações constituem um índice seguro para o estudo das profundas mudanças que se processavam na economia, sociedade e política do Império.

As seções que se seguem, neste capítulo, tratam de oferecer uma visão ampla desse processo, a começar com os desequilíbrios econômicos regionais e a conseqüente redistribuição interna da mão-de-obra escrava; o impacto desse processo sobre as condições de trabalho e vida de escravos, libertos e homens livres de cor de Salvador; e, finalmente, as saídas encontradas por estes a partir da década de 1870. É como parte desse processo histórico mais amplo, perseguindo embora seu projeto individual, que o alferes de zuavos Cândido da Fonseca Galvão parte rumo ao Rio de Janeiro.

DESEQUILÍBRIOS REGIONAIS E MERCADO DE TRABALHO

A crise torna-se claramente perceptível, na Bahia, depois da fase mais brilhante de expansão da agroindústria açucareira, que se estendeu da segunda metade do século XVIII até o início da década de 1820. Segue-se, a partir daí, o declínio dos produtos tradicionais do Nordeste — açúcar, tabaco e algodão —, paulatinamente incapazes de responder satisfatoriamente aos rigores do mercado internacional.

Coincidindo com a crise econômica, uma longa guerra de independência, que se estende por quase um ano, entre 1822 e 1823. Por fim, um rosário absolutamente sem precedente — para essa ou outra qualquer província — de levantes, revoltas e conspirações, tanto da população livre como da escrava.

Com a supressão do tráfico africano em 1850, Salvador, um entreposto tradicional de entrada e redistribuição interna de escravos, perde não apenas a possibilidade de comprar escravos no exterior, como outra província qualquer. Perde ainda, e talvez principalmente, um lucrativo comércio de exportação (fumo, cachaça, rapé e zimbro) e reexportação (manufaturados europeus) para a África.

O tráfico de escravos, como se sabe, não poderia existir unilateralmente. Sua concretização pressupunha, ao contrário, a construção de mecanismos de reciprocidade e troca, de um verdadeiro sistema de comércio. Escravos, ao menos sob o ponto de vista brasileiro, constituíam o objeto central desse comércio, seu componente mais valioso. Daí, para cada carregamento de escravos que chega ao Brasil, vários outros, com produtos tradicionais e mesmo manufaturados europeus, tinham que ser mandados em direção à África como pagamento.[16] Em sua fase áurea, no final do século XVIII e inícios do XIX, esse comércio de importação, exportação e distribuição interna de escravos chega a movimentar mais de 164 casas comerciais na Cidade Baixa, ocupando desde a praia da Preguiça até as proximidades do Mercado do Ouro.

Além da crise econômica, a peste. Em 1850, as más condições sanitárias da cidade dão lugar ao primeiro grande surto de febre amarela, transmitida por tripulantes de um brigue de bandeira norte-americana, com mais de 3 mil mortos.

A febre voltaria em 1852, com intensidade ainda maior. Em 1855 foi a vez da cólera-morbo, de efeitos devastadores, matando cerca de 7900 pessoas só em Salvador, e mais de 18 mil nas cidades do "triste recôncavo" circundante — Santo Amaro da Purificação, Cachoeira de São Félix, Maragogipe, Nazaré das Farinhas, São Francisco do Conde —, chegando a desorganizar seriamente a produção de açúcar em muitos engenhos.

A crise atinge o seu ápice, em termos econômicos, nos inícios da década de 1870. A produção de açúcar, principal fonte de divisas da economia baiana desde o século XVI, cai de 53 884 090 quilos, em 1871, para 29 599 068, em 1873. No mesmo período, a exportação de café (uma lavoura nova na província) cai de 5 112 240 para 3 405 420 sacas, enquanto a de algodão, outro produto tradicional, despenca de 6 679 851 arrobas (uma arroba = 14,7 quilos) para 1 574 410.

Em contraste com o declínio da economia tradicional nordestina, no Sudeste a economia cafeeira avançava rapidamente, sob os bons estímulos dos mercados urbanos da Europa e Estados Unidos. A importância do café foi oficialmente reconhecida já em 1822, quando um ramo dessa planta, até então uma lavoura apenas promissora, passou a figurar no escudo de armas e na bandeira da nova nação independente.

O vale do Paraíba, que corre entre as províncias do Rio de Janeiro, Minas Gerais e São Paulo, "vale da escravatura e das grandes fazendas", no dizer de um erudito francês que o percorreu na década de 1880,[17] tornou-se a principal artéria da nova economia nacional. Em 1868 a região Sudeste produziu metade do café bebido no mundo; o Nordeste, ao contrário, enfrentava fortes competidores para colocar seu principal produto, o açúcar, no mercado internacional.

Forças de mercado, portanto, induziam mudanças profundas nos eixos econômicos, sociais e políticos da nação. Os títulos nobiliárquicos, em especial o baronato, refletem perfeitamente esse movimento. Cerca de 30% dos títulos distribuídos em todo o Império, a partir de 1840, foram conferidos a fazendeiros, comissários e banqueiros ligados ao café.[18]

Em 1872-3, a produção de café atinge a casa dos 115 285 contos de réis, enquanto as safras de açúcar e algodão, combinadas, não chegam a 49 mil contos de réis.

Diferenças tão marcantes no valor das exportações refletem-se internamente na rentabilidade virtual de cada região e, portanto, nos preços da mão-de-obra. Tais diferenças regionais, que acompanham os ciclos de exportação brasileiros, desde o período colonial, resultaram sempre em grandes transferências de escravos de uma região a outra através dos mecanismos ordinários de compra e venda por moeda sonante.

Para citar apenas um exemplo, a grande seca que assolou o Ceará e outras províncias nordestinas em 1847 resultou em vendas maciças de escravos para a região do café, sobretudo para o Rio de Janeiro. Com o fim do tráfico africano, em 1850, era natural que as áreas mais prósperas do Rio, Minas e São Paulo tirassem partido daquela lógica econômica sempre presente no mercado interno de escravos, segundo a qual proprietários menos felizes, ou arruinados, se vêem obrigados a vender seus escravos, em nível local, provincial ou interprovincial.

O TRÁFICO INTERNO DE ESCRAVOS

Desde 1850 até 1885, quando as transferências de escravos de uma província a outra foram finalmente proibidas, desenrola-se um rápido processo de concentração de mão-de-obra nos municípios cafeeiros em torno da capital do Império. Esse processo — profundamente desestabilizante para a ordem escravista — atinge duramente as províncias do Nordeste, que perdem a melhor parcela de seus escravos. Na verdade, depois de 1850, com a abolição do tráfico transatlântico, a "nova costa d'África", para a região cafeeira, será o país inteiro, do extremo norte ao extremo sul, mas particularmente o Nordeste.[19]

Essa migração forçada, obtida por meio de operações de compra e venda, tende a flutuar, segundo conjunturas específicas; seja pelo lado da demanda (fases de maior ou menor expansão da cafeicultura escravista), seja pelo da oferta (fases de estagnação ou recuperação momentânea do Nordeste ou, por exemplo, da indústria do charque, no Rio Grande do Sul).

Nas décadas de 1870 e 1880, as secas no Nordeste e a expansão do café em direção ao oeste paulista, no Sudeste, elevaram essas transferências a níveis sem precedentes. Para tanto contribuíram ainda a passagem da Lei Rio Branco, de 28 de setembro de 1871, e, nos anos que se seguem, o crescimento da campanha abolicionista, sobretudo no Rio de Janeiro. A Lei Rio Branco declarava "livres os filhos de mulher escrava", libertava os "escravos da nação" (isto é, que pertenciam ao imperador) e criava um "fundo de emancipação" para os demais.

Estima-se que as transferências de escravos para os municípios cafeeiros tenham totalizado entre 300 mil e 400 mil indivíduos, num período de 35 anos.[20]

O tráfico interno de escravos, fosse legal ou clandestino, teria canalizado para a província do Rio de Janeiro, segundo calculavam os próprios contemporâneos, uma média de 5500 escravos ao ano, entre 1852 e 1859.[21] Em São Paulo a população escrava explodiu, passando de 80 mil, em 1866, para 200 mil, em 1875. Em 1877 as províncias do café — Rio, São Paulo e Minas — concentravam mais da metade do total de escravos do Império.

O nível de vendas mantém-se excepcionalmente alto na Bahia durante quase todo o período. Os dados disponíveis, embora limitados às transações legalmente registradas, são úteis para a apreensão do sentido geral do processo. Entre 1853 e 1855, a província embarcou oficialmente 3477 escravos, somente para o Rio de Janeiro. Em 1854 foram vendidos para fora da província, pagando imposto de saída, 1835 escravos, dos quais 1392 destinavam-se ao Rio de Janeiro. Os números continuaram altos na década seguinte, com 2047 escravos vendidos legalmente em 1860 e 1771, em 1861.

A partir desse ponto, a revitalização da cultura algodoeira no interior (aproveitando-se da desorganização do mercado durante a guerra civil norte-americana) fez diminuírem bruscamente os embarques de escravos. Entre 1862 e 1866, as vendas para fora da província caíram para uma média de 347 escravos por ano. Mas, já no início da década de 1870, quando a retomada da produção algodoeira do Sul dos Estados Unidos precipitou uma nova crise na Bahia, as vendas de escravos saltam novamente para 1063 em 1870-1 e 1459 em 1873-4.[22]

RENTABILIDADE E PREÇO

Por trás desse processo, na Bahia como em outras províncias exportadoras de escravos, encontra-se a rentabilidade diferencial do trabalho escravo, e, portanto, de seu valor de mercado, conforme passemos de áreas decadentes, ou estagnadas, para áreas de expansão econômica, ligada ao mercado externo.

Em 1854, segundo calculava o deputado geral João Maurício Wanderley, futuro barão de Cotegipe, um bom escravo, no sertão da Bahia, poderia proporcionar a seu proprietário um retorno não superior a trinta ou quarenta mil-réis ao ano. Seu valor de mercado, na mesma província, estava em torno de setecentos a oitocentos mil-réis.[23]

Caso o mesmo escravo fosse transferido para o Rio de Janeiro, Minas ou São Paulo, depois de um curto período de adaptação e aprendizado, poderia trabalhar até 2 mil pés de café, produzindo, nas melhores fazendas, cerca de 25 sacas de grãos por ano.[24] Como cada saca valia, ainda em 1854, cerca de 16$640, esse escravo — que não renderia mais de quarenta mil-réis no interior da Bahia — poderia produzir, no Sudeste, até 416 mil-réis ao ano. Repetindo-se o mesmo cálculo por décadas (o preço médio da saca de café multiplicado por 25) esse mesmo escravo teria rendido cerca de 602 mil-réis por ano em 1861-70; 762 mil-réis em 1871-80 e, finalmente, 697 mil-réis em 1881-90.[25]

Tais diferenças no potencial de rentabilidade refletem-se claramente nos valores de mercado da mão-de-obra. O preço médio de um escravo, homem ou mulher, entre vinte e 25 anos, mais que dobrou no próspero município cafeeiro de Vassouras, Rio de Janeiro, entre 1852 e 1854, passando de 630$000 para 1:350$000.[26] No mesmo município, na próspera freguesia de Pati do Alferes, uma bem montada fazenda de café, como a Monte Alegre, congregava, em 1862, uma força de trabalho de 196 escravos — homens e mulheres de todas as idades —, valendo, em média, acima de 2:000$000 cada, chegando os melhores a 2:500$000. Em outras fazendas do mesmo proprietário, os melhores escravos foram avaliados entre 2:000$000 e 2:200$000.[27]

Na mesma época, num engenho de açúcar do Nordeste, os preços cairiam, no mínimo, pela metade. Em Salvador, em 1862, um escravo em idade produtiva custaria qualquer coisa entre 1:261$000 (média do biênio 1859-60) e 1:165$000 (média do biênio 1865-6), se do sexo masculino. E ainda menos — entre 1:004$000 e 887$000 —, se do sexo feminino. Ainda em Salvador, um escravo adulto, que custava em torno de 543$000 por ocasião da proibição do tráfico africano, custaria, em 1877, qualquer coisa entre 784$000 (média do biênio 1875-6) e 800$000 (média do biênio 1879-80). Às vésperas da abolição, em 1887, não valeria mais que 468$000, se do sexo masculino, ou 365$000, se do sexo feminino.[28]

Ao contrário do que acontecia no Nordeste, no Sudeste, na região de "serra acima", no Rio de Janeiro, área pioneira de expansão da cafeicultura, os preços sobem rapidamente entre 1850 e 1877, quando atingem a expressiva média de 1:925$000 para homens e mulheres na força da idade. Ainda em 1888, à beira da abolição total e sem indenização, negociaram-se escravos na região por cifras tão altas quanto 850$000.[29]

A rentabilidade diferencial entre regiões estende-se ao meio urbano, onde circulavam as fortunas geradas pelo café. Certos comerciantes menos escrupulosos — segundo julgamento moral de seus próprios contemporâneos — chegavam ao cúmulo de comprar jovens bonitas no Nordeste, já com o propósito de prostituí-las nas ruas do Rio de Janeiro.

Amas-de-leite também eram consideradas um bom negócio na capital do Império. Apenas para se ter uma idéia, segundo cálculos de 1881, uma ama-de-leite comprada no Nordeste por quatrocentos ou seiscentos mil-réis poderia render a seu senhor novecentos mil-réis em dezoito meses de aluguel no Rio de Janeiro. Passada a fase de aleitamento, ainda podia ser vendida, na mesma cidade, por 1:500$000.[30]

SER LIVRE EM SALVADOR

A população negra e mestiça de Salvador passava, nesse período, por profundas e dramáticas mudanças sociais. A população escrava, em primeiro lugar, declinava rapidamente, de cerca de 300 mil indivíduos em meados da década de 1860 para apenas 165 403 em 1872; 132 822 em 1884, e 76 838 em 1887.

Esse declínio acelerado, que chega a 42,1% entre 1884 e 1887, não pode ser atribuído apenas à sangria do tráfico interprovincial, mas está relacionado também a um outro processo paralelo de aumento da população livre.

Trata-se, até certo ponto, de um dos aspectos positivos das dificuldades enfrentadas pela sociedade baiana durante o século XIX. Crises no setor exportador, bem como crises políticas prolongadas — agravadas ou não por secas periódicas —, reduzem a demanda por trabalho e terminam forçando proprietários endividados à realização de pelo menos uma parte da mão-de-obra, cujo preço cai em termos reais.

O mesmo processo, portanto, que encorajava as transferências de escravos para as províncias mais prósperas também parece facilitar a obtenção da própria liberdade, pelo menos para alguns: aqueles que já tinham conseguido acumular o pecúlio necessário em tempos melhores, e aqueles que fossem capazes de lograr um bom desempenho dentro da própria crise. Kátia Mattoso constatou um crescimento significativo no volume de alforrias concedidas na Bahia entre 1779 e 1850.[31] Da mesma forma, Mattoso, Klein e Engerman, trabalhando com uma amostragem mais ampla, cobrindo de 1819 a 1888, constataram uma taxa de alforria especialmente alta entre 1840 e 1880, em torno de 5% ou 6% da população escrava de Salvador.[32]

Pressionado por dificuldades financeiras, um número crescente de senhores, em Salvador, recorre ao expediente de colocar seus escravos "ao ganho", isto é, permitir-lhes vender suas artes ou serviços para terceiros. Boa parte desses "ganhos" era passada para os senhores. Mas era uma forma de exploração que oferecia ao escravo maior liberdade de movimento e iniciativa, permitindo a muitos a acumulação do capital e o estabelecimento dos laços sociais necessários à compra da própria liberdade.

A população livre e liberta de Salvador aumenta, desde a década de 1820, a cada crise do setor exportador, ou a cada novo período de seca, que leva um número considerável de homens livres a deixarem suas pequenas comunidades no interior em busca de trabalho e vida na capital da província, ou na área circunvizinha do recôncavo.

Em meados do século essa população em crescimento a um só tempo livre e pobre, que não encontrava uma colocação certa no mercado, já inspirava cuidados. Em 1850 um decreto promulgado pelo presidente da província Francisco Gonçalves Martins, futuro visconde de São Lourenço, reservou o serviço dos saveiros exclusivamente para os crioulos livres. Com isso, cerca de 750 africanos, embora libertos, foram impedidos de ganhar o pão no embarque e desembarque de mercadorias. Trata-se, provavelmente, da primeira medida política contra o trabalho escravo na província, e, ao mesmo tempo, contra o trabalhador africano, mesmo que este já tivesse conseguido a liberdade por sua própria conta.[33] Vinte anos depois, em 1870, sendo Francisco Gonçalves Martins novamente presidente da província, organizou-se a Companhia União e Indústria, que empregava unicamente carregadores livres. Na União e Indústria encontrariam trabalho muitos brasileiros de cor, inclusive ex-combatentes da Guerra do Paraguai.[34]

Esse processo, que inclui transferências e alforrias, avançou tanto que, em 1874, nada menos que 87,2% da população total da Bahia (ou 1 120 846 em 1 286 249 indivíduos) já não eram, ou nunca foram, escravos.

Esse conjunto de fatores favoráveis à compra da própria liberdade, contudo, parece entrar em declínio depois de 1870. Em Salvador, o número total de alforrias obtidas a cada ano, que crescia desde 1819, começou a cair rapidamente no período que vai de 1870 até a abolição final, em 1888.[35] O aprofundamento da crise econômica e o empobrecimento geral da sociedade já não parecem facilitar, a partir de então, a compra da liberdade, da mesma forma que passam a dificultar terrivelmente a sobrevivência dos já livres ou libertos.[36]

Não era fácil a vida dos pobres, fossem eles escravos, ex-escravos ou homens livres, naquela Salvador superpovoada. Tocados pelas secas, levas contínuas de trabalhadores deixam o sertão em busca da capital, sobretudo nos piques das secas de 1868, 1871 e 1877-80.

A crise de 1873, com a bancarrota generalizada, dificultava a obtenção de trabalho e mesmo as atividades tradicionais de auto-emprego em Salvador. Um número crescente de libertos, homens livres e escravos de aluguel ou "ao ganho" competem pelos mesmos limitados espaços nas habitações coletivas e pelos mesmos ofícios nas ruas da cidade. A capital da província parecia atulhada de prestadores de serviço, vendedores ambulantes e outros ofícios (pedreiros, carpinteiros, ferreiros, sapateiros, barbeiros, costureiras, doceiras), os meios mais tradicionais de auto-emprego.

Muitos, homens livres e libertos, serão tentados a migrar em busca de uma vida melhor. Muitos — principalmente africanos, mas também crioulos e mesmo mulatos — mostram-se completamente desiludidos com o que chamam "terra de branco" e pensam em voltar à África.[37] Outros, contudo, vêem o Brasil já como sua terra. Para esses, a capital do Império, onde circulavam os contos de réis gerados pelo café, aparece como a nova Meca das esperanças. O próprio tráfico interprovincial de escravos — migração forçada pela venda —, bem como o prestígio político e social do Rio de Janeiro, mostrava claramente o caminho a ser seguido. Essa migração voluntária — a opção Brasil — exerceria um impacto decisivo na cultura e *ethos* da cidade do Rio de Janeiro.

Em busca dos meios de ganhar a vida e de legitimidade social, sucedem-se as levas de homens livres e ex-escravos em busca da capital do Império. Embora o tema ainda esteja a merecer pesquisas, tanto qualitativa como quantitativa, alguns casos de lideranças podem ser recuperados, sobretudo através do estudo da música popular brasileira do período. Hilário Jovino Ferreira, por exemplo, nasceu em Pernambuco, cresceu em Salvador e desembarcou no Rio no dia 17 de junho de 1872. Homem livre ou ex-escravo (não se sabe ao certo), *Lalau de Ouro*, como ficou conhecido, foi uma das figuras centrais — juntamente com Tia Bebiana de Iansã, outra baiana de prestígio — na organização dos primeiros ranchos carnavalescos da cidade. Os ranchos tradicionais faziam parte do ciclo de festas populares, comemorando o nascimento de Jesus e a visita dos Reis Magos com cantorias, danças e representações. No Rio de Janeiro, sob a influência dos baianos, esse festival religioso foi gradualmente transformado em celebração secular, o "rancho de carnaval" (que já existia ao tempo de Dom Obá II d'África) e, a partir de 1928, as famosas "escolas de samba".

MIGRAÇÃO VOLUNTÁRIA

Outro baiano, Getúlio Marinho, ajudou a criar a coreografia hoje tão característica dos desfiles das escolas de samba — o *mestre-sala*, com seus meneios de elegância e cortesia dirigidos à *porta-bandeira*, símbolo da comunidade e um dos elementos centrais do desfile.

Hilária Batista de Almeida, a famosa Tia Ciata de Oxum, também nasceu em Salvador, em 1854, filha provavelmente de pais forros. Chegou ao Rio de Janeiro em 1876, com 22 anos. No ano seguinte, parte da mesma vaga migratória, chegou o alferes de zuavos Cândido da Fonseca Galvão.

Não apenas a forma processional do desfile, mas o próprio samba enquanto gênero musical nasceu nessa comunidade. As grandes matriarcas baianas, como Tia Ciata, Tia Amélia do Aragão (mãe do compositor Donga), Tia Perciliana de Santo Amaro (mãe do compositor e pintor primitivo João da Baiana), Tia Veridiana (mãe do compositor Chico da Baiana) e outras, promoveriam no Rio de Janeiro as sessões de candomblé e batuque que, a partir da década de 1870, dariam à luz o novo gênero musical. Em torno dessas matriarcas, ou "Tias" — particularmente Tia Ciata de Oxum, já no início do século XX —, reuniam-se os *bambas* da música popular brasileira, compositores como Sinhô, Donga, João da Baiana e Heitor dos Prazeres; o compositor e instrumentista Pixinguinha; o poeta e letrista Catulo da Paixão Cearense e muitos outros. O primeiro samba gravado, provavelmente em 1911, foi, muito significativamente, "Em casa de baiana", um partido alto de autor desconhecido.[38]

O Rio de Janeiro em que se inseriu esse grupo de nordestinos recém-saídos da escravidão, suas estratégias específicas de sobrevivência e conquista de espaço social serão os temas do próximo capítulo.

4

VIDA NA CORTE

> *A Bahia nunca cessará em reconhecer que os baianos despregam-se no Rio* [...].
> *Quer* [...] *dizer que no Rio é que todos vêm receber o cunho da grandeza.*
>
> Dom Obá II d'África, 1885

Quando os franceses ocuparam Lisboa, em 1808, a família real e a cúpula do aparelho do Estado português transferiram-se para o Rio de Janeiro. Em 16 de dezembro de 1815, a cidade foi elevada a capital do Reino Unido de Portugal, Brasil e Algarve. No Rio de Janeiro, em 1816, chegou ao fim de seus dias dona Maria I, a rainha louca, e no largo do Paço, no dia 6 de fevereiro de 1818, foi aclamado o novo rei de Portugal, dom João VI.

Desde 1808, a cidade torna-se o *locus* privilegiado da história brasileira, o espaço e símbolo da unidade nacional em via de criação. De seu porto, do largo do Paço, do largo do Rocio, da Quinta da Boa Vista, seus habitantes puderam assistir a todos os grandes lances da política brasileira. Deles puderam participar com freqüência, como movimento de protesto ou simples opinião pública.

Em 26 de abril de 1821 a cidade do Rio de Janeiro assistiu à partida do rei, dom João VI, para Portugal. No ano seguinte, em 11 de janeiro, ouviria seu filho, o príncipe regente, com o apoio armado dos barões do café, desafiar frontalmente as cortes de Lisboa e declarar: "Eu fico".[1]

Depois do grito do Ipiranga, "Independência ou morte", proclamado nos limites de São Paulo, foi de novo o povo da cidade do Rio de Janeiro que, em 12 de outubro de 1822, aclamou o primeiro imperador do Brasil, em manifestação solene e ruidosa, no Campo de Santana. Em sua Câmara Municipal foi jurada a Constituição do novo Império, no dia 25 de março de 1824. Na mesma sala, 65 anos depois, em 16 de novembro, tomou posse o governo provisório da República, com juramento solene. A República fora proclamada no dia anterior, de novo, no velho Campo de Santana, depois Campo da Aclamação, depois praça da República.

Mui leal e heróica cidade desde 1823, o Rio de Janeiro viu o jogo político nacional tomar conta de suas ruas e palácios. Era o espelho da identidade nacional emergente, seu espaço de projeção. A aprovação de seu povo era, desde 1822, a "unânime aclamação dos povos".

A importância e o prestígio político da cidade, especialmente durante o reinado de dom Pedro II, já eram senso comum entre brasileiros. "A Bahia nunca cessará em reconhecer que os baianos despregam-se no Rio", defendia o alferes de zuavos Cândido da Fonseca Galvão, repetindo as palavras de um outro proeminente político da época. "Quer [...] dizer", explicava ele, "no Rio é que todos vêm receber o cunho da grandeza".[2]

As ruas do Rio abrigaram a campanha abolicionista e o movimento republicano, na década de 1880, dando-lhes importância e projeção verdadeiramente nacional.

Em 1º de janeiro de 1880, mal havia desembarcado na cidade, o alferes iria testemunhar uma multidão enfurecida virar bondes de pernas para o ar, arrancar trilhos do chão e enfrentar as tropas da polícia. Instigado por jornalistas de classe média, defensores de idéias republicanas, como Lopes Trovão e Ferreira de Meneses, o povo estava protestando contra um aumento recente nos impostos, sendo a gota d'água a cobrança de vinte réis (ou um vintém) sobre as passagens de bonde, então principal meio de transporte urbano.

As massas que, de uma forma ou de outra, apoiaram esses movimentos de protesto na década de 1880, especialmente no que toca à campanha abolicionista, seriam impressionantes ainda hoje. Embora o total de pessoas diretamente envolvidas em organizações abolicionistas (quase todos funcionários públicos, advogados, empresários e militares do Exército) jamais tenha ultrapassado em muito a casa dos trezentos, o apoio popular à idéia foi, sem dúvida, crescente. Celebrações abolicionistas, no início da década, conseguiam mobilizar públicos de até 2 mil pessoas. Em 1887 atingiriam a casa das 5 mil.[3]

Tal a força dessas agitações, fossem elas populares ou de elite, que a primeira Constituição republicana, aprovada em 1891, já previa, em seu artigo 3º, a mudança da capital para o planalto central do país, onde estaria a salvo de agitadores e massas insubmissas. Em 1908, o presidente Campos Sales queixou-se das "multidões que tumultuam, agitadas, nas ruas da capital", e, em 1925, o presidente Artur Bernardes, em mensagem presidencial, deplorou as influências nefastas da "vida tumultuosa e agitada" da população do Rio de Janeiro na condução dos negócios públicos.[4]

Centro da política nacional desde 1822, a cidade tornou-se, por extensão, a *Corte* com "c" maiúsculo. Foi para lá que se dirigiu, para viver e defender suas idéias, Cândido da Fonseca Galvão; um período de dez anos ao todo, começando com a Revolta do Vintém. A Corte, e mais especialmente, o espaço social em que esse alferes de zuavos, migrante baiano e autoproclamado príncipe preto, circulou são os objetos do presente capítulo.

A CORTE DO IMPÉRIO

Na segunda metade do século, a capital do Império atravessava um processo de grandes transformações e melhoramentos. Após ceder às pressões externas e abolir o tráfico de escravos, a Corte foi contaminada por uma voga de capitalismo e atividade empresarial.

Grandes volumes de capital, até então imobilizados no tráfico africano — um dos, senão o mais rentável empreendimento no país —, tornam-se disponíveis de uma hora para outra e inundam o mercado em busca de novas oportunidades de investimento.[5]

Pouco depois da abolição do tráfico (Lei Eusébio de Queiroz), são regularizadas no país as sociedades em comandita, e, já em 1851, constituem-se onze sociedades anônimas, sete das quais com capital formado.[6] Nos primeiros dez anos, entre 1850 e 1860, essa febre empresarial sem precedentes resultou no estabelecimento de 62 companhias industriais, 23 companhias de seguros, vinte companhias de navegação a vapor, catorze bancos, oito companhias de mineração, oito estradas de ferro, quatro companhias de colonização, três caixas econômicas, três companhias de transporte urbano e duas companhias de gás.[7]

Foi um período de modernização acelerada. A Estrada de Ferro Dom Pedro II (hoje Central do Brasil) começou a ser construída em 11 de junho de 1853; o primeiro trecho, com cerca de 48 quilômetros de extensão, ligando a Corte a Queimados, foi inaugurado em 1858. Em 1861, trens corriam até subúrbios mais distantes, chegando a Cascadura, com duas viagens por dia, uma para ir, outra para voltar do trabalho.

A primeira estrada de ferro do país, ligando o porto da Estrela, nos fundos da baía de Guanabara, a Raiz da Serra, foi inaugurada em 10 de abril de 1854. A primeira linha aérea de telégrafos, ligando a Corte a Petrópolis, no alto da serra do Mar, data de 1857.

Em 1854, os mortiços e malcheirosos lampiões de azeite de peixe foram substituídos, no perímetro urbano, por moderna iluminação a gás. Três anos depois, foi assinado o primeiro contrato para a construção de um sistema de esgotos. O Rio civilizava-se. A partir de 1868, jeitosos bondes puxados a burro (depois elétricos) começam a substituir as pesadas e oscilantes gôndolas, que carregavam até doze passageiros e eram também puxadas a burro. A mudança mereceu a aprovação unânime da cidade. Depois de 1870, os novos bondes também substituíram as desconfortáveis maxabombas, diligências puxadas por cavalos, que levavam do largo de São Francisco de Paula até o Caju e Cancela, no então distante bairro de São Cristóvão.[8]

A partir de 1850, os fazendeiros do café de serra acima também poderão contar com crédito fácil na mão de seus comissários na Corte, tanto para comprar escravos no Nordeste, aumentar plantações e melhorar instalações produtivas como para construir seus palácios na roça e importar suas baixelas francesas.[9]

É preciso não perder, contudo, a dimensão histórica precisa desses melhoramentos. Tudo parece muito limitado se compararmos a outros padrões, particularmente europeus. Sob esse ponto de vista, desde que o alferes de zuavos ali desembarcou até sua morte, o Rio de Janeiro continuava a ser aquele mesmo velho e conformado burgo colonial de ruas estreitas e mal varridas, prédios públicos descuidados, letreiros desbotados, calçadas esburacadas e comércio poeirento, exatamente como o viu, em 1889, um jornalista francês, enviado pelo *Journal des Débats* para cobrir a recém-proclamada República.[10]

A cidade e a sociedade da época podem ser percebidas mais concretamente através dos censos de 1870 e 1872 — pouco antes da chegada do alferes Galvão ao Rio —; de 1890 — ano de sua morte — e, como contraponto, do censo de 1906.

Uma das primeiras características a considerar é o crescimento acelerado da população e seus efeitos deletérios sobre as condições de trabalho e vida. Com efeito, nos vinte anos que correm de 1870 a 1890, a população da cidade mais que dobrou, passando de 235 381 para 522 651 habitantes. A tendência é duradoura: de 1890 a 1906, a cidade cresceu à taxa média anual de 3,5%, atingindo 800 mil habitantes em 1906.[11]

Em contraste com a população total, a população escrava da Corte, como a da maioria das cidades brasileiras, caiu rapidamente desde 1850, tragada pelas necessidades de mão-de-obra dos vizinhos municípios cafeeiros. Em 1849 existiam 78 855 escravos na cidade, cuja população total era de 205 906 habitantes; em 1874 a população escrava caiu para 47 084; em 1884, para 32 103; em 1885, para 29 909, e, finalmente, às vésperas da abolição total, para apenas 7488.[12] No caso específico do Rio de Janeiro, um grande número de escravos continuou a ser transferido para as fazendas de café, apesar da Lei Saraiva-Cotegipe, de 28 de setembro de 1885, e da Lei dos Sexagenários — que, atendendo às bancadas do Norte e Nordeste, incluiu em seu artigo 3º, parágrafo 19, a proibição do tráfico interprovincial, exceto no caso de mudança do próprio senhor. No ano seguinte, em resposta à pressão dos cafeicultores fluminenses, a capital do Império passou a ser considerada (para o propósito de transferir escravos) como parte integrante da província do Rio de Janeiro, o que permitiu que as vendas continuassem até 1888.

Maior cidade brasileira, centro nervoso da política nacional, o Rio avançou, durante toda a década de 1880, na direção de uma maior especialização do trabalho e crescimento da burocracia estatal. O funcionalismo público mais que dobrou entre 1872 e 1890, passando de 2351 empregados para 5074. O número de advogados triplicou, passando de 242 para 761; os médicos mais que dobraram, passando de 394 para 965; e o número de empregados no comércio — lojistas e ambulantes — explodiu, passando de 23 481 para 48 048.[13]

Ao mesmo tempo, refletindo a crise final do sistema escravista, cresce substancialmente a legião dos "sem profissão declarada", que de

30% da população total, em 1870, passa a 37% em 1872 e nada menos que 44% em 1890. Entre aqueles "sem profissão" (exceto por um curto período) contava-se o alferes Cândido da Fonseca Galvão.

Essa população econômica e socialmente marginalizada, composta sobretudo por negros e pardos, nativos ou adventícios, constituiu, pela força do número, uma espécie de cidade paralela, nos imprecisos limites entre o legal e o ilegal. Nessa cidade do Rio de Janeiro, como dizia o nosso alferes de zuavos, sempre muito cuidadoso com as palavras, "todos os viventes procuram meios, ou licitamente [...] ou ilicitamente, em vista da natureza de promoverem os meios de adquirirem o pão cotidiano para si e suas famílias".[14]

Vivendo como era possível — lícita ou ilicitamente —, esse submundo faz-se presente na cidade toda, sendo particularmente visível para os contemporâneos, nativos ou viajantes estrangeiros, nas áreas de prostituição, sempre crescentes, e responsáveis pela má fama de muitas ruas do centro da cidade. E um pouco por toda parte, através da mendicância, dos chamados "ladrões de galinha" e das maltas de capoeiragem.

Os números são significativos. Cerca de 60% da população escrava, em 1872, não possuía nenhuma qualificação profissional. Em 1890 os "sem profissão declarada" somavam nada menos que 48 100 indivíduos, cifra virtualmente idêntica, se compararmos, aos 48 048 empregados no comércio, incluindo-se aí o verdadeiro exército de vendedores ambulantes que, com seus balaios e tabuleiros à cabeça, perambulam por toda parte, no centro e na periferia. O grupo profissional mais numeroso, durante o período escravista como depois, continuou sendo o dos empregados domésticos. Em 1890 a categoria congregava 74 785 pessoas, principalmente mulheres.[15]

BRANCOS, PARDOS E PRETOS

As condições de trabalho e vida eram extremamente difíceis para a imensa maioria da população. A taxa de mortalidade excedia a de natalidade, como parecem indicar os dados disponíveis. Entre 1889 e 1891, por exemplo, foram registrados 13 169 nascimentos, contra 17 574 mortes.[16]

A primeira epidemia de febre amarela varreu a cidade em 1850, vinda também da Bahia, como um subproduto do tráfico interno. Nove anos depois desembarcou também a varíola. Mas foi a febre amarela, acima de tudo, o grande flagelo da cidade, tendo feito, até o final do século, um total de 59 069 vítimas.

O crescimento acelerado da população, que atingira a taxa anual de 5,2% entre 1872 e 1890, pode ser explicado, em boa parte, pela vaga de migração interna que acompanhou o lento desmoronar da ordem escravista e, da mesma forma, pela chegada de imigrantes estrangeiros. Tal a escala desses influxos que, em 1890, apenas metade da população do Rio havia nascido na cidade. A outra metade era composta por brasileiros de outras províncias (Rio de Janeiro, Bahia, Minas Gerais, Pernambuco e mesmo São Paulo), totalizando 26% da população, e imigrantes estrangeiros, num total de 24%.

Os brasileiros oriundos das províncias eram sobretudo homens livres de cor, como o alferes Galvão; libertos e mesmo, antes de 1888, escravos fugidos. Todos, para ser breve, em busca de melhores oportunidades de trabalho e vida na cidade grande, longe do ar opressivo do campo ou das cidades provincianas. Todos, como disse Galvão, empenhados no sonho de "despregarem-se" na cidade do Rio de Janeiro, e ainda de "promoverem os meios de adquirirem o pão cotidiano para si e suas famílias".

Pretos e pardos representavam 44,79% da população em 1872, e 37,2% em 1890. Segundo os dados disponíveis, a participação dos negros cai de 24,13% em 1872 para 12,34% em 1890. No mesmo período, cresce a participação dos pardos, de 20,66% para 24,94%.

Esses números devem ser tratados com certa cautela, contudo, e não como se fossem o reflexo de alguma classificação racial científica e universalmente válida. Podemos suspeitar que haja um inchamento relativo no número de brancos, que chegam a representar 62,7% da população em 1890, em detrimento de pardos e pretos. O fato se deve, provavelmente, à falta de critérios explícitos para a determinação da categoria *cor* em qualquer dos censos em apreço. O mesmo é verdade para as categorias *profissão* e *alfabetização*. No caso específico da categoria *cor*, a ausência de critérios rígidos parece perfeitamente de acordo com o próprio sistema brasileiro de classificação, reconhecidamente *multi-* e não apenas *bi*rracial, permitindo um leque razoável de nuanças entre negros e brancos. E variando ainda segundo a condição social do indivíduo. Vale lembrar que, exatamente por essa época, estavam emergindo as primeiras formalizações da chamada "ideologia do branqueamento", até certo ponto um corolário do próprio sistema de classificação. Como parte desse quadro, aliás, a categoria *cor* foi simplesmente suprimida do recenseamento seguinte, em 1906.[17]

A educação continuava a ser, como nos tempos coloniais, um privilégio de poucos. Em 1872, 63,82% da população era analfabeta. Mesmo com seu português "crioulo", às vezes tão expressivo em suas idiossincrasias de sintaxe e vocabulário, alferes Galvão fazia parte de uma importante minoria — os 36,18% da população que, ao tempo de sua morte, sabiam ler e escrever na cidade do Rio de Janeiro. Em 1906, os analfabetos ainda representavam 40,2% da população.[18]

Em números absolutos, os estrangeiros aumentaram de 78 676, em 1870, para 124 352, em 1890, embora sua participação relativa tenha caído de 33% para 24% no mesmo período.[19]

Embora numericamente inferiores, os imigrantes — especialmente portugueses e italianos — tomavam os melhores empregos, tanto no comércio como na indústria emergente. Em 1872 apenas 6123 brasileiros trabalhavam no comércio, contra 17 358 estrangeiros. Catorze anos depois, apenas 2631 brasileiros, contra 9264 estrangeiros, requerem licença para indústrias e profissões.[20]

Os ressentimentos que desde então se acumulam contra essa população adventícia, sobretudo contra o imigrante português, que controlava o comércio de esquina e as casas baratas de aluguel, iriam explodir, no início da República, pouco depois da morte de Dom Obá II d'África, em verdadeira onda de radicalismo antilusitano, o autodenominado jacobinismo carioca.[21]

"CASAS DE HABITAÇÃO"

A explosão populacional agravou todos os velhos problemas de habitação, abastecimento e saúde pública. Com um sistema de transporte público inadequado, a classe trabalhadora — quer fosse empregada, subempregada ou desempregada — teve pouca opção de moradia além das acanhadas freguesias centrais, bem próximas do trabalho ou, não raro, no próprio local de trabalho. As acomodações disponíveis para o seu orçamento pertenciam às seguintes categorias: as chamadas "estalagens" (conjunto de pequenas casas com saída comum para a rua), "casas de cômodo" ou "casas de habitação" (velhos casarões decadentes cujos quartos são alugados a diferentes famílias, obrigadas ao uso em comum das dependências de serviço e higiene), "hospedarias" (hotéis populares, podendo chegar até os chamados "zungas", de ínfima categoria) e, por fim, os famosos "cortiços", termo que nos remete aos caixotes superlotados em que se criam as abelhas.

Em 1886, segundo se informou o cônsul dos Estados Unidos, Christopher C. Andrews, um chefe de família que poderia ganhar entre quatro e trinta dólares por semana, de acordo com seu ofício, teria que pagar entre cinco e oito dólares por mês para morar numa estalagem, e entre 3,50 e 4,50 dólares para morar num cortiço.[22] Em 1890 nada menos de um quarto da população — cerca de 130 mil pessoas — morava dessa forma, sobretudo nos cortiços.

A questão habitacional era grave, duradoura e tocava particularmente às camadas mais baixas da sociedade. De dentro desse mundo, em 1886 Cândido da Fonseca Galvão, inconformado, escreveu sobre uma velha africana, já cega pela idade, e sem um tostão de seu, que colocou a própria filha na prostituição para pagar a casa em que viviam, na rua da Alfândega, no centro.[23]

O próprio Príncipe viveu experiências pessoais nessa área, a julgar por suas constantes mudanças de endereço. Hermeto Lima parece tê-lo visto morando num sótão, na rua Uruguaiana, em cima do Externato Gama e da Livraria Azevedo.[24] Em maio de 1886, quando nasceu seu último filho, o Príncipe morava no que a imprensa da época classificou, ironicamente, como a "Casa Real do Engenho Novo", um bairro já mais afastado do centro.[25] Sua esposa, dona Raiza-me de Abiodun, veio a falecer nessa casa, no dia 24 de novembro de 1887.[26] Poucos meses depois, o Príncipe mudou-se para o largo de Benfica, atrás de São Cristóvão, devido, segundo confessa, aos "desgostos" que padecia com a viuvez.[27]

Mas não demorou muito nesse bairro afastado, onde os aluguéis eram mais baratos. Quando morreu, em julho de 1890, foi já "na casa de sua residência", de novo no centro da cidade, à rua Barão de São Félix.[28] Três mudanças, portanto, entre maio de 1886 e julho de 1890, ou seja, uma a cada dezesseis meses, em média.

O problema habitacional era antigo no Rio de Janeiro, afetando mesmo os setores médios da população. Na década anterior, por exemplo, o jovem Quintino Bocaiúva, jornalista de oposição e propagandista da República, mudou-se sete vezes em doze anos, isto é, uma média de 20,57 meses em cada endereço.[29]

A rua Barão de São Félix não era um endereço muito recomendável, como ainda veremos. João do Rio, o jornalista que escreveu reportagens memoráveis revelando esse submundo ao próprio carioca, descreveu em 1904 o interior de uma dessas "casas de africanos". A descrição não seria estranha à experiência vivida pelo alferes de zuavos, ou seus contemporâneos, catorze anos antes. As casas "conservavam a sua aparência de outrora", explica o jornalista. Sua descrição é um documento etnográfico talvez único: "São quase sempre rótulas lôbregas, onde vivem com o personagem principal cinco, seis e mais pessoas. Nas salas, móveis quebrados e sujos, esteirinhas, bancos; por cima das mesas, terrinas, pucarinhos de água, chapéus de palha, ervas, pastas de oleado onde se guarda o *opelé*; nas paredes, atabaques, vestuários esquisitos, vidros; e no quintal, quase sempre jabotis, galinhas pretas, galos e cabritos".[30]

Não se trata apenas, como se pode ver, de uma residência no sentido moderno e ocidental do termo, mas de um espaço misto, entre sagrado e profano, casa de morar e orar. Aqui, utensílios prosaicos de uso no dia-a-dia, como "móveis quebrados e sujos, esteirinhas, bancos", "pucarinhos de água" e "chapéus de palha". Adiante, objetos ou componentes dos cultos afro-brasileiros, como terrinas, ervas, atabaques, "vestuários esquisitos". No quintal, como apêndice da casa, os animais necessários à subsistência tanto quanto ao sacrifício ritual. Também o Príncipe foi descrito, na imprensa, a conviver entre papagaios, araras e sabiás.[31] Em julho de 1889 foram encontrados os seguintes móveis em sua residência:

> Uma cômoda com dois gavetões e duas gavetas de madeira vinhático em mau estado; um relógio de armário; um sofá antigo de madeira preta, em mau estado; quatro cadeiras de diversas qualidades em mau estado; um espelho com moldura preta; um outro relógio de parede; três cabides de madeira; uma máquina de costura estragada; um lampião de querosene; um pequeno lampião ou lamparina; três mesas velhas em mau estado; sete gaiolas; doze caixas de diferentes qualidades contendo livros, roupas usadas, e raios de Bendegó; um oratório pequeno; sete quadros diversos; um espelho pequeno.[32]

ÁFRICA PEQUENA

A concentração de negros nas ruas em torno do porto estendia-se desde o mal-afamado Valongo, local de desembarque e venda de escravos desde o século XVIII, até Praia Formosa, Saco do Alferes e, por dentro, até a "cidade nova sobre o mangue". Heitor dos Prazeres, sambista e pintor primitivo muito apreciado hoje, um dos frutos mais ilustres daquela região, a ela se referiu, anos depois, como "pequena África". Tal expressão, muito exata e significativa, foi tomada pela historiografia mais recente da cidade para indicar exatamente a unidade social e cultural afro-brasileira que se percebe nesses distritos e, na verdade, em muitos outros redutos semelhantes Brasil afora.[33]

A comunidade dos distritos de Santana, Cidade Nova, Santo Cristo, Saúde e Gamboa — a África Pequena do Rio de Janeiro — organizou-se para ganhar a vida na capital do Império e, depois, da República, através da herança comum afro-brasileira de trabalho, festa e religião.

Na escravidão, a própria divisão sexual do trabalho estabelecia as aptidões de cada sexo e apontava os caminhos a serem seguidos. Os homens, mais valorizados como escravos, pareciam estar em desvantagem enquanto livres. Alguns conseguiam trabalho com seus ofícios tradicionais, como pedreiros, carpinteiros, barbeiros etc. A grande maioria, contudo, sem nenhum treinamento especializado, mas no gozo de boa saúde, trabalhava como estivadores no porto ou carregadores de rua, ou como ambulantes ou simplesmente "biscateiros", sempre à mão para os pequenos serviços. Alguns passam a viver de pequenos golpes e expedientes, dando origem à lenda do "malandro carioca".

Para as mulheres, o mercado de trabalho mostrava-se um pouco mais favorável, dando origem à tradição das "tias baianas", matriarcas poderosas em torno das quais se organiza, em parte, a comunidade subalterna. Muitas, como vimos, conseguiram trabalho como empregadas domésticas (cozinheiras ou arrumadeiras "de todo serviço"). Muitas também trabalhavam em casa, por conta própria, como lavadeiras, passadeiras ou costureiras. Outras, possuindo um pequeno capital e capacidade de liderança, organizaram indústrias caseiras relativamente prósperas, dedicadas à confecção e venda de quitutes afro-baianos, ou mesmo abriram um pequeno comércio de "quitanda". Tia Ciata de Oxum fazia doces e os vendia, em sortido tabuleiro, à rua 7 de Setembro com Uruguaiana e à rua da Carioca. Também colocava barraca na Festa da Penha, com seus quitutes. Mais tarde começou também a alugar fantasias autênticas de baiana para as companhias de teatro ou para a folia de Carnaval. O negócio prosperou a ponto de ser necessário empregar pessoas de fora, além da própria família.[34]

Tia Carmem — ou dona Carmem da Praça Onze, como ficou conhecida — também fazia e vendia seus quitutes baianos, como cocada-puxa, queijadinha e bolinho de estudante, nas ruas do Rio de Janeiro. Nascida em Salvador, em 1879, filha de uma liberta que vendia os seus quitutes na praia de Itapoã e na Lavagem do Bonfim, dona Carmem mudou-se para o Rio com sua mãe, aos catorze anos de idade, em 1893.[35]

Tia Bebiana empregava várias moças, além da própria família, numa oficina caseira de pespontar sapatos. Tia Perciliana de Santo Amaro, filha dos libertos Fernando de Aruanda, da nação Jeje, e Maria Joana, da nação Nagô, conseguiu abrir uma quitanda de artigos religiosos, na rua do Sabão. Tia Gracinda, mulher do pai-de-santo Assumano Mina do Brasil, chegou a possuir um botequim chamado Gruta Baiana.[36]

Os meninos vendiam balas pelas ruas da cidade; as meninas ficavam em casa, no recato, ajudando as mães e aprendendo seus segredos de cozinha. Algumas moças vendiam o corpo e a juventude. Josefa da Lapa, também conhecida como Josefa Rica, começou vendendo doces na rua e terminou dirigindo um dos bordéis da Lapa.[37]

Até 1888, homens e mulheres têm que concorrer com o trabalho escravo. Alguns poucos conseguem boa reputação por seus feitiços e são capazes de fazer disso um meio de vida. Estão nesse caso o africano Quimbambochê, o crioulo Assumano Mina do Brasil, João Alabá e outros. João Alabá dirigia um candomblé nagô na rua Barão de São Félix, 174, freqüentado tanto por Josefa Rica como pelas respeitáveis Tias Ciata de Oxum, Perciliana e tantas outras. Tia Ciata era a *Iyá Kekerê*, ou "mãe-pequena", a segunda pessoa na hierarquia da casa, responsável pela iniciação das noviças e pelas *iaôs* ou "filhas de santo", já devidamente iniciadas.[38] A hierarquia dos candomblés era como uma imensa família, com "tias", "mães-de-santo", "pais-de-santo", "irmãs-de-santo", "mães-pequenas". As casas de culto eram conhecidas como "terreiros "ou "centros". Isso não é por acaso: em torno de pontos como esses é que se organiza a comunidade subalterna na transição para o trabalho livre, através dos laços de família consangüínea e parentela religiosa. Era nos "terreiros" ou "centros" que se recriavam as origens místicas, os laços sociais, a hierarquia e a esperança.

Apesar do que possa parecer à primeira vista, quando estudamos os movimentos que levam à homogeneização, essa população pan-africana ainda não compõe uma unidade coesa culturalmente. Embora possam repartir vivências sociais semelhantes — e, na verdade, exatamente por isso —, ainda conservam antigas discórdias da África propriamente dita, estando divididos sobre questões de origens, costumes e religiões diferentes.

Ainda no início do século XX, podiam-se distinguir, na África Pequena como na cidade toda, diferentes grupos étnicos, ou "nações", como Ijexá, Ebá, Aboum, Haussá, Itaqua, Cambindas, Oyó, Nagô, e tantos outros. Ásperas rivalidades religiosas e filosóficas grassavam entre seguidores de Maomé e católicos, também cultores dos orixás. Não era fácil viver naquela África-mirim, onde os *alufás* muçulmanos não se dão com a "gente do santo", a que chamam pejorativamente *auauadóchum*, e onde, pagando com a mesma moeda, "a gente do santo despreza os bichos que não comem porco, tratando-os de *malês*". Alguns desprezavam as filhas-de-santo das *macumbas*, ao mesmo tempo que negros de qualquer outra etnia. Para Antônio, um dos informantes de João do Rio, os Cambinda eram inferiores. "Por negro cambinda", explica ele ao repórter, "é que se compreende que africano foi escravo de branco."[39]

Apesar dessas divisões internas — como notou o repórter — os habitantes da África Pequena, em contraste com o resto da cidade, achavam-se todos relacionados pelo uso de uma língua comum (o ioruba, ou o português crioulo do alferes Galvão), "costumes exteriores mais ou menos idênticos" e "feitiçaria".[40]

Os seguidores dos orixás, sempre mais numerosos que os muçulmanos, também eram quase sempre mais abertos a concepções integradoras e sincretismos com o catolicismo, a religião oficial do Império.

As festas para os orixás, como as que se realizavam no barracão que ficava nos fundos da casa de Tia Ciata, na praça Onze, eram freqüentemente precedidas de missa católica, especialmente no dia de Nossa Senhora da Conceição. Imagens da Virgem com o Menino Jesus no colo podiam ser encontradas na igreja do Rosário dos Pretos e na do Hospício. A Virgem, nesse papel de mãe, foi cedo identificada com a sedutora Oxum, divindade do rio *Òsun*, no país Ioruba. Oxum era a *Iyálóòde*, ou seja, a mulher mais importante da cidade; rainha dos rios e da água doce, sem a qual os homens não podem existir; deusa da fertilidade das mulheres, saudada ainda nos terreiros de Cuba, Brasil e África com os mesmos pedidos de benevolência à grande mãe: "*ore yèyé o!*".[41]

Outra filha de Oxum, dona Carmem Teixeira da Conceição, ainda "lúcida, falante, vaidosa e aficionada por Carnaval", chegaria a uma idade mais que centenária. Também católica, como tantas Tias afro-brasileiras, dona Carmem, em 1987, assistiu à inauguração do monumento a Zumbi de Palmares, na praça Onze, e orgulhava-se de ser "a mais antiga integrante da Irmandade de São Jorge", em toda a cidade do Rio de Janeiro.[42]

A RUA

Em 1890, o alferes Galvão morava à rua Barão de São Félix, num tipo de residência não especificada pelos documentos. A rua era bem conhecida como uma área de cortiços superpovoados, refúgio de capoeiras, prostitutas e feiticeiros. Galvão morava no número 26. Um pouco mais acima, no número 132, era o Cabeça de Porco, provavelmente o maior e, sem dúvida, o mais célebre dos cortiços cariocas. Um pouco mais acima, no número 174, era o candomblé de João Alabá.

Além do pai-de-santo João Alabá e do alferes Galvão, os cortiços da Barão de São Félix abrigaram muitos outros migrantes baianos no final do Império e início da República. Uma habitação coletiva da época possuiria em torno de dez quartos, abrigando cada quarto uma família. O Cabeça de Porco, contudo, por suas dimensões e evolução posterior, merece um estudo mais detalhado.

O Cabeça de Porco foi certamente uma das fontes de que se serviu Aluísio Azevedo para escrever *O cortiço*, considerado um dos marcos da literatura urbana brasileira.[43] O próprio termo *cabeça-de-porco* entraria para o português do Brasil como sinônimo de habitação coletiva, no pior sentido.

A expansão desse cortiço (que pode ser acompanhada através dos lançamentos da Décima Urbana, o imposto predial, na prefeitura) parece indicar a existência de um núcleo inicial composto, como na maioria dos cortiços, de um velho sobrado, dividido e subdividido em pequenos quartos. Outras construções menores, no quintal dos fundos, também se expandem continuamente. Em 1878, segundo os registros da Décima Urbana, o prédio principal subdividia-se em 89 quartos, enquanto o terreno dos fundos conteria cinco casas térreas e duas cocheiras. No tempo do alferes Galvão, em 1890, havia já 104 quartos dentro do prédio principal e mais 21 "térreos" nos fundos. Mesmo os sótãos eram ocupados.

As descrições, no final do período, sugerem o transbordamento daquele núcleo original num emaranhado de ruelas, com casas de morar ao lado de galinheiros, armazéns, barbearias, oficinas de consertar sapatos etc., abrigando uma população estimada entre 2 mil e 4 mil pessoas.

Três anos depois da morte de Cândido da Fonseca Galvão, em 1893, o Cabeça de Porco foi demolido pela prefeitura. A operação, verdadeira manobra militar, envolveu trezentos operários da Inspetoria de Obras Públicas, Infantaria de Polícia, Cavalaria, Corpo de Bombeiros, e foi supervisionada pelo chefe de polícia e pelo próprio prefeito, Barata Ribeiro. A poucos passos dali, no morro da Providência, surge da noite para o dia um imenso conjunto de casas toscamente construídas, reaproveitando inclusive o material da demolição do Cabeça de Porco. Quatro anos depois, com o retorno dos soldados que lutavam na campanha de Canudos, no interior da Bahia, esse conjunto novo ganharia o nome de "favela", inspirado numa planta do sertão.[44]

"ESPINHOS E ECONOMIAS"

Além do problema habitacional, que acabamos de examinar, ainda podemos saber um pouco mais sobre as condições de vida do alferes Galvão na capital do Império, e, através dele, sobre as condições de vida de outros migrantes internos, baianos ou não, recém-egressos do cativeiro. O jornal *O Paiz*, por exemplo, menciona que após aquela "festiva" manifestação de apoio ao imperador deposto, em dezembro de 1889, Dom Obá II d'África sentou-se para almoçar, entregando-se "às delícias de uma modesta feijoada com um cálice de parati por cima".[45] Sabemos ainda, pela *Gazeta de Notícias*, que o Príncipe morreu "sem assistência médica" e, finalmente, segundo o *Diário de Notícias*, que teve um "enterro paupérrimo", embora bem concorrido.[46]

Os problemas de abastecimento arrastavam-se já por várias décadas na cidade do Rio de Janeiro. Desde o final do século XVIII até a primeira metade do século XIX — isto é, antes e durante a expansão da cafeicultura no Rio de Janeiro —, fazendeiros, pequenos sitiantes e agregados iriam produzir gêneros alimentícios não apenas para suas famílias e escravos, mas ainda para abastecer o mercado da Corte.

A auto-suficiência era um objetivo a ser alcançado pelos fazendeiros, segundo defende o primeiro manual agrícola escrito com base na experiência real da expansão do café, e não apenas mera compilação ou tradução de obra estrangeira. Como escreveu o barão Pati do Alferes em 1847, "todo [...] fazendeiro deve plantar mantimentos que lhe cheguem para o gasto, de forma que lhe não seja preciso comprar para o consumo, embora faça menor safra: ele ficará livre, e seus domésticos estarão fartos, pois quando se compra, nunca há abundância, e eles mais ou menos sempre sofrem".

Esse ideal, contudo, sofreu tão dramáticas mudanças na segunda metade do século que nas edições subseqüentes do mesmo livro, publicadas em 1863 e 1878, o filho do barão, encarregado de rever e atualizar a obra, preferiu simplesmente suprimir o trecho em questão. O velho conselho já não fazia nenhum sentido para uma época em que a lavoura de subsistência tinha sido abandonada exatamente para concentrar os recursos disponíveis, terra e escravos, na monocultura do café.[47]

Muitos autores, já na época, analisaram acuradamente as determinantes mais gerais desse processo e suas conseqüências para a vida rural e urbana. Na segunda metade do século, conforme as terras virgens e a mão-de-obra escrava vão ficando cada vez mais escassas, a expansão do café, um produto de exportação, tende a se fazer, cada vez mais, em detrimento da agricultura de alimentos. Com a redução das áreas dedicadas à produção de comida, fazendeiros que antes vendiam o excedente na Corte passam a figurar nesse mesmo mercado como consumidores.

Com a cotação em alta no mercado, também o pequeno sitiante, tradicional produtor de alimentos, passa a plantar café. A escassez de mão-de-obra afetava esses pequenos fazendeiros ainda mais que aos grandes barões. Agregados e rendeiros, sem grande possibilidade de reação, viram as melhores terras serem tomadas pelos cafezais. Em muitos casos as plantações chegaram, literalmente, às portas de suas casas. A escassez de trabalho levou à alta geral dos preços, à necessidade de importar alimentos e ao aumento da especulação por parte dos comerciantes da Corte.[48]

Já na década de 1850, o preço da cesta de consumo básico das classes trabalhadoras mais que dobrou, na cidade do Rio de Janeiro. Entre 1850-1 e 1858-9, a arroba (14,4 quilos) de arroz aumentou de 1$520 para 3$300; o açúcar, de 1$700 para 3$750; a carne-seca, de 2$720 para 5$500. O alqueire (36,27 litros) de feijão, o alimento mais popular, mais que dobrou, passando de 2$300 para 4$980. Estes são preços de atacado; no armazém da esquina as coisas eram ainda piores.[49]

Na década de 1880, a escassez e baixa qualidade da alimentação já eram um problema antigo na capital do Império. O abastecimento de carne verde, por exemplo, continuou deficiente apesar das queixas que se repetiam desde os anos 70 e apesar da inauguração do matadouro municipal de Santa Cruz, em 1881. Podemos imaginar, com base nos dados disponíveis, que o consumo médio desse produto, ao longo de toda a década, tenha ficado em torno de onze gramas diários por habitante.[50]

UMA FEIJOADA MODESTA

Uma pista mais confiável para a análise do que compunha a alimentação do pobre durante a última década da Monarquia pode ser encontrada naquela "modesta feijoada" a que se entregou o Príncipe no dia 2 de dezembro de 1889. Trata-se do prato mais conhecido da cozinha brasileira, particularmente central para a cozinha carioca. Em sua versão "modesta", podia limitar-se a feijão-preto com carne-seca, arroz e farinha. Uma versão mais farta, conhecida como "feijoada completa", teria incluído ainda carne de porco salgada ou defumada, lingüiças diversas, torresmos, couve à mineira e fatias de laranja.

Mr. Ricketts, o cônsul da Grã-Bretanha no Rio, pode não ter sido um aficionado da iguaria, mas ao menos percebeu sua importância na vida de escravos, libertos e homens livres de cor. Carne-seca e feijão-preto, "cozidos feito uma sopa, constituem a alimentação básica das massas deste país", informou ele ao Foreign Office em 1885. Em relatório anterior, datado de 1880, Mr. Ricketts pensava provavelmente nas colônias do Caribe, quando sugeriu que "essa carne-seca [...] cozida com feijão-preto à moda brasileira constitui uma dieta muito nutritiva e substanciosa, e pode ser usada com vantagem em muitos países onde o alto preço da carne fresca retirou do pobre o poder de comprá-la".[51]

Além dos ingredientes básicos da feijoada — feijão, arroz, carne-seca e farinha —, o povo pobre comia ainda broa de milho ou pão de trigo com manteiga, no café da manhã, e, por herança lusitana, o bacalhau, iguaria de domingos e dias santos.

A carne-seca vinha em parte dos saladeiros do Rio Grande do Sul, em parte era importada da Argentina, Uruguai e Estados Unidos. O Rio de Janeiro consumiu (e redistribuiu para o interior) uma média de 25 842 230 kg de carne-seca por ano entre 1880 e 1885. O feijão — a própria alma da feijoada — também era artigo importado, tendo entrado 29 337 sacas do produto pelo porto do Rio em 1880. Quase todo o arroz era importado da Índia ou Inglaterra. Em 1879 a cidade importou 145 800 sacas de arroz, subindo para 194 898 no ano seguinte, quando os preços variaram de 8$300 a 11$000 a saca. Entre 1881-2 e 1883-4, desembarcaram na cidade uma média de 214 761 sacas de arroz cada ano. Em 1884-5, foram importadas 173 988 sacas, os preços variando de 8$500 a 10$000 a saca. O milho — outro prato de resistência para escravos, libertos e homens livres de cor, na cidade como no campo — vinha do rio da Prata, Estados Unidos e Liverpool. Cerca de 96 500 sacas foram importadas em 1879 e nada menos que 103 507 no ano seguinte, com os preços subindo de 3$500 para 5$800 a saca.

A farinha de trigo vinha da Argentina, Uruguai, Chile, Itália, Áustria e outros países, mas principalmente dos Estados Unidos, responsável por três quartos do mercado mundial. Em 1879, 506 500 barricas foram importadas; em 1880, 388 076, cujos preços variaram de 16$000 a 24$000 por barrica. Em 1881-2 e 1883-4 foram importados 37 500 120 quilos de farinha de trigo por ano, em média. Em síntese, como calculou Mr. Ricketts, imaginando um consumo médio de uma libra (0,45 quilo) diária por habitante, o total das importações de arroz, farinha de trigo, milho e feijão seria suficiente para alimentar uma população de 300 mil pessoas por 375 dias.[52]

Apenas os pratos complementares — farinha de mandioca, couve, laranja e parati — foram produzidos localmente. O costume tradicional era preceder ou finalizar o prato com um bom trago de parati. No caso em apreço, como informa o jornal, ele foi tomado como um digestivo — "com um cálice de parati por cima".[53]

Além de subtrair braços da lavoura, o esforço de guerra, que durou até 1870, onerou o custo de vida, no campo como na cidade do Rio de Janeiro. O esforço de guerra foi sustentado, principalmente, com a elevação das pautas alfandegárias. Os problemas se agravaram sobretudo na década de 1880, quando a economia foi severamente atingida pelas baixas cotações de seus produtos de exportação — não apenas os tradicionais açúcar, algodão e tabaco, mas também o rei café. O que tinha sido um quase monopólio brasileiro começa a ser desafiado por outros produtores; a participação do Brasil na produção mundial caiu de 49,4% em 1855 para 45,9% em 1878.[54]

O país atravessava os anos críticos da eliminação do trabalho escravo, tempo de grande agitação na Corte, com as campanhas abolicionista e republicana. Como toda a vida financeira do país girava em torno do preço da mão-de-obra, os empréstimos concedidos aos fazendeiros baseavam-se mais na garantia de seu plantel de escravos do que nas garantias paralelas em terra, infra-estrutura e cafezal. Era um tempo de grande pressão e campanhas políticas por "braços", "créditos para a lavoura", ferrovias para reduzir custos e baratear o transporte da fazenda ao porto. A demanda principal dos fazendeiros, durante o processo de abolição e depois, no início da República, foi a indenização das perdas que teriam ou tiveram com a abolição da escravatura.[55]

A década de 1880 foi também uma época de profundos desequilíbrios financeiros. A queda no valor das exportações, e, conseqüentemente, na capacidade de importar prejudicava a arrecadação dos fundos públicos. Os déficits crônicos levam o Tesouro aos empréstimos externos — como os contratados em Londres em 1883, 1886 e 1888 —, às emissões inflacionárias de papel-moeda e aos aumentos de impostos para equilibrar o orçamento público.

Dado o peso econômico, social e político dos fazendeiros, em cujas fileiras arregimentavam-se os mais ilustres membros tanto do Partido Conservador como do Liberal, o propósito político de proteger a lavoura de exportação — principal fonte de divisas e motor da economia — parecia perfeitamente natural. Os impostos pagos sobre as exportações de café, açúcar e mate foram reduzidos de 9% para 7% em 1882. Ao mesmo tempo, tanto gabinetes liberais como conservadores empreendem mudanças no sistema de taxas sobre as importações, tendo em vista proteger o setor agrícola, animar a indústria incipiente e, principalmente, aumentar a arrecadação e obter o equilíbrio orçamentário do setor público. Os liberais, a partir de 1878, introduziram as tarifas Afonso Celso e Saraiva; os conservadores, a partir de 1885, as tarifas Cotegipe e João Alfredo.[56]

UMA REVOLTA DO VINTÉM

A inflação e a política fiscal de taxar duramente as importações e as atividades não agrícolas (como as novas taxas de 1879, sobre as licenças comerciais, as construções e o salário do funcionalismo) afetavam particularmente a população urbana, sobretudo as camadas mais pobres, como o povo da África Pequena.

Não foi por acaso que a década de 1880 abriu com uma violenta manifestação de rua contra, exatamente, a introdução de uma nova taxa, particularmente desagradável, que aumentava em 10% o valor das passagens de bonde. O movimento ficou conhecido como a "Revolta do Vintém", devido ao montante do acréscimo: $020, ou, popularmente, a moedinha de "um vintém".[57] A taxa foi anunciada no dia 13 de dezembro de 1879, no bojo de uma longa série de novas taxas e majorações de outras já existentes, com que o gabinete liberal, liderado pelo visconde de Ouro Preto, pretendia fazer frente ao déficit orçamentário. Desde então realizaram-se marchas de protesto na cidade, lideradas por jornalistas de classe média, que procuravam capitalizar o descontentamento do povo com a carestia. Sobretudo jornalistas da *Gazeta de Notícias*, como Lopes Trovão e José do Patrocínio, defensores de idéias republicanas e/ou abolicionistas. Trovão, radical republicano, conclamava a população do Rio de Janeiro a uma posição deliberante, contra as autoridades constituídas. "Só por meio de uma revolução", defendia ele, "o povo conseguirá chamar o poder ao cumprimento dos seus deveres."[58]

Além dos republicanos radicais, também os conservadores viram no descontentamento popular uma oportunidade para abalar o gabinete liberal, no poder desde 1878. Em 1º de janeiro de 1880, dia marcado para que a nova taxa entrasse em vigor, o povo pobre tomou as ruas do centro da cidade, insubmisso, a virar e incendiar os vagões de bonde e arrancar os trilhos de ferro. As tropas enfrentam o populacho a tiro e a cidade se transforma, segundo testemunhos da época, em verdadeiro campo de batalha. O resultado oficial foram três mortes e 28 feridos.

Depois da batalha, mesmo liberais eminentes, como Joaquim Nabuco e Francisco Otaviano, colocam-se contra a liderança do partido e criticam abertamente tanto as taxas como a força usada para reprimir a revolta. Sob o fogo de amigos e inimigos, cai por terra o Gabinete Ouro Preto. Mais uma vez os níveis local e nacional se confundem nas ruas do Rio de Janeiro, quando o povo comum, radicais republicanos, abolicionistas, conservadores e liberais — cada qual em busca de seus próprios objetivos — lograram a derrubada do ministério.[59]

Embora os jornais da época tenham registrado apenas a participação das lideranças de classe média, como os jornalistas Lopes Trovão, José Ferreira de Meneses, José do Patrocínio e Carlos de Carvalho, podemos afirmar que esse movimento de rua, os "célebres vinténs", como dizia o Príncipe, marcou também o período de militância política mais ativa de Dom Obá II d'África. A partir daí, sem dúvida, tornou-se a figura popular mais conhecida da cidade. A exemplo de outros conservadores ilustres — membros oficiais do partido —, o alferes lutou naquele dia não para fazer a "revolução", como queria Lopes Trovão, mas, ao contrário, contra a carestia, que considerava prejudicial às instituições vigentes. Desde então — como resumiu anos mais tarde —, o Príncipe encontrava-se em campo "em defesa da Monarquia" e "contra certos membros da política passada".[60]

"IMPOSTOS E MAIS IMPOSTOS"

Apesar da Revolta do Vintém e da crescente insatisfação popular, o custo de vida continuou aumentando ao longo da década que se abria. Um quilo de carne-seca de primeira (para voltarmos àquela modesta feijoada do alferes Galvão) pulou de $520 para $800, entre a Revolta do Vintém e 1886.[61] Muitos, nos anos que se seguem à revolta, começam a perceber as implicações da política fiscal pró-exportação como prejudicial aos menos favorecidos, enquanto outros se beneficiavam.

"Que época estamos atravessando, tão cheia de espinhos e economias para um lado onde é mais preciso a fartura [que] é para o lado da pobreza", dizia Dom Obá II d'África em 1882, compenetrado já de estranhas idéias de justiça social. E proclamava desassombrado: "E para o lado dos fidalgos acho que devem trabalhar de graça, por serem os mais ricos".[62]

O descontentamento era enorme. Na África Pequena a população procurava explicação para aquele estado de coisas. Alguns culpavam os impostos, outros, a "ganância por dinheiro", ainda outros, o desemprego crônico e a dissolução dos costumes políticos. Dom Obá, por exemplo, em artigo de 1883, atacou duro os que, dizia ele, "usurpavam vexatoriamente o sangue da pobreza com impostos e mais impostos". E continuava no mesmo fôlego: "E a pobreza morrendo à fome, sem emprego, e alguns que estão empregados deitam para fora a fim de ficarem desesperados pela fome e continuar o desmantelo da nação, como estamos vendo todos os dias assassinatos, roubos de toda ordem, intrigas de todas as espécies, tudo pela ganância de dinheiro".[63]

5

O VASSALO FIEL

Perguntai ao nosso monarca se no Brasil terá nenhum brasileiro que exceda as minhas relações com a Africana nação.

Dom Obá II d'África, 1887

A luta diária pela existência, algo que Dom Obá II d'África enfrentou em comum com os outros migrantes nordestinos na capital do Império, e que ele próprio descreveu tão vivamente como "espinhos e economias", era, entretanto, apenas um traço de sua vida. Alferes Galvão, pelo menos, não limitou sua esfera de influência aos guetos da África Pequena. O presente capítulo, como o seguinte, examinará exatamente a presença de Dom Obá na vida política da Corte: seus motivos; seu acesso ao mundo oficial; o papel que desempenhava como elo entre esse grande mundo oficial e o outro, a África Pequena; sua ligação com as bases e estilo de liderança. De um lado, o Vassalo Fiel de dom Pedro II; de outro, o Rei das Ruas do Rio de Janeiro. Vejamos por partes.

O acesso de Dom Obá ao palácio e ao próprio imperador é um fato histórico bem documentado. Ele aparece tanto na documentação séria do período como nos registros de cunho mais anedótico, as universalmente conhecidas fofocas da Corte. R. Magalhães Júnior, em *O Império de chinelos*, publicado em 1957, lembra um incidente muito significativo. Baseado possivelmente na tradição oral ainda existente, como sugerem expressões como "conta-se" e "segundo corre".

Segundo corria, a guarda militar do palácio imperial da Quinta da Boa Vista, certa feita, negou-se a apresentar armas ao Príncipe Dom

Obá II d'África com a devida cerimônia. O príncipe — e alferes honorário — entendia ter direito às formalidades corretas. Segundo Magalhães Júnior, Dom Obá "reclamou, em altos brados, as honras militares que lhe haviam sido negadas" e acabou ameaçado de prisão. O escândalo na porta principal do palácio é tão grande que o imperador resolve intervir e chama o oficial responsável.

"Quando vier aqui o Obá, será melhor apresentar-lhe armas", disse dom Pedro II.

"Mas, majestade, ele não tem direito, é um maníaco, um louco", argumentou o oficial.

"Por isso mesmo é que não convém contrariá-lo", foi a resposta, e ponto final. "Ele fica satisfeito e nós não nos aborrecemos."[1]

Mello Moraes Filho, um contemporâneo, testemunhou o contraponto desse episódio, quando a sentinela bradou armas para o Príncipe, segundo o melhor estilo. Dom Obá, "no embaraço da emoção, sacava do bolso uma nota de 2$000 ou 5$000, que dava ao soldado, e subia as escadas do palácio num pacholismo admirável".[2]

Dom Obá nunca perdia as audiências públicas na Quinta da Boa Vista, aos sábados. Ele também aparecia, mesmo em ocasiões solenes, no paço da cidade. Aqui e ali, fosse com seu fardão de alferes ou em apurados trajes civis, Dom Obá II d'África era sempre "um dos primeiros que se apresentavam". Embora o alferes fosse considerado uma presença incômoda por muitos contemporâneos, o imperador, levando em conta seus serviços e as honras de seu posto, "ordenava que lhe franqueassem a entrada, apesar dos protestos e do ridículo que isso provocava".[3]

Pelo menos uma vez, em ocasião solene, lhe foi permitido acesso às sacadas do Palácio da Cidade, de onde acenou para a multidão. De outra feita, provocou grande constrangimento na sala do trono quando quebrou o protocolo e surgiu à frente do corpo diplomático, como se fosse um embaixador estrangeiro servindo no Rio de Janeiro.

> Vistosamente paramentado, cheio de si, arrastando a espada, inclinou-se reverente diante do imperador e da imperatriz, e beijou-lhes a mão; chegando-se para a princesa, saudou-a com respeitosa vênia; e para o conde d'Eu, que se colocara em plano afastado, acenou um adeusinho, verdadeiramente íntimo e cordial.

Ao afastar-se de costas, cerimonioso, o Príncipe tropeçou na própria espada e, na queda, assentou a bota no pé do internúncio, que, segundo Mello Moraes, teria proferido qualquer coisa entre os dentes.[4]

Essa visão pitoresca pode ser contrabalançada, ou posta em termos mais concretos, pelo exame do livro de visitas à Sua Majestade Imperial, no paço da Quinta da Boa Vista, entre 1882 e 1885. Os dados são significativos. Dom Obá esteve presente a todas as audiências concedidas pelo imperador de 17 de junho de 1882 (início do livro) até 13 de dezembro de 1884, num total de 125 visitas. Em catorze delas foi o primeiro a chegar ao palácio. Nos dias 29 de julho de 1882 e 1º de novembro de 1884, sem razão aparente, figura como o único visitante. Dom Obá assinava de próprio punho, "Príncipe Obá 2º d'África Alfes. Galvão". Uma ou outra vez, quando o oficial responsável pelos registros parece ter assinado por ele, consta apenas "alferes Galvão", sem o título real.[5]

Tais "cumprimentos" ao imperador, uma tradição rotineira na Quinta da Boa Vista, constituíam, na verdade, um espaço político privilegiado. Era o ponto de contato pessoal do imperador com a sociedade mais ampla. Os registros disponíveis, que cobrem de 17 de junho de 1882 a 13 de dezembro de 1884, permitem um verdadeiro sumário das grandes questões políticas e sociais que atravessam a sociedade brasileira de então. Conforme percorremos páginas e páginas de assinaturas de pessoas presentes ao *beija-mão* — como eram conhecidas essas visitas —, vemos a nobreza da terra: moços fidalgos, barões do café, condes e viscondes; políticos eminentes, como ministros de Estado, presidentes de província, senadores, deputados gerais, conselheiros; autoridades diplomáticas, como Thomas Adamson, cônsul-geral dos Estados Unidos, e outros ministros estrangeiros; personalidades civis e militares de ponta, como marechal Deodoro da Fonseca, marechal Floriano Peixoto, dr. Afonso Penna, dr. Nilo Peçanha, conselheiro dr. Rui Barbosa, marechal Hermes da Fonseca, almirante Custódio José de Melo, almirante Eduardo Wandelkolk, dr. Francisco Pereira Passos e outros; intelectuais e artistas de relevo, como o fotógrafo Marc Ferrez, o pintor Vítor Meireles e o escritor Machado de Assis. As mais diversas correntes de pensamento político, sem que faltem positivistas, republicanos e abolicionistas, como o coronel Benjamin Constant Botelho de Magalhães e os jornalistas Quintino Bocaiúva e José Carlos do Patrocínio. Brancos, negros e miscigenados; representantes de classe ou associações profissionais, que vão das comissões de professores e alunos das escolas públicas à Sociedade Propagadora das Belas-Artes; comissão de estudantes da Faculdade de Medicina do Rio de

Janeiro, Sociedade Acadêmica Deus, Cristo e Caridade, Associação Promotora da Instrução, Club de Engenharia, Associação Industrial, Associação dos Empregados do Comércio do Rio de Janeiro, comissões de jornalistas de oposição, de médicos (como aquela formada pelos drs. Moncorvo Filho, Silva Araújo, Moura Brazil e Carlos Ramos), além de muitas outras.[6]

Como funcionava esse espaço político, freqüentado por tão largo espectro da sociedade? Na próxima seção vamos analisar precisamente esse ponto, tendo por base a documentação existente e, em particular, a audiência que teve lugar no dia 13 de outubro de 1883, de especial significação para os nossos estudos.

O BEIJA-MÃO

Fazia três dias que estava chovendo, e os caminhos que levavam do centro da cidade a São Cristóvão estavam impraticáveis naquele sábado, 13 de outubro de 1883. Na pequena sala de audiência do palácio umas vinte pessoas aguardavam o imperador. Menos da metade do que estaria presente num dia normal, como mostra o livro de registros.[7]

Como de costume, os visitantes começam a chegar ao cair da tarde, pouco antes das seis horas. Entram pela porta principal, utilizada apenas por ministros e servidores mais graduados, e tomam os seus lugares. Um ou outro pode ter-se demorado, se a luz do dia o permitisse, na observação dos quadros expostos na galeria que leva até a sala de audiência. Ainda uma vez, o primeiro cavalheiro a assinar o livro de visitas foi Dom Obá II d'África. Ao lado do alferes, dividindo o privilégio da primeira fila, um outro militar, o major Morin. Monsieur Morin, um mercenário francês contratado ao tempo de dom Pedro I, envergava ainda, aos 86 anos, o uniforme de gola branca dos primeiros anos da Independência. Apesar da idade, também o major era figura obrigatória e lá estaria todos os sábados, caísse chuva ou batesse sol.

Além do alferes Galvão, outros veteranos da Guerra do Paraguai ocupavam as fileiras de trás: tenente-coronel Cunha Mattos, que foi prisioneiro de Solano López durante a guerra, tenente honorário Pedro Augusto da Cunha, tenente-coronel Ferreira Lima e capitão-de-mar-e-guerra Marques Guimarães. Havia gente titulada, como o barão de Palmeiras e o conselheiro Paula Souza; intelectuais, como o pintor

Vítor Meireles e o bibliógrafo Sacramento Blake; e uma comissão de professores do Imperial Instituto dos Meninos Cegos.[8]

A comissão mais numerosa e que chamou mais a atenção naquele dia foi, sem dúvida, a dos diretores da Companhia Comércio e Imigração Chinesa, que se fazia acompanhar, solenemente, do mandarim Tong Kingsing (como o nome aparece no registro) e seu secretário californiano, um certo G. A. Butley. Mr. Butley e o alferes Galvão eram os únicos pretos na sala de audiência daquele dia 13. O Príncipe, segundo Von Koseritz, uma testemunha ocular, elegantíssimo com suas "finas roupas pretas e [...] *pince-nez* de ouro, com vidros azues"; Mr. Butley, segundo a mesma fonte, como "um verdadeiro *gentleman*", além de "coberto de brilhantes".[9]

Tong Kingsing chamava mais atenção que todos, com seu "traje chinês de seda", seu "curioso barrete [...] provido do botão azul dos mandarins" e seu "rabicho [...] de bom tamanho [...] trançado com arte". Fazia apenas três dias que o mandarim havia descido no porto, e ele era a sensação da cidade. Já no dia do desembarque, esperançosos barões do café e "a nata da sociedade" abriram os "salões de conto de fadas" de madame Haritoff, em concorrida recepção, com baile e champanhota francesa.

Para muitos no baile, a imigração asiática, em regime de semiescravidão, parecia uma resposta viável para a "questão de braços" em suas fazendas. A crise começou em 1850, com a proibição do tráfico africano, e tornou-se particularmente aguda depois de 1870, com o fim da Guerra do Paraguai e o processo de abolição progressiva.

Outro que resolveu enfrentar os caminhos de São Cristóvão, apesar das chuvas e, como lembrou, de ser dia 13, "considerado data de má sorte", foi o alemão Carl von Koseritz, acompanhado de sua filha mais velha, Carolina. Von Koseritz era de Dessau e chegou ao Brasil em 1851, com 21 anos. Era também um mercenário a serviço de dom Pedro II. Como major Morin, Von Koseritz acabou ficando e criando raízes. Com ele, mais de 130 mil europeus — notadamente portugueses, alemães e suíços — mudaram-se para o Brasil na década de 1850.[10] Desde 1883 e até a abolição, cinco anos mais tarde, os alemães constituíam a mais numerosa colônia estrangeira no Império, totalizando perto de 22 mil indivíduos somente no Rio Grande do Sul.[11]

Homem de espírito e iniciativa, fundador, diretor e redator principal do *Koseritz Deutsche Zeitung*, jornal em língua alemã que circulava havia dezenove anos nas províncias do Rio Grande do Sul, Paraná e Santa Catarina, von Koseritz era um dos líderes da próspera comunidade germânica. Esta era a quarta visita que fazia ao beija-mão imperial, desde maio. Lá esteve, como encontra-se registrado, nos dias 5 de maio, 9 de junho, 11 de agosto e, por fim, naquela tarde chuvosa de outubro. A cada visita, assinou sempre Carlos (e não Carl) Von Koseritz, num esforço talvez de mostrar-se um igual, cidadão integrado e participante de sua terra adotiva.[12]

Sua filha, nascida no Brasil, também tinha um nome português, Carolina von Koseritz. Carolina falava bem o português, escrevia contos e traduzia do alemão. Seu trabalho mais recente, a tradução de *Requiem*, de Dranmor, poeta muito apreciado na época, acabava de ser publicado no Rio de Janeiro, com prefácio de Sílvio Romero. Von Koseritz trazia consigo dois exemplares naquela tarde, para serem oferecidos ao imperador e à imperatriz.[13]

Muitos projetos de Brasil estavam presentes naquela sala de espera. Em oposição ao mandarim chinês e aos diretores da Companhia Comércio e Imigração Chinesa (sem dúvida apoiados pelos barões do café), Von Koseritz representava interesses mais ligados ao mercado interno, à pequena lavoura e às indústrias de sua colônia no Sul. Em sua última visita, no dia 11 de agosto, ele entregara ao imperador um memorial da população de Pelotas, também atingida, como a da Corte, por questões alfandegárias. Já agora, no dia 13 de outubro, entregaria um outro memorial, referente à fábrica de Adolf Voight, outro membro proeminente da colônia do Rio Grande do Sul. Herr Voight, além do memorando, mandava ainda "umas amostras de sabão de *toilette*". Nas duas oportunidades, embora nada tenha conseguido de concreto, Von Koseritz não parecia decepcionado com as visitas. Sua Majestade o recebeu com "a habitual acessibilidade" e "prometeu estudar com cuidado" a questão das tarifas. O imperador concordava que a questão era "muito complicada e importante" e, por fim, "manifestou seu interesse pelo progresso da indústria no Rio Grande".[14]

No tocante à questão da mão-de-obra, Von Koseritz pensava de maneira totalmente diversa da dos diretores da Companhia Comércio e Imigração Chinesa. Ali, na sala de espera, reparando no estilo chinês de pentear o rabicho, pensou o alemão "que todos os partidários da imigração amarela deviam também usar um apêndice semelhante, para assim se distinguirem mais facilmente dos outros filhos dos homens, o que seria muito prático". Para ele, a imigração chinesa não passava de "comércio de carne humana". Sobre esse ponto, era um crítico severo dos senhores de terra e escravos que dominavam tradicionalmente o país, não lhe agradando nem o sistema de trabalho, nem a estrutura fundiária, baseada no latifúndio. Von Koseritz, como muitos de seus contemporâneos, pensava um outro Império.

"E são de fato os enrabichados do Brasil esses barões do café", escreveu Von Koseritz naquele mesmo 13 de outubro, quando voltou ao hotel em Santa Teresa. Para ele, não parecia haver acordo possível:

> Nós declaramos guerra ao latifúndio e tentamos levar à vitória o sistema da pequena propriedade, com a introdução de colonos agrícolas. Os barões do café pretendem continuar a sua vida de vagabundos e se esforçam por isto na procura de novos escravos, de cor amarela, em substituição aos antigos pretos.[15]

Não sabemos se Von Koseritz tocou nesses assuntos delicados no beija-mão de 13 de outubro. É provável que o tenha feito, contudo, devido à importante reunião que estava marcada para o dia seguinte, domingo, 14 de outubro de 1883.

Para Von Koseritz, como para outros alemães do Sul do Império, o dia seguinte seria movimentado e repleto de realizações. Já pela manhã, o *Jornal do Commercio* finalmente deu o ar de sua graça e estampou um artigo simpático explicando os objetivos da reunião que teria lugar naquele dia; o *Diário do Brasil*, além de artigo favorável, publicou a circular de convocação, na íntegra. Von Koseritz exultava; antes, chegou a suspeitar que os jornais do Rio eram unha e carne com os barões do café, devido à "ativa publicidade" que deram, havia poucos dias, à chegada do mandarim e ao baile em sua honra.[16]

Às onze e meia, o salão do Liceu de Artes e Ofícios, no centro da cidade, estava para explodir, com gente saindo pelos corredores. A julgar pelo público presente, os barões do café estavam longe de formar um bloco homogêneo de "enrabichados", como pensara Von Koseritz. Ou, pelo menos, a expressão "barões do café", usada em sentido genérico, não faz inteira justiça às elites de então. Juntos, naquele salão à cunha havia fazendeiros, nobres, capitalistas, industriais, comerciantes, políticos e intelectuais. Entre as personalidades mais conhecidas, estava o visconde de Barbacena, um senador do Império; o ex-ministro de Estado Leão Veloso; o deputado-geral Taunay, o comendador Bellegarde, o comendador Malvino Reis, o engenheiro André Rebouças e o senador Nicolau Pereira de Campos Vergueiro, já de idade avançada, um dos barões do café mais proeminentes de São Paulo. Ele havia sido responsável, a partir de 1847, pelas primeiras experiências visando atrair imigrantes europeus, em larga escala, para trabalhar nos latifúndios cafeeiros, sob sistema de parceria.

Embora tal sistema tenha conseguido atrair para o país mais de 130 mil europeus, entre 1850 e 1860, cedo desaguaria, como outros planos semelhantes, em grandes desilusões, tanto para os fazendeiros — acostumados a tratar seus trabalhadores como propriedade — como para os colonos, que, desabituados ao clima da terra e ao sistema das *plantations*, acabavam "fugindo" para as cidades ou para outras fazendas, onde encontravam trabalho como elementos de administração e segurança. Em São Paulo, o sistema resultou num rosário interminável de greves e revoltas contra os fazendeiros, algo sem precedente no Império.[17]

Desde o fechamento do tráfico africano em 1850, o problema da mão-de-obra arrastava-se sem solução, agravando-se a cada passo. A questão era o motivo explícito daquela reunião pública concorrida e nervosa do dia 14 de outubro de 1883. Von Koseritz, um dos organizadores do evento, abriu a sessão, na hora marcada, com um longo discurso defendendo a necessidade de ação imediata, "porque de um lado tínhamos a abolição da escravatura com o desaparecimento do atual sistema de agricultura, mas, de outro lado, depois da chegada do enviado chinês, ameaçava-nos a imigração dos *coolies*, que não eram nada mais nada menos que uma outra escravatura", amarela e temporária, mas ainda assim escravatura. Em seguida gabou o sucesso da imigração alemã, no Rio Grande do Sul, um sistema que evoluía com base na pequena propriedade; censurou abertamente a "indiferença do governo" e de "círculos influentes da capital"; ameaçou com dados estatísticos da rival Argentina, que avançava a olhos vistos com a imigração européia, enquanto no Brasil continuávamos em berço esplêndido. Por fim, sob longo aplauso, propôs a fundação da uma grande agência de imigração e enumerou os benefícios que podiam ser alcançados, sobretudo com a colaboração do Comitê Central de Berlim.[18]

Quando o debate foi aberto ao público, Nicolau Vergueiro, do alto de sua respeitável experiência no assunto, questionou abertamente que uma tal sociedade pudesse resolver o problema da imigração no país, como pensava Von Koseritz. Antes, disse ele, eram necessárias reformas muito mais profundas, de natureza política, como "a grande naturalização", o casamento civil e o fim da religião do Estado.

Von Koseritz, temendo pela sorte da reunião depois dessa inesperada mas aplaudida intervenção, tomou novamente a palavra e, "em longo e caloroso discurso", esclareceu que essas mesmas reformas eram "pontos principais" de seu programa. Exatamente por isso, esclareceu, era preciso fundar uma agência forte, representativa, "se possível com milhares de associados", para "conquistar a imprensa" e "exercer pressão sobre o governo e o Poder Legislativo".

Dr. Taunay, proposto como secretário, pronunciou um "brilhante discurso" opondo-se claramente à imigração chinesa. Enquanto falava, fez circular um abaixo-assinado entre os presentes. Correntes mais radicais mostram as garras. Dr. Enes de Sousa, por exemplo, não apenas apóia as medidas contra a imigração chinesa como propõe um ataque mais direto aos barões do café, com a criação de um imposto sobre a propriedade rural.

Os barões da terra, evidentemente, não gostaram nada da idéia. Se todos pareciam de acordo sobre a necessidade de promover a imigração, nem todos naquela sala apinhada concordavam com o abaixo-assinado do dr. Taunay ou com o imposto do dr. Enes de Sousa. Um certo Azevedo, por exemplo, defendeu uma posição totalmente diferente — que em tal emergência o Brasil não podia dar-se ao luxo de "recusar nenhum imigrante, e devia abrir as suas portas a todas as nações".

Fosse como fosse, a fundação da Sociedade Brasileira de Imigração foi finalmente aprovada por unanimidade e a sessão inaugural marcada para dali a duas semanas, "diante de S. M. o Imperador". A comissão de estatutos foi composta por membros da elite local — visconde de Barbacena, presidente; deputado Taunay, secretário — e por representantes da colônia alemã: Carl von Koseritz, Hermann Blumenau e Hugo A. Gruber.[19]

A digressão nos ajuda a entender o clima da véspera, dia 13 de outubro, no palácio imperial da Quinta da Boa Vista. Para von Koseritz, a presença de um mandarim chinês naquela sala de espera não era um acontecimento fortuito; era uma manifestação de forças sociais contrárias, uma "singular coincidência [...] justamente no momento em que se apela para a fundação de uma grande sociedade que teria o objetivo de cuidar da imigração alemã e italiana".[20]

Além de Tong Kingsing e da diretoria da Companhia Comércio e Imigração Chinesa, cujas propostas se identificavam com os interesses dos barões do café mais reacionários, preocupados apenas com a questão da mão-de-obra em suas fazendas, e do imigrante aclimatado Carlos von Koseritz, representante da colônia alemã do Rio Grande do Sul e porta-voz daqueles que fundariam, no dia seguinte, a Sociedade Brasileira de Imigração, havia ainda uma outra corrente de pensamento em palácio, naquele sábado chuvoso e de caminhos impraticáveis.

Representante da África Pequena do Rio de Janeiro, dos "pardos e pretos" que viviam precariamente à margem do sistema, em atividades de auto-emprego — lá estava, como sabemos, Dom Obá II d'África. Essa população, cuja grande maioria não era nem de escravos, nem de senhores, nem de assalariados, era quase invisível, ou percebida, aos olhos de muitos contemporâneos, nacionais ou estrangeiros, apenas pelos problemas que acarretava. Podemos dizer, sem dúvida, que sua "inexistência" era um dos pressupostos primeiros tanto dos que advogavam a solução Von Koseritz como dos que defendiam a solução Tong Kingsing. "Não temos população livre", escreveu um barão do café quatro anos depois de abolido o tráfico, ao expor suas idéias sobre colonização européia.[21] "O Brasil não tem povo", insistiu um professor francês, catedrático da Escola Politécnica do Rio de Janeiro e havia muito residente na terra, ao estudar o problema da mão-de-obra, em 1881.[22]

E, no entanto, lá estava o Príncipe na sala de espera, cumprindo seu ritual de todos os sábados. Von Koseritz observou-o bem: "Trata a todos de cima para baixo, como convém a um poderoso príncipe; avança sem olhar para os lados até à primeira fila, onde está seu lugar ao lado do major Morin. Com sorriso superior observa então os demais, saúda displicentemente o pessoal do serviço e espera com dignidade a chegada do imperador". Com a chegada deste, contudo, "derrete-se o seu orgulho como manteiga ao sol [...], dobra os joelhos como um miserável vassalo e, sempre de joelhos, beija a mão do imperador...".[23]

Além de von Koseritz e Tong Kingsing, também o Príncipe pensava a "questão da mão-de-obra". Nas páginas que seguem examinaremos exatamente essas idéias, dentro do grande debate intelectual e político que se seguiu à extinção do tráfico africano, fonte tradicional de trabalho, pedra fundamental do país.

No Rio de Janeiro, área de cafeicultura escravista já em processo de decadência, os fazendeiros não demoram a se convencer das dificuldades da transição. Chegam a essa conclusão não por falta de experiências, mas pelo resultado delas. Na verdade, desde que o tráfico africano começou a ser seriamente ameaçado por pressões externas, iniciaram-se as tentativas de introdução de colonos europeus ou asiáticos na velha província do Rio de Janeiro e outras áreas do café. Mas, uma vez entregues ao trabalho duro, nas fazendas, lado a lado com os escravos, os imigrantes começavam a lamentar profundamente os contratos que haviam assinado antes do embarque, no escuro, quando nada podiam saber sobre as condições reais do país. Os europeus, sobretudo, não aceitavam o laço. A maioria acabava fugindo das frentes de serviço, como fizeram os suíços em 1825 e os açorianos em 1837.[24]

Fugir, porém, era uma empresa arriscada, mesmo para imigrantes. Podiam ser presos, passar por maus pedaços e ser mandados de volta às fazendas para o cumprimento de seus contratos. Na prática, porém, a sociedade parecia totalmente ineficaz para reprimir tais fugas. Muitos colonos possuíam habilidades que os faziam desejáveis para a sociedade, além de serem brancos e teoricamente livres. Na verdade, com exceção dos proprietários rurais diretamente afetados, ninguém se sentia realmente responsável, ou mesmo interessado em assegurar que tais contratos fossem honrados. Ao contrário do que acontecia com os escravos, os colonos não tinham donos e isso facilitava enormemente o estabelecimento de cumplicidades, por toda parte. E, de novo, ao contrário dos escravos, esses "fugitivos", perdidos no anonimato da capital do Império, foram sempre capazes de melhorar a sorte como empregados no comércio ou como artesãos especializados; ou, contando com a cumplicidade dos próprios fazendeiros, conseguiam mudar-se para outras fazendas, mais adiante, onde podiam trabalhar como elementos de gerenciamento e disciplina. Muitos barões estavam convencidos, sem dúvida, de que os estrangeiros precisavam de um certo período de adaptação à terra, e, só "depois de abandonarem seus primitivos amos, vêm se sujeitar a um terceiro ou quarto a quem então servem bem", como escreveu um fazendeiro de então.[25]

Isso quanto aos trabalhadores engajados por contrato, "agarrados a laço", como se dizia. No caso dos imigrantes voluntários, que até

1850 vieram sobretudo de Portugal, mas também da Suíça e da Alemanha, era ainda menos provável que se submetessem ao trabalho e ao clima das fazendas. Livres e desimpedidos de qualquer contrato, empregavam-se principalmente como artesãos, comerciários ou comerciantes nas cidades. No caso dos portugueses, trabalhavam ainda como capatazes, mas nunca empunhando foice ou enxada nas fazendas. Na segunda metade do século XIX, a cidade do Rio de Janeiro chegou a abrigar uma colônia considerável de alemães e suíços. Dranmor, por exemplo, pseudônimo de Fernand Schmid, o poeta que Carolina von Koseritz traduziu e ofertou ao imperador naquele sábado chuvoso de 1883, era um outro imigrante no Império do Brasil. Ele nasceu em Berna, Suíça, em 1823 e chegou ainda muito moço ao Rio de Janeiro, onde dedicou-se exclusivamente a atividades urbanas, primeiro como empregado no comércio e, depois de 1870, como proprietário e redator do *Deutsch Brasilianische Warte*, um jornal dirigido às colônias alemã e suíça. Finalmente, tornou-se o cônsul-geral do Império Austríaco acreditado na Corte.[26]

Como resultado de toda essa experiência, ensinava o mais prestigioso manual agrícola da época que "um colono, a quem vamos a bordo de um barco pagar a passagem, mal se sujeita a indenizar seu amo, retirando-se ou evadindo-se muitas vezes sem ter cumprido seu contrato [...] por achar [...] quem [...] lhe oferte um pedaço de terra para trabalhar por sua conta, ou o inquiete com esperança de maior ganho".

Essa assertiva, publicada pela primeira vez em 1847, não sofrerá nenhuma modificação nas edições póstumas do manual, que viriam a lume em 1863 e 1878, ambas revistas e cuidadosamente atualizadas.[27]

Dez anos depois da primeira edição de seu livro, o próprio autor, barão de Pati do Alferes, reafirmou, com toda a ênfase, a mesma opinião. "No decurso de anos têm diversos fazendeiros lançado mão desse recurso", explicava ele ao barão de Muritiba, senador, conselheiro de Estado e representante da incipiente Associação Central da Colonização, que lhe acenava com a possibilidade de obter colonos europeus, parceiros ou assalariados. E continuava: "Nenhum só tem sido feliz, ou porque os colonos desertam, e não se sujeitam, ou porque afinal se tornam insolentes, e o princípio de insubordinação, e intolerância, trazem exigências absurdas".[28]

Depois de 1850, conforme os escravos se tornavam cada vez mais caros, o barão, seus filhos e muitos outros fazendeiros fluminenses chegaram à conclusão, induzida pela prática, que substituir escravos por trabalhadores europeus não era uma solução tão simples, fosse pelo regime de *parceria*, *locação de serviços* ou *assalariamento*. Não se tratava tanto da dificuldade de atrair colonos para o Brasil, mas de atraí-los enquanto mão-de-obra para os latifúndios de exportação. Apesar dos sucessivos esforços, tanto no Rio como em São Paulo, o imigrante, exatamente como o trabalhador livre nacional, não constituiria um mercado regular de trabalho para as *plantations*. Os próprios escravos, uma vez libertos — ou já na segunda geração —, abandonavam as fazendas logo que podiam, para se estabelecerem como pequenos produtores rurais independentes (quando conseguissem adquirir algumas braças de terra) ou para se dedicarem às atividades de auto-emprego, nas cidades, como vimos no caso da África Pequena do Rio de Janeiro.

Da mesma forma o imigrante, fosse voluntário ou engajado, não se fixaria na região cafeeira, na escala necessária, sem um mínimo de garantia de liberdade, segurança e, sobretudo, de propriedade, aquele sonhado "pedacinho de terra" que o transformaria em produtor independente. Já em 1855, portanto, tornara-se claro que, apesar dos custos crescentes,

> a grande cultura só poderá ser sustentada pelos agricultores que possuírem escravos em número suficiente para o custeio de suas fazendas, e que os grandes proprietários rurais devem desesperar, perder mesmo todas as esperanças de formar em suas plantações um eito de colonos, como eles outrora formavam de escravos. [...] o colono se estabelecerá no solo que lhe convier e lavrará a terra pelo seu braço, mas à imitação, segundo os instintos dos homens livres do país, [...] trabalhará para si e sobre si.[29]

Assim, sem conseguir trabalhadores livres desligados da pequena propriedade ou da possibilidade de auto-emprego, os barões de café continuarão, nas décadas seguintes, presos a uma estrutura sócio-econômica reconhecidamente em crise. "As províncias do Norte constituem hoje o único manancial de braços onde a lavoura de café encontra meios de satisfazer as necessidades sempre progressivas do serviço", constatava um fazendeiro fluminense já em 1854. Em síntese, depois de 1850, embora o trabalho escravo estivesse em rápida expansão nas províncias cafeeiras, o sistema em si, solidamente implantado desde os primórdios da colonização, perdera o segredo de sua própria reprodução. O tráfico interno de escravos, como já vimos, não poderia durar para sempre. "Tarde ou cedo, com mais ou menos demora", continuava o fazendeiro,

> essa torrente de imigração forçada tem de esvair-se por falta de alimento. Além disso, o preço desses escravos é ruinoso. Não nos parece mesmo possível que o trabalho de um escravo seja bastante produtivo para cobrir todas as despesas de conservação de sua saúde e forças, os juros do capital e os lucros, que devem ser grandes, porque o escravo importa um capital, que de uma hora para outra desaparece.[30]

Dado o peso do setor de exportação dentro da estrutura econômica, social, política e demográfica do Império, alguns barões e homens de idéias cedo se convencem de que o problema não se restringia a uma simples "questão de braços" para a lavoura, como muitos entendiam, mas dizia respeito à própria feição étnica e cultural da nação que se criava. Já em 1854 o "fazendeiro, advogado e capitalista" Luiz Peixoto de Lacerda Werneck — sem dúvida um dos mais educados barões do café da província do Rio de Janeiro — criticava abertamente as experiências com trabalhadores europeus e asiáticos. Segundo ele, uma imigração "agarrada a laço [...] só apresenta uma expectativa de desgraças para o país". Defendia, ao contrário, a "colonização espontânea", de origem européia, atraída pela possibilidade de acesso à terra para a produção de gêneros alimentícios, ramo não concorrente e, ao mesmo tempo, complementar à grande lavoura escravista de exportação. No Rio de Janeiro, essa "colonização espontânea" devia ser concentrada em áreas já esgotadas, próximas à capital, deixando as terras novas e férteis, bem como os escravos disponíveis, para a agricultura de exportação. Em síntese: "É chamar a atenção na Europa de classes inteiras que ali são infelizes, e que, querendo ganhar a vida, não encontram trabalho, que [...] mendigam de porta em porta, como o inválido mendiga o pão".[31]

Atentos ao progresso e expansão da Europa e Estados Unidos, ao mesmo tempo que influenciados pelos preconceitos científicos da época, muitos barões do café reagiram, desde o início, contra a idéia de ligar o Brasil a uma cultura — chinesa ou asiática — que consideravam inferior e fadada ao desaparecimento. Escreveu o mesmo fazendeiro em 1854:

> A raça chinesa, estacionária, de uma civilização duvidosa, inerte no progresso, há de ceder o lugar, e ser exterminada e destruída pelas nações provectas da Europa e da América, que, obedecendo a uma missão providencial, caminham, armadas do gládio evangélico e do farol da civili-

zação, por avante na imposição das idéias, e na conquista e posse dessas para todo o globo.

Não se tratava mais, portanto, de uma "questão de braços", mas do próprio futuro do país que emergiria da ordem escravista. "Não, por certo, os chinas não são os homens do século, não são os obreiros da civilização", argumentava ele, esperançoso de que os chinas não viriam "perder de todo a raça brasílica, já misturada com a disformidade do indígena e do africano". O que convinha ao Brasil, ao contrário, era "uma população altiva, ousada, cheia de ardor no trabalho, industriosa e amiga do progresso", em síntese, a "raça européia, ativa, incansável, laboriosa".[32]

Nas décadas seguintes — sobretudo depois da fala do trono de 22 de maio de 1867, quando o imperador levantou a questão da emancipação perante a Câmara dos Deputados e o Senado — essas questões teriam um desenvolvimento mais dramático. Um ano depois, o jornalista Quintino Bocaiúva — com o apoio do então ministro da Agricultura, conselheiro Dantas — publicou um panfleto polêmico, intitulado *A crise da lavoura*, no qual recomendava a "importação" de colonos asiáticos — *coolies* indianos e chineses — como "máquinas de trabalho" barato, em substituição aos escravos. Depois da fala do trono, Bocaiúva convenceu-se de que era necessário promover tanto a imigração espontânea de trabalhadores europeus como a colonização asiática, engajada por contrato. Na primeira categoria, descrita como "o braço que civiliza", ele incluía os norte-americanos descontentes com a vitória do Norte e a abolição decretada por Abraham Lincoln. A segunda categoria, o "braço que roteia", era necessária para resolver a crise da lavoura de exportação.[33]

Depois de duas décadas de experiências frustradas, tornou-se claro que a imigração branca — quer européia ou norte-americana — jamais seria "como um viveiro de braços para substituir na lavoura aqueles que nos faltam". Quintino, aliás, vinha de participar, juntamente com o capitalista cubano Bernardo Caymari, representante da United States and Brazil Mail Steamship Co., de uma tentativa de atrair trabalhadores norte-americanos para o Império. "Essa emigração", percebeu ele ao instalar-se em Nova York, entre 1866 e 1867,

> não pode e nem deve ter tal caráter. Sua origem, sua índole, seus recursos legitimam ambições mais elevadas e mais nobres aspirações. Ela é, ante o êxodo de uma classe, uma expatriação por fundo social e político e não

pode por forma alguma ser considerada à mesma luz que essas transmigrações estimuladas pela miséria e pela superabundância da população em um território determinado.[34]

Apesar dos preconceitos que reputavam "a raça asiática inábil e fraca para o serviço do campo", os *coolies* representavam "trabalho a salário vil". Nos domínios ingleses, franceses e espanhóis do Caribe e Guiana, bem como na Califórnia e nas Repúblicas do Peru e Nova Granada, vinham se constituindo, depois da abolição da escravatura, na própria base de trabalho.[35]

Por que não apelar para a mesma fonte de trabalho? Afinal, além de impossibilitada de obter colonização ou imigração branca, a monocultura cafeeira — com a emancipação posta em pauta pelo próprio imperador — corria o risco político de ficar também sem escravos. Muitos, sobretudo nas regiões de plantio mais antigo, onde a produtividade dos cafezais decaía rapidamente, passaram a olhar a questão sob um ponto de vista exclusivamente econômico. "A questão é de preço", escreveu Quintino Bocaiúva, defendendo a necessidade de trabalho barato para substituir os escravos e manter as exportações, o centro dinâmico da economia nacional.[36] Em 1868, graças à escassez de trabalhadores livres, o salário médio, no campo e na cidade, estava em torno de 25$000 por mês, enquanto um trabalhador asiático não custaria mais que 14$000 ao mês, por todo o período de seu contrato, que era de sete anos.[37]

Embora favorável, em tese, à abolição do trabalho escravo e à "subdivisão das grandes propriedades", Quintino considerava, ao mesmo tempo, as condições econômicas, sociais e políticas do país concreto. Entendia que qualquer modificação substancial na estrutura fundiária ou no regime de trabalho seria improvável "por muito tempo ainda". "E em tal caso", perguntava ele, "que gênero de colonização, a não ser o que indico, se prestará ao trabalho promíscuo em que as duas forças [o trabalho escravo e o trabalho livre] se equilibrem e se auxiliem?" Tratava-se, em síntese, de "promover o desenvolvimento da propriedade rural [...] sem alterar-lhe a forma e a essência".[38]

Embora tais idéias encontrassem defensores veementes entre os barões do café, na imprensa, no Parlamento e no próprio ministério, iam de encontro a barreiras difíceis de transpor. Nem todos pareciam preocupados com a manutenção da "forma e essência" da fazenda escravista. A começar pelo próprio imperador, como revela Quintino ao referir-se, queixoso, às muitas "cruzes" impostas ao seu trabalho pelo famoso "lápis fatídico".[39]

Para muitos a questão ia além da simples "questão de braços" para a lavoura, como queriam certos barões. O jornal *A Vida Fluminense*, por exemplo, publicou um cartoon satírico revelando como seriam os brasileiros do futuro — no ano 1900 —, a usarem não mais suas roupas tradicionais, inspiradas no Ocidente, mas "bombachas" e "ventarolas" chinesas. Na mesma linha, Nicolau Joaquim Moreira, presidente da prestigiosa Sociedade Auxiliadora da Indústria Nacional, colocou-se abertamente contra as idéias de Quintino Bocaiúva, em discurso pronunciado em 16 de agosto de 1870. Apelando para as "mais significativas leis da antropologia ética", dr. Moreira expressou sua preocupação com a "futura mongolização do Brasil", opôs-se "aos cruzamentos entre massas disparatadas" e, em síntese, não via "vantagem alguma na substituição do elemento africano pelo chinês desmoralizado". Segundo antevia, com base na experiência cubana, também no Brasil os chineses teriam um destino muito próximo à escravidão.[40]

Defendia, ao contrário, a imigração européia, "as fertilizadoras correntes da imigração livre e inteligente". Para ele, o problema do país não estava exatamente na "deficiência de braços", mas na própria escravidão e nos métodos rotineiros de cultivo.[41]

No início dos anos 80, a década que iria definir a questão, Joaquim Nabuco, com o apoio de abolicionistas ingleses, também se opôs à importação de *coolies*. A questão foi levantada, uma vez mais, durante o Gabinete Sinimbu. "Concordo com você", escreveu ele a Charles H. Allen, secretário da influente British and Anti-Slavery Society. "Eu concordo com você que qualquer contrato de trabalho celebrado na China logo irá degenerar em um vínculo de escravidão para o contratado, seja qual for o país que ele possa ter escolhido para estabelecer-se." Também ele se opunha à "idéia de sustentar artificialmente a grande propriedade com o asiático, em vez do decadente suporte africano".[42]

Esse debate intelectual e político — que se estendia da "falta de braços para a lavoura" aos gritos de alerta sobre as feições étnicas e culturais do país que emergia da transição escravista — arrastou-se, portanto, desde o final da década de 1840 até aquela tarde chuvosa de 13 de outubro de 1883, quando, na audiência do palácio imperial, encontramos, lado a lado, o mandarim Tong Kingsing, o alemão Carl von Koseritz e o "africano" Cândido da Fonseca Galvão.

A partir daí, pelos próximos anos, tais problemas serão discutidos não apenas no Parlamento e na imprensa, mas na rua. Dom Obá II d'África, pelo menos, tinha idéias definitivas sobre o assunto. Como o barão de Pati do Alferes, Luís Peixoto de Lacerda Werneck, Quintino Bocaiúva e muitos outros, o Príncipe também duvidava que trabalhadores europeus ou americanos pudessem substituir as turmas de trabalho nas grandes fazendas. "Não acreditem em colonos brancos", advertia ele em um de seus artigos de jornal,

> seja ele de qualquer nação pois que com exuberantes provas vimos todas as vezes que aqui desembarcam, trabalham e se sujeitam [apenas] até pagarem as passagens e depois tratam de ser caixeiros, negociantes e outro qualquer modo de vida, contanto que não peguem no machado para derrubarem as matas das florestas, nas enxadas para aplantarem e carpir, e na foice para roçarem as capoeiras.[43]

Como Quintino Bocaiúva, Tong Kingsing, os diretores da Companhia Comércio e Imigração Chinesa e tantos outros, o Príncipe também pensava na salvação da grande lavoura de exportação, base econômica do Império. Como eles, defendia a "forma" da grande lavoura, mas não a sua "essência" escravista. Por isso pensava trazer braços livres para o Brasil. "Por isso não coopera para ser resumido o enfeite da coroa que é o fumo e o café, por falta de braços livres", escreveu ele. Mas não pensava, como a maioria de seus contemporâneos, em trabalhadores europeus ou asiáticos (que nem sequer menciona), mas em "braços livres que possam vir do seu poderio em África, por ser o único herdeiro no Brasil destes legados".[44]

Homens livres, pensava ele, cidadãos brasileiros. "Só assim virá resplandecer as nossas florestas com o árduo trabalho da colonização africana que [fizer] a pátria nas nossas plagas", dizia ele em apoio a tal imigração, que viria beneficiar não apenas a grande lavoura brasileira, mas ainda "a bem dos povos incultos d'África". Sobre esse último ponto, não fazia mais que repetir conceitos dominantes na época.[45]

Como todos os demais, também o Príncipe procurava o apoio do imperador para seus projetos. Por algum tempo fez campanha para ser nomeado embaixador do Império do Brasil na Costa d'África (África Ocidental), e, ao fazê-lo, forneceu munição para a sátira política da época.[46] Mas o Príncipe tinha uma resposta pronta para a zombaria racista. Como escreveu em novembro de 1886, "dizem que é vergonha ir Obá nomeado para Guiné enviar ao Brasil para as florestas livres braços. Como não fora vergonha o príncipe ir no [batalhão de] zuavos para o Paraguai comer balas?".[47]

E o Príncipe, vassalo fiel de dom Pedro II, levantava esse, como outros problemas semelhantes, no beija-mão dos sábados. "Perguntai ao nosso Monarca se no Brasil terá nenhum brasileiro que exceda as minhas Relações para com a africana nação, a fim de merecer o apoio e a Confiança de facilmente fazer vir imigrantes daquela nação."[48]

Embora possa parecer estranho, a idéia não era nova de modo algum. Aflorou diversas vezes, desde o fim do tráfico de escravos, em 1850, e sempre esbarrou com a desaprovação formal da Grã-Bretanha. Embora o tema ainda esteja a merecer estudos mais profundos, sabemos que pelo menos um projeto de lei propondo a importação de "africanos livres" transitou na Assembléia Legislativa de Pernambuco, em 1857. Segundo as pesquisas levadas a cabo por Leslie Bethell, o governo britânico, representado por lord Clarendon, "tornou claro, como já fizera por várias vezes anteriormente, que isso seria considerado e tratado como um ressurgimento encoberto do tráfico negreiro".[49] A julgar por seus escritos, o Príncipe parecia desconhecer completamente esses velhos obstáculos diplomáticos.

6
O PRÍNCIPE DAS RUAS

...pois o pouco com Deus é muito e o muito sem Deus é nada.

Provérbio brasileiro, citado
por Dom Obá II d'África, 1885

A existência de canais de comunicação entre um príncipe das ruas e o imperador do Brasil pode ser explicada, inicialmente, pela Guerra do Paraguai. Para os contemporâneos, o Príncipe, sempre de uniforme nas ocasiões solenes, era como que uma conseqüência do conflito, como muitas outras "novidades" que ganharam espaço na capital do Império no pós-guerra: um movimento abolicionista no Parlamento e nas ruas; um "club", um jornal e um partido republicanos; a revolta popular contra o imposto do vintém; a emergência dos soldados na vida política nacional. O Príncipe pode ter sido a menos importante dessas novidades da guerra, mas foi, historicamente, uma delas. Mello Moraes Filho pensava que tal comunicação era possível devido a um certo reconhecimento moral da parte de dom Pedro II. "Apesar dos protestos e do ridículo que isso provocava", o imperador "levava em conta talvez os seus serviços à pátria e considerava-lhe as honras do posto".[1] Já Carl von Koseritz, embora reconhecesse os serviços do Príncipe nos campos do Paraguai, não via nisso motivo suficiente para as finezas de dom Pedro. "Eu admiro realmente a paciência do imperador", escreveu ele em agosto de 1883, "pois o alferes Galvão não é senão um homem meio amalucado."[2]

A vida de soldado permitiu uma ampliação extraordinária — quantitativa e qualitativamente — nos contatos entre regiões, classes e raças da sociedade brasileira. No tempo da guerra, Cândido da Fonseca Galvão, o obscuro filho de um *africano-forro*, cujos horizontes não iam além da sua Comercial Vila dos Lençóis, no sertão da Bahia, conheceria capitais de província, sua amada capital do Império, terras estrangeiras e questões internacionais de fronteira. Vimos como a campanha permitiu-lhe entrar em contato direto com praticamente todas as instâncias do poder político, desde o velho chefe conservador e comandante da Guarda Nacional de sua pequena Lençóis até as mais augustas personalidades políticas, e, no topo, até o próprio imperador do Brasil, o primeiro voluntário, o "pai dos Voluntários da Pátria".

Na década de 1880, o alferes Galvão já havia estabelecido uma ligação, embora tênue, entre aquele pequeno mundo da África Pequena e o mundo maior onde estavam sendo discutidos as hegemonias e o destino da sociedade nova que se anunciava desde a abolição do tráfico africano. O Príncipe tornou-se ponte entre dois mundos, por causa de suas "relações pessoais", sua patente de alferes, sua colaboração na imprensa, seu "pacholismo admirável".

Além desse contexto específico de pós-guerra, podemos localizar o Príncipe dentro de estruturas mais gerais, *mentalités communes*, que atravessavam as ideologias de classe. Mentalidade capaz de estabelecer uma ponte, um espaço comum, como colocou Le Goff, entre "César e o último soldado de suas legiões". Ou, no caso do Brasil, entre o imperador e o último de seus vassalos, o príncipe preto.[3] Tais estruturas ideológicas, presentes na própria formação colonial-escravista, foram caracterizadas como o "espírito" ou *ethos* patriarcal. Abordamos aqui um dos aspectos mais centrais e polêmicos dessa área de estudos. Vejamos o ponto com mais vagar.

PATERNALISMO E ESCRAVIDÃO

Analisaremos, em primeiro lugar, Gilberto Freyre, que toma esse conceito como pedra angular de sua interpretação da sociedade brasileira. Em *Casa-grande & senzala*, Freyre derrotou o pressuposto, implícito até então, de que a colonização fora um desdobramento natural, uma criação, uma imposição, ou lá o que se queira, da civilização européia. O velho pressuposto reservava aos negros e aos índios um papel menos que secundário na História. Freyre, ao contrário, viu a colonização brasileira como um empreendimento conjunto de brancos, negros, índios e, sobretudo, mestiços.

"O sistema patriarcal de colonização portuguesa do Brasil", escreve ele como que explicitando um dos seus pressupostos mais caros, "ao mesmo tempo que exprimiu uma imposição imperialista [...], uma imposição de formas européias [...] ao meio tropical, representou uma contemporização com as novas condições de vida e de ambiente." O achado transformou-se em uma das constantes explicativas que atravessam toda a obra gilbertiana, e que ele chama, aqui e ali, de "espírito patriarcal", "patriarcalismo escravocrata", "patriarcalismo brasileiro", e assim vai. Um sistema social novo, caracteristicamente brasileiro, não apenas um sistema de trabalho, mas de convivência social, de educação, de estilo político, de religião, de vida em família e de intimidade.[4]

Esse primeiro estudo da "formação da família brasileira sob o regime de economia patriarcal", publicado em 1933, foi continuado em *Sobrados e mocambos*, que focaliza a decadência do patriarcado rural e o desenvolvimento do urbano. Finalmente, em *Ordem e progresso*, ele estuda a desintegração da sociedade patriarcal, ou semipatriarcal, sob o sistema de trabalho livre, no século XX. Freyre entendia que esses três volumes deviam ser lidos como um conjunto. Eles constituiriam "uma tentativa de introdução sociológica e antropológica à história da sociedade patriarcal no Brasil", desde sua formação, no século XVI, até a crise da Primeira República, em 1930.[5]

Mais recentemente, Eugene Genovese fez do conceito um eixo fundamental da análise da sociedade escravista norte-americana. Sua interpretação do "Velho Sul", porém, não parece perceber nenhum tipo de contemporização senhorial "com as novas condições de vida e de ambiente", como no Brasil de Freyre. Para Genovese, dentro da concepção materialista da história, trata-se antes de uma imposição ideológica dos senhores, "como um modo de mediar conflitos irreconciliáveis de classe e raça". Não obstante, tanto para Freyre como para Genovese, a resistência no bojo de tais sociedades tende a ser antes sistêmica que revolucionária. "Os escravos do Velho Sul", escreveu Genovese, "mostraram solidariedade impressionante e capacidade de resistir coletivamente a seus senhores, mas, dentro de uma teia de relações paternalistas, sua ação tendia a se tornar defensiva, visando à proteção das pessoas contra a agressão e os maus-tratos."[6]

Essa resistência "não revolucionária", em Freyre como em Genovese, não deve ser confundida, ao que parece, com uma visão idílica da sociedade escravista. Ao contrário, ambos os autores tratam de analisar um sistema de dominação. No Brasil, segundo Freyre, "vencedores no sentido militar e técnico sobre as populações indígenas, dominadores absolutos dos negros importados da África [...], os europeus e seus descendentes tiveram entretanto de transigir com índios e africanos quanto às relações genéticas e sociais". Tais relações, impostas pela própria empresa de colonização dos trópicos, permitem que Freyre explique, no decorrer de sua obra, não apenas a miscigenação generalizada de que somos herdeiros, mas ainda muitas outras especificidades sociais. Por mais próximas que tenham sido, Freyre deixa claro que tais relações eram "relações [...] de 'superiores' com 'inferiores'";[7] que a "benignidade nas relações de senhores com escravos [...] não é para ser admitida [...] senão em termos relativos", e que, afinal de contas, "senhor é sempre senhor".[8]

NEGOCIAÇÃO E CONFLITO

O termo *paternalismo* poderá parecer inadequado, contudo, se o pensarmos apenas como uma estratégia consciente de dominação de classe, e não como um fenômeno social complexo, feito de transigências mútuas e diárias e de manipulações entre senhores e escravos. Uma negociação no interior do conflito, conforme foi sugerido por Antônio Barros de Castro, na qual tanto senhores como escravos procuravam obter a colaboração um do outro através das estratégias e recursos disponíveis socialmente. "Estes, procurando construir um espaço próprio, aqueles, divididos, resistindo em parte, cedendo em parte", por perceberem ambos, podemos dizer, os benefícios do sistema.[9]

No Brasil, desde os tempos coloniais — não apenas para os recém-chegados, mas também para os nascidos na terra, escravos, libertos e homens livres de cor — a necessidade de construir laços com a sociedade mais ampla era uma questão de sobrevivência, primeiro passo de uma micropolítica de integração. Caso falhassem, permaneceriam na amarga condição de *boçal* (palavra que descrevia o escravo ainda não aculturado e hoje se aplica a qualquer pessoa rude, grosseira), isto é, um ser estranho, de língua, religião e hábitos estrangeiros —

e portanto sem lugar ou padrinho no novo mundo. Caso fossem bem-sucedidos, passavam rapidamente à condição de "ladinos e espertos", aptos, no dizer de Antonil, "para aprenderem a doutrina cristã, como para buscarem modos de passar a vida".[10]

"Passar a vida", como sabemos, pressupõe uma aprendizagem complexa, não apenas de técnicas e disciplina de trabalho, mas necessariamente de outras habilidades propiciadoras da convivência social. É evidente que o destino de cada escravo — e depois o destino de cada liberto e homem livre, como Cândido da Fonseca Galvão — podia variar enormemente conforme o passado africano ou brasileiro de cada um, habilidades pessoais ou profissionais, grau de domínio dos símbolos culturais, e assim por diante. Variava ainda, sem dúvida, segundo fosse trabalhador no campo, no cabo da enxada de sol a sol, ou fosse já capataz, responsável pela turma de trabalho, ou fosse ligado ao serviço doméstico, vivendo em contato estreito com seus senhores, em postos de confiança — como cozinheiras, amas-de-leite, amas-secas, babás, mucamas, pajens, moleques de recado; ou já estivesse livre dos olhares do patrão, trabalhando "ao ganho", como vendedor ambulante ou prestador de serviços, e pagando o próprio aluguel ao senhor. Tudo isso dependerá da sorte individual de cada escravo e de circunstâncias específicas, da vontade e necessidades individuais de cada senhor. Não podemos, portanto, imaginar que processos sociais tão complexos — que implicam evidentemente atos de vontade pessoal e iniciativa por parte do escravo — pudessem depender apenas do arbítrio dos senhores ou de maquinações malignas de dominação de classe. Na verdade, os escravos nunca deram tanta corda a seus senhores.

Alguns morreram de *banzo*, depressão profunda e saudade terrível. Muitos, contudo, encontrariam forças para conquistar alianças sociais, para reinventar a família e a religião. Alguns fundaram irmandades religiosas e associações de auxílio mútuo, visando, entre outras coisas, à alforria de seus membros.

Essas associações existiram e prosperaram à sombra da Igreja. Patrícia Mulvey levantou, sem pretensão de esgotar o tema, nada menos que 165 irmandades de cor no Brasil.[11] Em Salvador, por exemplo, a atual Sociedade Protetora dos Desvalidos foi fundada por dezenove africanos alforriados, gente de verdadeira coragem. Entre eles, o autor da idéia, Manoel Victor Serra, que trabalhava ao ganho no Canto da Preguiça; pedreiros e marceneiros capazes dos trabalhos de tesouraria e escrituração, que se encarregavam desses serviços na sociedade; um carroceiro, Gregório do Nascimento, considerado rico por seus serviços de frete; pequenos empresários, como Theotônio de Souza, "que fazia vinagre"; um vendedor de água, Roberto Tavares, que possuía seu próprio jegue. A sessão inaugural da nova sociedade, que foi batizada inicialmente de Irmandade de Nossa Senhora da Soledade Amparo dos Desvalidos, realizou-se no dia 16 de setembro de 1832, na capela dos Quinze Mistérios. O cofre em que mantinham as contribuições, para maior segurança, foi guardado na casa do vigário da paróquia, padre Joaquim José de Sant'Anna. Em 1848 a irmandade foi transferida para a Igreja de Nossa Senhora do Rosário das Portas do Carmo, onde, três anos depois, tomaria a denominação que ainda hoje conserva.[12]

Entre muitas outras sociedades que Salvador abrigou, encontramos a Venerável Ordem Terceira do Rosário, fundada no século XVIII, na Igreja de Nossa Senhora do Rosário do Pelourinho, por angolanos de "vida exemplar", que possuíam "meios honestos de subsistência" e eram cumpridores dos mandamentos de Deus e da Igreja. Da mesma forma, daomeanos jejes fundaram a Irmandade do Senhor Bom Jesus das Necessidades e Redenção dos Homens Pretos, na Igreja do Corpo Santo, cidade baixa, em 1752, enquanto mulheres ioruba da nação Ketu organizam sua confraria de Nossa Senhora da Boa Morte, na Igreja da Barroquinha.[13]

Resistir à associação com a sociedade mais ampla, por outro lado, significava submergir nas duras relações impessoais do mercado escravista, a cara feia do sistema. Recusar-se a aprender português (um processo longo e penoso, mesmo para a segunda geração, como podemos observar nos escritos de Dom Obá II d'África) ou tornar-se muçulmano representava uma recusa radical à cultura do novo mundo. Representava uma opção pelo isolamento político, quer fosse praticado por escravos, libertos ou homens livres. Pierre Verger mostrou como a recusa à integração cultural podia traduzir-se na conversão ao islamismo, trazido da África pelos hauçá, "cuja doutrina de desprezo pelo infiel tinha com que atrair o escravo ou alforriado humilhado [...] dando uma base religiosa ao seu ressentimento contra aquele que o mantinha ou havia mantido em condição servil".[14]

Decerto que tal micropolítica de negociação, o chamado *jeitinho* brasileiro, pressupunha diferenças sociais profundas quanto ao acesso às fontes da riqueza material, cultura, poder e prestígio. Em suas origens coloniais pressupunha exatamente as relações escravistas que se estabeleceram nas *plantations*. Esta a base primeira do sistema, que, a partir daí, estende-se de alto a baixo como princípio organizador da sociedade, incluindo aí o comportamento moral, o pensamento e o relacionamento político de seus membros: um paradigma ideológico concreto, envolvendo escravos, senhores, libertos e homens livres. Por toda parte — na fazenda, na cidade, na oficina, no palácio — o paternalismo brasileiro significava tipicamente uma relação de troca, uma negociação no meio potencialmente hostil da escravidão. De um lado, serviço e lealdade; de outro, proteção e recompensa.

Sobre esse ponto específico, o Príncipe e o imperador parecem dividir um *ethos* comum. O imperador, todos estavam lembrados, fora um verdadeiro soldado, de poncho e espada, a caminho da recém-libertada vila de Uruguaiana. Era agora o "Pai dos Voluntários da Pátria". O imperador considerava um dever próprio de sua posição "ser generoso para os dedicados à sua pessoa e à Nação", conforme recomendou expressamente à sua filha, em documento privado, escrito para prepará-la para assumir as delicadas funções da regência durante sua primeira viagem à Europa, em 1871.[15]

Doze anos mais tarde, tendo chegado "um pouco cedo" para a audiência do beija-mão, o imigrante Carl von Koseritz aproveitou a luz do dia para dar uma volta de reconhecimento pela quinta imperial de São Cristóvão. Reparou admirado que o imperador mantinha, do seu bolso, na quinta do palácio, "uma escola particular, dirigida por três professores e freqüentada por mais de duzentos meninos e meninas pobres". Escola muito bem aparelhada, como pôde constatar, com "todo o moderno material de ensino e biblioteca própria". E que funcionava também à noite, para educação de adultos. Enquanto matava o tempo, Von Koseritz notou que o imperador, "na sua conhecida generosidade", havia assentado na quinta muitas famílias pobres, "uma verdadeira colônia de famílias", dando-lhes "terra e teto" nas terras do palácio.[16]

Embora os gestos filantrópicos de dom Pedro II não tenham merecido ainda uma análise sistemática, eles seriam de grande interesse para uma história das idéias coletivas. O imperador mantinha, com sua dotação pessoal, um sem-número de desvalidos, totalizando despesas avultadas, que a própria República, quatro dias depois de proclamada, reconheceu ser de interesse público, transferindo o encargo para o Tesouro Nacional, a fundo perdido.[17]

Na verdade, a distribuição de esmolas, assim como o beija-mão, era uma das tradições dos sábados no palácio imperial da Quinta da Boa Vista. Dom Obá II d'África, orgulhoso príncipe sem reino, pode ter freqüentado também essas sessões caritativas. Em 1884, por exemplo, "pela ocasião que ia receber a continuada esmola de caridade que a majestade costuma distribuir por quantos viventes que necessitam subir as escadas do seu palácio, e com especialidade os voluntários que a pátria foram defender", portou-se o Príncipe de maneira meritória, segundo uma testemunha anônima, ao evitar que se precipitasse escada abaixo um outro alferes, que era cego e estava descontrolado pela alegria de receber um despacho favorável.[18] Alguns contemporâneos da elite parecem entender que esse era, de fato, o principal motivo das visitas do Príncipe ao palácio. "Nos dias de suas aperturas financeiras", escreveu Hermeto Lima, em texto evidentemente parcial e impreciso, "o Príncipe Obá ia esperar o imperador na Quinta da Boa Vista e fazia-lhe a mesura do costume. O imperador, com aquela bondade que todos lhe reconheciam, sabia o que aquilo queria dizer e ordenava a seu mordomo que desse uns cobres ao alferes Galvão."[19]

"CORTESIAS E AFABILIDADES"

Além desses encontros semanais com o imperador, no beija-mão dos sábados, o Príncipe procurava outros pontos de apoio na sociedade da Corte, o mais alto escalão do Império. Mello Moraes, como muitos outros contemporâneos, viu-o a perambular pelas ruas do centro, muito dado e maneiroso, "cumprimentando sem ser cumprimentado, distribuindo cortesias e afabilidades de soberano, atravessando de uma calçada para outra, a fim de trocar palavras [...] com qualquer pessoa distinta que se lhe deparava".[20]

Embora o censurasse pela audácia de comparecer em palácio e dirigir-se ao imperador como "augusto colega", Vicente Reis, delegado de polícia e homem de letras, descreve o Príncipe como, fundamentalmente, um "homem calmo, de fisionomia alegre, risonho e ufano", sempre simpático e acessível, "tirando a cartola a todos os de sua cor, que o cortejavam".[21]

Não apenas em pessoa, mas também em seus artigos de jornal, o Príncipe conservava aquele tom "ufano" que lhe notaram tantos contemporâneos. "Em seus artigos", observou Lulu Senior, um dos redatores da *Gazeta de Notícias*, "há sempre palavras de louvor e respeito para a monarquia brasileira e de Portugal, e para os grandes homens da Bahia, e para o Senhor do Bonfim."[22]

Em que pesem os exageros de Lulu Senior, podemos dizer que a origem do sentimento patriótico do Príncipe passava, antes de tudo, pelo localismo baiano. Não apenas a Bahia real, escravista e oligárquica, mas a terra mítica de Todos os Santos, berço de tanto homem de valor, palco do descobrimento do Brasil, da primeira missa em terra firme e do primeiro governador-mor que nos mandou El-rei. Ao tempo da Guerra do Paraguai, foi a Bahia mais uma vez a primeira, a província brasileira que mais contribuiu com voluntários. Um pouco como aquele gaúcho guapo que vimos na guerra ao lado de nosso alferes, e para o qual existia apenas "a província", o seu amado Rio Grande do Sul. E o resto ele chamava, genericamente, "Bahia". Para o baiano Galvão, sua própria província era o início e fim de tudo.[23] Como soldado e súdito fiel, o Príncipe sentia-se parte integrante de um território entre histórico e mítico, parte "daquela primogênita Bahia que quando a pátria geme [...] é a primeira que fica estremecida".[24]

Além da África distante, era na "mãe-pátria Bahia" que estavam suas raízes palpáveis. Seu mito de origem, e a força moral que dele tira, deita raízes em ambas as praias do mar-oceano. De um lado, o impossível Império de Oyó, legado de seu avô Abiodun, distante no tempo histórico como no espaço geográfico; de outro lado, sua "primogênita Bahia", seu berço concreto no Novo Mundo, sua farda de alferes, suas medalhas de campanha, sua fidelidade inabalável a dom Pedro II. Como para tantos outros brasileiros de primeira geração, ambas as raízes pareciam ao Príncipe fonte de confiança e auto-estima. Em 1886, por exemplo, defendeu emocionado sua "província e pátria natal da Bahia, primogênita de Cabral Brasil fecundo, pois que teus brilhos, teus louros, teus direitos nobres canta[m] liberdade em todo o mundo".[25]

Tais sentimentos, embora fortes, não pareciam embotar seu senso crítico, em se tratando da província real. "Aquela mãe-pátria Bahia, sabem todos mais ou menos que tem os seus defeitos", admitia ele em 1882, esclarecendo, contudo, ser a província, entre todas, "a primeira amante da monarquia e da liberdade."[26]

Seja como for, desde os primeiros contatos no tempo da guerra, Galvão permanecerá fiel, até o fim de seus dias, tanto ao velho chefe conservador de Lençóis, coronel Antônio Gomes Calmon, como ao próprio Partido Conservador e aos grandes chefes conservadores do Império, sobretudo, embora não somente, os ligados à sua "mãe-pátria Bahia".

Não apenas na Paraíba estudada por Linda Lewis, mas pelo Brasil afora, política e administração conformavam-se essencialmente aos "laços de parentesco, favor político e relações pessoais".[27] Assim, em versos publicados em 1886, o Príncipe prestou sua homenagem ao senador Junqueira, "amigo baiano", "fiel e dedicado protetor", homem que sabia fazer "justiça ao mérito, não à cor" da pele.[28] Em outras ocasiões o Príncipe se diz "amigo de sinceros senadores da ordem do finado Rio Branco, Bom Retiro, Cotegipe, João Alfredo", todos grandes chefes conservadores do Império, e todos, com exceção do pernambucano João Alfredo, baianos como ele.[29]

Como soldado e defensor da pátria, o Príncipe nutriu, por toda a vida, uma grande admiração por seu mais ilustre comandante, também ele chefe conservador, o "invicto general duque de Caxias", a quem devia, como vimos, sua incorporação à Companhia dos Inválidos da Província da Bahia, em 1876.[30]

Ao conde d'Eu, neto de Luís Filipe, rei dos franceses, marido da herdeira presuntiva do trono e outro cabo-de-guerra no Paraguai, o Príncipe se dirige muito especialmente como "sereníssimo protetor".[31] O conde, comandante-em-chefe da última fase da guerra, aboliu a escravidão no Paraguai, por decreto de 2 de outubro de 1869. Em suas memórias, como já vimos, o conde leva em grande conta os serviços prestados por homens como aquele alferes Galvão. Para ele, os zuavos baianos constituíam "a mais linda tropa do Exército brasileiro", com seus oficiais "inteiramente a par de todos os pormenores do serviço e orgulhosos do seu batalhão".[32] Terminada a guerra, quando boa parte do mundo oficial temia o retorno dos soldados, particularmente dos Voluntários, libertos e homens livres de cor temperados por luta prolongada, o conde foi uma das raras vozes a sair em defesa dos mesmos, ameaçando resignar seu cargo e chegando a considerar os Voluntários, em correspondência privada, "companheiros de armas".[33] Não era pouco, considerando o silêncio que sua posição impunha, tanto na letra da Constituição de 1824 como por exigência mesma de seu sogro, dom

Pedro II. Este mesmo antes do casamento lhe apontava como exemplo a ser seguido, para não ferir os melindres nacionalistas de conservadores ou liberais, a imagem não intervencionista do príncipe Albert, marido da rainha Vitória. O imperador, às vésperas de sua primeira viagem à Europa, ainda insistiu sobre esse ponto com sua filha, princesa dona Isabel: "Para que qualquer ministério não tenha o menor ciúme da ingerência de minha filha nos negócios públicos, é indispensável que meu genro, aliás conselheiro natural de minha filha, proceda de modo que não se possa ter certeza de que ele influiu, mesmo por seus conselhos, nas opiniões de minha filha".[34]

Seja como for, contatos e alianças sociais como essas eram conquistas internas importantes, subprodutos da luta contra Solano López. Não é de se estranhar, portanto, que Dom Obá II d'África tenha apelado tantas vezes ao "senhor príncipe conde d'Eu", ou "impertérrito e ínclito conde d'Eu". "Há muito expus razão ao sereníssimo príncipe, porque algumas vezes o importuno com pedidos", desculpava-se Obá em 1886, para perguntar em seguida: "Pois senhor serei eu o único?". E como que antecipando a resposta: "Decerto que não".[35]

"Pedidos", na verdade, por mais inoportunos que possam ter sido, eram sempre necessários em África Pequena. Graças à base escravista e aos privilégios de classe herdados da Colônia, a idéia de direito civil, direito de cidadania ou simples direito do trabalhador era praticamente inexistente. Senhores disciplinavam escravos, como mestres disciplinavam aprendizes, como patrões eram livres para "contratar e demitir, impor salários e resolver problemas com descontentes". A ação da polícia, como a administração da Justiça, não deixa de refletir essas mesmas bases oligárquicas. Como sintetizou Robert Levine,

> ao contrário do sistema inglês, no qual a lei era debatida abertamente e, portanto, estava sujeita ao escrutínio público, e ao contrário do sistema em dois níveis da Inglaterra e França, que permitiam aos indivíduos apresentar acusações formais no tribunal, os juízes latino-americanos reuniam-se privadamente, examinavam todas as evidências e passavam sentença por escrito. O Judiciário funcionava implicitamente como um instrumento de controle social, não de justiça social.[36]

Tal sistema, embora sólido durante todo o período e mesmo além, não poderia, contudo, num tempo de transições tão profundas, deixar de gerar conflitos e apreensões, sobretudo no espaço socialmente mais complexo e politizado do Rio de Janeiro. Também aqui, a partir de suas relações pessoais e suas prerrogativas africanas (reais ou imaginárias), o Príncipe atuava dentro da teia paternalista, como um elemento propiciador, um elo possível entre a burocracia estatal, de um lado, e as massas urbanas sem nenhuma relação, de outro.

O Príncipe não apenas perambulava pelas ruas do centro da cidade, mas, conforme criticou o influente *Jornal do Commercio*, em artigo de primeira página, entrava "com empáfia nas repartições públicas, principalmente na do foro", aonde ia "muitas vezes perturbar os trabalhos dos nossos velhos e respeitáveis juízes, com perguntas tolas e impertinentes". No dia 23 de abril de 1887, por exemplo, sabemos que, "audacioso como ele só" e "apesar dos protestos do porteiro", o Príncipe Dom Obá II d'África adentrou as dependências severas do Tribunal da Relação, no centro, "em nome de sua soberania e do poder do seu cetro imaginário".[37]

Embora consideravelmente menos documentadas do que suas visitas semanais ao palácio imperial, existem outras evidências da atuação do Príncipe junto às agências do Estado. Lulu Senior, por exemplo, na antevéspera da República, inclui entre as muitas atividades do Príncipe o fato de que este libertava "seus súditos" da cadeia, algumas vezes "chegando até a dar sua liberdade pela deles". Para obter tal *desideratum*, conforme esclarece, o Príncipe "sobe escadas de ministros, faz requerimentos com o seu próprio punho, e com a eloqüência que Deus lhe deu".[38]

Mais não podemos saber, ao menos no estado atual da pesquisa. Sabemos, contudo, que um bom relacionamento com tais agências era ponto crucial na conquista de certos direitos civis ainda muito confusos nesse longo período de crise da sociedade escravista. O que representava esse Príncipe que freqüentava o palácio imperial e tirava "seus súditos" da cadeia? Mais precisamente, que bases sociais representava? Abordaremos essas questões nas linhas que seguem, examinando não mais o vassalo fiel do imperador, mas sua outra persona, o rei das ruas no império de seu reino.

BASES SOCIAIS E APOIO

A identificação das bases sociais de Dom Obá II d'África nos aproxima novamente daquele Rio de Janeiro negro e miscigenado, o Rio de

Janeiro da África Pequena. Permitiriam os documentos uma qualificação mais precisa, uma caracterização mais acurada dos seguidores do Príncipe?

As muitas testemunhas que temos sobre esse ponto nos fornecem apenas visões parciais, fragmentos de uma realidade maior, que foram sendo apreendidos, aqui e ali, segundo os diferentes roteiros individuais, seja fazendo compras, seja no caminho de casa para o trabalho. Assim, Mello Moraes refere-se em particular às "quitandeiras do largo da Sé", ou seja, na linguagem da época, mulheres negras (fossem escravas ao ganho, libertas ou livres) que vendiam bananas, laranjas, verduras, doces etc. naquele logradouro público, ou que batiam de porta em porta, com seus tabuleiros à cabeça, oferecendo seus produtos nas casas de família.[39]

Outro contemporâneo, Hermeto Lima, viu, além dessas quitandeiras, os "negros herbanários da rua Larga de São Joaquim" (hoje rua Marechal Floriano Peixoto). Tais herbanários eram, sem dúvida, gente ligada ao culto dos orixás; africanos forros alguns, outros já brasileiros como o Príncipe, profundos conhecedores do segredo das plantas e da arte de curar quebranto e desfazer feitiço. "As quitandeiras do largo da Sé e os negros herbanários da rua Larga de São Joaquim", informa Hermeto Lima na sua *História da polícia do Rio de Janeiro*, "ficaram convencidos de sua hierarquia e prestavam-lhe homenagens reais, beijando-lhe a mão, que ele trazia sempre enluvada."[40]

Além dessas experiências particulares e localizadas, outras fontes fornecem descrições mais abrangentes, baseadas não mais em atividades ou lugares específicos, mas em critérios de procedência ou raça. Nessa linha, Mello Moraes apontava entre os súditos do Obá, além das quitandeiras do largo da Sé, os "negros Minas", termo que no final do século XIX, sobretudo no Rio de Janeiro, passou a referir-se aos africanos em geral, e não apenas àqueles que tivessem vindo efetivamente da Costa do Ouro, atual Gana.[41] De forma semelhante, já no início da República, o jornal *O Paiz* os identificou, genericamente, como "filhos da África".[42]

É preciso não esquecer, contudo, que "filhos da África", no Rio de Janeiro de então, podia significar não apenas africanos, mas negro em geral, não importando se nascidos na África ou no Brasil. Para o conservador *Jornal do Commercio*, por exemplo, os súditos de Dom Obá II eram os "crioulos e crioulas", isto é, o povo negro nascido na terra.[43]

Juntando os dois lados da questão, o liberal *Diário de Notícias* identificou-os como gente "de sua raça" (do Príncipe), enquanto o delegado de polícia Vicente Reis, homem de senso e observação, viu o Príncipe sendo cortejado, sincreticamente, por "todos os de sua cor".[44]

E o próprio Obá, como definia a sua grei? Em seus artigos de jornal o Príncipe falava principalmente em nome dos "povos africanos" da cidade do Rio de Janeiro, ou, mais amplamente, e sempre com letras maiúsculas, dos "Pretos e Pardos"; ou mesmo, já talvez por força de expressão ou exagero político, do "povo em massa". Segundo o Príncipe, era exatamente por causa da amplitude de sua liderança que o perseguiam tão dura e covardemente por toda parte. "Por Preto ser e ter a sagrada simpatia do povo em massa", explicou em 1886.[45] Ainda segundo o Príncipe, contudo, tais campanhas de "calúnias" e "injustiças" jamais conseguiriam desmentir "o crédito que tenho adquirido nesta heróica e grande cidade do Rio de Janeiro".[46]

Tomando essas evidências em conjunto e tendo em conta as injunções semânticas do tempo, podemos circunscrever o reinado de Dom Obá, grosseiramente, a uma parcela da população africana, crioula e miscigenada, composta tipicamente por escravos, libertos e homens livres, entre os quais se incluíam muitos migrantes e/ou ex-combatentes, como o próprio Príncipe.

Como podemos explicar tal liderança? Já tivemos oportunidade de ver como aquele alferes de zuavos "passeava a sua pessoa" pela cidade e era, por toda parte, reverenciado por essa gente simples que exclamava orgulhosa de sua presença e dobrava os joelhos no pó das ruas para receber sua bênção. Na verdade, os documentos são expressivos sobre esse aspecto. Tomando-os em conjunto, é possível dizer, como o fez o *Diário de Notícias* depois de sua morte, que o Príncipe viveu "aclamado pelos de sua raça", gozou de "imensa popularidade" e, finalmente, morreu "na majestade de uma soberania que ninguém se atreveu jamais a contestar".[47]

Ainda em vida, em 1887, o *Jornal do Commercio* descreve o Príncipe de sobrecasaca e cartola, "falando grosso" — isto é, com imposição de autoridade — "aos crioulos e crioulas a quem chama seus súditos".[48] *Fala grossa*, *imensa popularidade* ou *soberania*, parecia difícil explicar o poder de Dom Obá II d'África, ou mesmo descrevê-lo adequadamente. Seus contemporâneos, de um modo geral pouco dispostos a perder tempo com o assunto, parecem acreditar tratar-se do que chamaríamos hoje, sob influência de Weber, liderança ou autoridade tradicional. Assim, conforme foram vistos pela elite brasileira de então, os "súditos" ou "vassalos" de Dom Obá II apenas repetiam no Brasil práticas e costumes mais antigos trazidos da África.

Naquela África Pequena, tão dividida internamente por questões de costumes, sobrevivência e religião — a um só tempo sudanesa, banto e crioula —, o que poderia valer uma remota (embora simbolicamente importante) legitimidade tradicional ioruba? Se examinarmos mais cuidadosamente o título que se atribui e tão orgulhosamente ostenta, o próprio Príncipe parece ter uma opinião bastante definida sobre esse ponto. Trata-se efetivamente de um rei (*Obá*, em ioruba), o segundo de uma dinastia que renasce com seu pai, Benvindo da Fonseca Galvão, Obá I da diáspora. Com o desenraizamento da família, contudo, a autoridade de Dom Obá não se restringia mais ao velho Império de Oyó, mas passa a abranger todas as etnias da África Pequena: Dom Obá II d'África.

Trata-se, portanto, de uma tradição reinventada e expandida pelo carisma.[49] Dom Obá II d'África reinava não simplesmente pela tradição, mas através de poderes extraordinários que lhe eram atribuídos por sua larga "tribo de vassalos". Tais poderes incluíam, certamente, seus legados reais de Abiodun, seus feitos e medalhas de guerra, seu relacionamento com dom Pedro II e, acima de tudo talvez, sua capacidade, ou *axé*, para a ação política dentro dos quadros reinantes, para a *real politik* de então.

Chamado, aqui e ali, "pacholismo admirável", ou "meneios que lhe são próprios", tal carisma, no sentido sociológico, não deixa de ser percebido por seus contemporâneos de elite. Poucos dias depois de sua morte, o *Diário de Notícias* tentou, com efeito, uma explicação mais consistente: "Havia nele um príncipe de sangue, sangue africano é certo, porém muito bom sangue de príncipe reconhecido e aclamado pelos de sua raça, perante quem ele se fazia valer, soberanamente, com um garbo de porte e de maneiras, com um *aplomb* de dominação que lhe ficavam deveras a notar".[50]

Vejamos, finalmente, o orçamento desse Príncipe da diáspora. É sabido que o apoio prestado ao Obá não se limitava aos gestos de reverência, exclamações ruidosas e pedidos de bênção, mas chegava ao suporte financeiro mais efetivo. "Devido à sua régia estirpe, à sua sucessão ao trono d'África", escreveu um contemporâneo, "o Príncipe

Obá II recebia lista civil, o tributo dos seus súditos."[51] Também *O Paiz* atribuía o pagamento desses tributos — "uma espécie de orçamento", segundo o jornal — "à sua estirpe e à sua soberana posição".[52] Quando da morte do Príncipe, já na República, o redator de *O Paiz* parece hesitar no emprego, novamente, do termo *orçamento*. Concede, contudo, ter vivido o Príncipe "à custa de outros" e, por fim, ter morrido na miséria, como sói acontecer aos "que não fazem do trabalho o principal arrimo da vida". Tais contribuições explicavam-se, também aqui, pela "supremacia que queria ter sobre os filhos da África".[53]

É decerto difícil imaginar-se hoje o montante de um "orçamento" cuja escrituração, se é que algum dia existiu, parece irremediavelmente perdida. Podemos compor alguma idéia a respeito, contudo, através de outras evidências já suficientemente fundadas. Primeiro, esses "tributos de seus súditos" constituíam a principal fonte de recursos daquele migrante nordestino, um dos desempregados crônicos da capital do Império. Com tal "orçamento" o Príncipe sustentava sua modesta representação de soberano, sua família, sua feijoada modesta, seu cálice de parati, seu quarto de cortiço na rua Barão de São Félix, seu fato civil sempre elogiado.

Com efeito, Dom Obá II d'África jamais seria descrito, como tantos outros ex-combatentes do Paraguai, a perambular pela cidade "com o seu fardão, o seu espadagão, o seu colarinho sujo, as suas botas cambaias e o seu charuto de tostão".[54] Ao contrário, os testemunhos de época — nos documentos escritos ou iconográficos — ressaltam-lhe sempre, como já vimos, seja o seu aprumo exagerado de soberano, seja o seu "pacholismo admirável", sua cartola elegantemente à banda, suas luvas brancas, seu *pince-nez* de ouro, e suas "extravagantes plumas" no chapéu de alferes. Carl von Koseritz, que viu o Príncipe de perto todas as quatro vezes em que foi ao beija-mão no palácio, descreve-o como "um negro grande e forte", "barba à Henrique IV", com "finas roupas pretas e um *pince-nez* de ouro, com vidros azuis".[55]

Para ir ao palácio, praticamente todos os sábados, o Príncipe alugava um tílburi. Às sentinelas que lhe fizessem as continências devidas, dava, "no embaraço da emoção" descrita por Mello Moraes, uma nota de dois ou cinco mil-réis. Outros contemporâneos narram fato semelhante em Salvador, à porta do palácio provincial, quando teria aumentado substancialmente o donativo para "uma moeda de prata".[56]

Com o mesmo orçamento, como podemos presumir, o Príncipe divulgava suas idéias na imprensa, seja como matéria paga, ou, mais raramente, como folheto avulso, que ele mesmo fazia publicar. Segundo o escritor Lima Barreto, que mal o conheceu mas sobre ele recolhe informações ainda frescas na memória oral da cidade, tais publicações, ao menos no prestigioso *Jornal do Commercio*, não se faziam por menos de 10$000. Obá, segundo a tradição, "escrevia laudas e laudas" que ia colando umas às outras, em longa tira que trazia enrolada à moda de um pergaminho antigo. Com uma tesoura, cortava pedaços desse rolo de acordo com os custos que lhe eram apresentados no balcão de anúncios. Segundo suas finanças, o Príncipe decidia a extensão do texto a ser publicado no dia seguinte. "Enfim, quando o seu famoso artigo chegava ao preço de 10$000, por aí assim, é que o Príncipe Obá II d'África deixava-o sair nos *apedidos*."[57]

Uma nota de dois ou cinco mil-réis ou uma moeda de prata, mais o aluguel do tílburi e os dez mil-réis do artigo; mais casa, comida e roupa para a família: eis o "orçamento" do Príncipe, com a precisão possível nesse reino sem contabilidade ou arquivo que foi a África Pequena. Tal montante, recolhido de grão em grão entre escravos, ex-escravos e homens livres, nos permite, mais uma vez, refletir sobre a extensão do reino: "o povo em massa", segundo dizia o Príncipe preto.

7
"OS ASSUNTOS BRASILEIROS"

> *...e desde então regala o público, de tempos em tempos, com manifestações pela imprensa, que são menos corretas do que interessantes, e na qual ele discute os assuntos brasileiros como Obá II. Ele é naturalmente monarquista e conservador, pois é um príncipe...*
>
> Carl von Koseritz, 11 de agosto de 1883

Vindo de quem vinha, o pensamento político de Dom Obá II d'África parecia perfeitamente óbvio e desinteressante para a maioria de seus contemporâneos. Na verdade, naquela época, poucos mostraram-se dispostos a perder tempo com tal assunto. Um século depois, é claro que não podemos pensar do mesmo modo. Afinal, o Príncipe, como o povo da África Pequena, enfrentava questões-chave para um conhecimento mais amplo da transição escravista e da formação do Brasil contemporâneo. Questões de definição política, questões de pertencimento e cidadania, questões de raça. Como foi pensada a transição por aquelas bases que apenas emergiam das relações escravistas? O pensamento do Príncipe, particularmente no que toca a essas questões fundamentais, constitui o objeto deste e do próximo capítulo.

A QUESTÃO FUNDAMENTAL

O Príncipe, como sabemos, apoiava o imperador e bem podia afirmar, sem medo de contestação, "que nunca meu punho passou mão na débil pena para escrever contra as monarquias".[1] Ou mesmo, descontada alguma hipérbole, que "sacrificava" sua própria "vida e até a [...] fortuna" em defesa das instituições; e que isso se encontrava documentado nos "longos artigos que tenho publicado na minha vida política desde longos anos".[2]

Que idéia fazia o Príncipe dessa instituição política já é uma outra questão, que precisa ser investigada. Ele era monarquista constitucional, a julgar pela reverência que presta à Constituição de 1824, que percebia como garantia da ordem interna, fonte legitimadora de dom Pedro II e, por extensão, dos "príncipes estrangeiros" como ele. Por isso, já no título de muitos de seus artigos, lembrava "as vivas razões da Constituição", ou da "lei da Constituição do Estado", ou "da lei que nos rege" etc.

Quando se trata de explicar a natureza ou a origem do poder monárquico, contudo, percebemos o Príncipe em sensível desacordo com o espírito da Carta de 1824. O Brasil separou-se de Portugal numa época em que as monarquias podiam ser mais bem justificadas por "unânime aclamação dos povos" do que por direito emanado de Deus, embora as duas idéias estivessem presentes. Éramos herdeiros, nesse sentido, das "idéias novas" daquele início de século, sobretudo da Revolução Constitucionalista do Porto, de 1820, episódio detonador, embora involuntariamente, de nossa Independência, que veio dois anos depois. Éramos, ao mesmo tempo, herdeiros das idéias francesas do século XVIII e, enquanto organização prática do poder, herdeiros do parlamentarismo inglês. Para Galvão, contudo, o poder parecia emanar mais de Deus que de qualquer contrato rousseauniano entre os homens. E, por vir de Deus, era um poder antes absoluto que constitucional. "Porque já no princípio do mundo os homens pediam ao Criador que os guiasse. O Criador condoeu-se e designou [reis] por diversas tribos, cuja iluminação era mandada pela providência. Assim os homens obedeciam qualquer que fosse a mensagem ordenada por esse mesmo escolhido."[3]

De onde teria tirado tais concepções? Elas são totalmente contrárias às idéias "duplicadamente" liberais que presidiram tanto a Independência, em 1822, como a Carta outorgada por Pedro I em 1824. Essa "origem dos reis" faz-nos lembrar os livros históricos do Antigo Testamento, nos quais se narra a fundação da monarquia hebraica, por volta de 1050 a. C. Naquele tempo, o povo de Israel, antevendo o mau governo que teria sob os filhos de Samuel, o último juiz, e temendo também os invasores filisteus e amoritas, clamara a Deus, pela voz dos anciãos de todas as tribos, pedindo "um rei que nos governe, marche à nossa frente e combata as nossas guerras". Saul foi o escolhido, tendo o Senhor soprado aos ouvidos de Samuel o seu nome: "Amanhã a esta mesma hora enviar-te-ei um homem da terra de Benjamin, e tu o ungirás para condutor de Israel, meu povo; ele libertará o meu povo das mãos dos filisteus, porque volvi o olhar para o meu povo, visto que seus clamores chegaram até mim".

No dia seguinte, realizado o encontro, confirmaria o Senhor: "Eis o homem de quem te falei, ele reinará sobre o meu povo".[4]

Por essa e por outras evidências, sabemos que Dom Obá II d'África tinha as Sagradas Escrituras como uma de suas leituras regulares e fonte de inspiração. Apesar disso, a questão do direito divino, como a questão do poder em geral, vinha de uma outra fonte, recebida de berço e do próprio ambiente cultural da África Pequena. Também aqui, a idéia de uma monarquia absoluta em que, segundo o reverendo Samuel Johnson, "o rei é mais temido do que os próprios deuses".[5] É preciso lembrar que, entre os ioruba — diferentemente do que ocorreu com os hebreus e da própria explicação proposta por Dom Obá —, a instituição teve origem não a pedido dos homens, mas pela vontade e motivação de Deus. Podemos imaginar que o Príncipe conhecia também essa versão, que é parte integrante do mito de origem ioruba e, por isso, um dos fundamentos do culto dos orixás, ao qual, como ainda veremos, também estava ligado. Para o ioruba, a monarquia era uma criação do deus supremo, Olodumaré, por intermédio de seu filho e enviado Oduduwa, criador da terra e, sobre ela, dos homens e da primeira cidade-estado, Ile-Ife. Antes de morrer, Oduduwa, o primeiro rei, deu a cada um dos seus sete filhos uma coroa de contas — o símbolo por excelência do poder monárquico — e os enviou pelo mundo afora para que fundassem seus próprios reinos, nascendo assim as cidades de Ijebu, Ondo, Ilesha, Ketu, Save, Benin e a Oyó de Dom Obá II d'África. O número dos descendentes de Oduduwa, e, conseqüentemente, o rol das cidades originalmente fundadas, varia sensivelmente segundo as diferentes versões regionais do mito. Seja como for, por necessidade de defesa ou dissensões internas, desses primeiros reinos foram nascendo outros semelhantes, numa cadeia sem fim, todos direta ou indiretamente ligados e legitimados pela cidade santa de Ile-Ife, terra do primeiro homem, dos primeiros deuses, do primeiro rei.

O Obá, ou rei, que era o ponto focal e símbolo da unidade política dentro de cada cidade, é concebido como uma espécie de reencarnação sempre provisória do mesmo divino Obá, que reina desde os tempos de Oduduwa. A coroa de contas que lhe cobre a face e a despersonaliza é o símbolo desse ser interior que remonta ao deus supremo. O caráter divino desses descendentes de Oduduwa pode ser avaliado através dos títulos suplementares que lhe são atribuídos. Por exemplo, o Alafin (Obá) de Oyó, ramo ao qual o Príncipe afirma pertencer, era conhecido como "Senhor do Mundo e da Vida", "Dono da Terra" e "Companheiro dos Deuses". Em outras cidades, eram conhecidos como *ekeji orisa*, isto é, irmão dos orixás. Portanto, os ioruba também consagravam o princípio de hereditariedade, não precisamente de pai para filho, mas de ascendentes a descendentes, por meio de um complexo processo de eleição — mais exatamente de controle e busca de consenso político — dentro das casas reais, geralmente duas ou quatro, que se revezam no poder em cada cidade.[6]

Em síntese, o conceito de monarquia de Dom Obá II, como de muitos de seus súditos na África Pequena, era o de uma monarquia absoluta, fundada no direito divino e hereditária. Tal direito de sangue, que remonta a Olodumaré e Oduduwa, o Criador, sobreviveria a tudo: ao esfacelamento do Império ioruba depois do grande Alafin Abiodun; ao saque e destruição da capital, Oyó, pelos Fulani, por volta de 1837; às tragédias pessoais do tráfico atlântico; à realidade da escravidão americana. "Por conseguinte", acreditava Galvão, "tenho o direito de Deus, confiado a meus avós Abiodun." Às vezes escrevia uma mistura de ioruba e português, segundo uma fórmula que provavelmente aprendeu do pai: "Omam obá min jó Obá" (omo-obaà mi je oba), "quer dizer, o filho do rei é rei".[7]

O Príncipe não apenas pensava assim, mas assim agia, tanto em defesa própria como das instituições políticas vigentes. Em 1887, por exemplo, irritado com o tratamento desrespeitoso que lhe prestavam certos pasquins da Corte, lembra-os exatamente de seus direitos hereditários. "O que possuo devo ao Criador e à Estirpe sagrada de Abiodun", e "nunca mendiguei títulos nem postos de qualquer coisa", escreveu ele. E foi adiante: "Pertencendo [possuindo] os Direitos Divinos não devo gastar o meu precioso tempo a responder em qualquer folha artigos que me dizem respeito".[8] No fundo, estava convencido de que a imprensa o atacava, como atacava a dom Pedro II, justamente por inveja de seus "reais direitos" conferidos por Deus, "visto os príncipes nascerem feitos não serem formados por dinheiros e nem pão com manteiga".[9]

Concepções como essas eram, sem dúvida, comungadas por largas parcelas do povo comum, como teremos ocasião de ver. Àqueles que tentavam fazer graça de um rei sem reinado e sem coroa ("como quase acontece em certos países menos civilizados"), o Príncipe lembrava precisamente os seus muitos súditos na cidade do Rio de Janeiro, ou seja, "o devido respeito que continuadamente tem recebido dos seus concidadãos africanos, como manda o dever confirmado pela lei". Por "dever", o Príncipe entendia a tradição político-religiosa ioruba, e "confirmado pela lei" refere-se claramente à Constituição do Império do Brasil.[10] Para o Príncipe, como para seus súditos, o imperador constitucional, dom Pedro II, era o "Deus da Nação brasileira"; a imperatriz, como a princesa dona Isabel, eram "deusas".[11]

Não havia conflito de poder ou de legitimidade entre aquele Obá ancestral, que o Príncipe reencarnava nas ruas do Rio, e o imperador real do Império. "Os príncipes embora estrangeiros sejam", explicava Dom Obá, "não podem e nem devem ser contra os direitos da Coroa, como o afirmado não é, por essas vivas razões." No Brasil, conforme entendia, não lhe compete "ordenar, querer, mandar e confirmar". Tal direito só poderia ser exercitado no seu próprio reino, a cidade-estado de Oyó, não no Brasil, "visto ser lá a sua casa onde nasceu o seu legado de Abiodun".[12]

A QUESTÃO PARTIDÁRIA

Dada a origem divina dos reis, a questão da monarquia era o nexo político fundamental para o Príncipe, o núcleo inegociável de seu pensamento e de sua possibilidade de ação na história. Sabemos que era "conservador", ou mesmo "naturalmente conservador", como julgou von Koseritz. Mas o que significava exatamente essa opção partidária dentro da cultura política da época? O que significava ser conservador, liberal ou republicano naquele período de desmontagem da estrutura escravista? A "opinião do povo", como temos visto, apenas apontava no horizonte da história. E na ausência dela, ou melhor, na ausência de sua expressão efetiva no jogo político, a consulta à nação, a própria alma do sistema parlamentar, não passava de uma formalidade constitucional, sujeita a toda sorte de pressão dos grandes. Na verdade, depois dos acerbos conflitos regionais que se estendem da Independência até a maioridade de dom Pedro II (1822-41), idéias e programas perdem importância no jogo político concreto. O fenômeno é particularmente marcante no tempo da atuação do Príncipe (décadas de 1870 e 1880), quando os partidos já não pareciam possuir, na prática, nenhuma opinião ou programa diferenciado. Em regra, conservadores, liberais exaltados e mesmo republicanos aceitavam o status quo em suas fazendas e na sociedade mais ampla. Nunca foi possível fundar um "Partido Abolicionista", como chegou a querer Joaquim Nabuco. "O que mais precisa ser dito?", perguntou Nabuco em 1883, irritado com a falta de penetração de suas idéias abolicionistas. "Que mais é preciso para qualificar, segundo uma frase conhecida, essa audácia com que os nossos partidos assumem os grandes nomes que usam — de *estelionato político*?"

Para o jovem liberal, aqueles partidos não eram senão "pretendentes a sinecuras e honrarias políticas, candidatos a empregos rendosos, clientes de ministros e auxiliares do governo".[13]

Dunshee de Abranches, em suas memórias, chega a classificar conservadores, liberais e republicanos, respectivamente, como *escravistas*, *escravocratas* e *escravagistas*.[14] Para o povo comum, segundo se dizia na época, não havia "nada mais semelhante a um conservador que um liberal no poder", ou, na verdade, o contrário. Certa feita um líder conservador declarou, no Senado da Câmara, que "o conservador no Brasil é necessariamente liberal, porque a Constituição do Brasil contém instituições santas, liberais; o conservador quer manter estas instituições; logo é liberal". O chefe liberal, Zacharias de Góes e Vasconcelos, reagiu prontamente, dizendo que não, que, muito pelo contrário, "a Constituição brasileira contém instituições santas, liberais; o Partido Liberal quer mantê-las; logo, só o liberal é conservador".[15]

Não deve surpreender, portanto, o fato de todas as grandes reformas liberalizantes do Império terem sido, depois de duras batalhas, levadas a cabo por gabinetes conservadores, tendo por trás o apoio e o impulso do imperador. Estão nesse caso, além da reforma judiciária de

1871, simplesmente todas as leis emancipacionistas, a começar pela lei de extinção do tráfico africano, em 1850, a Lei do Ventre Livre, em 1871, a Lei dos Sexagenários, em 1885, e a Abolição final, em 1888.

Porque não existiam opiniões ou programas, reinava suprema a questão do poder partidário. Dada a natureza centralizadora do regime — herança colonial e base do Estado independente —, toda a vida política e administrativa (no Rio como em Lençóis) dependia largamente do que se chamou, na época, "a machina". Na base social, na qual os escravos já eram minoria, o conceito de "igualdade de direitos" continuava frágil e incipiente, sendo que a única educação recebida pelos trabalhadores, fossem escravos, libertos ou homens livres de cor, era para o trabalho, na própria prática do trabalho. Tudo dependia do partido no poder, inclusive o resultado das eleições. A cada nova "situação" que se instala no poder, seguem-se as "derrubadas" e a formação de nova "machina" de controle.

Diferentemente, portanto, do que pensava o Príncipe — que acima dos partidos pairava a Coroa, símbolo da nação —, a cultura política da época privilegiava exatamente o partido. Liberais ou conservadores funcionavam na vida real como quase-clãs estendidos. Daí a dureza com que ocorriam as "derrubadas", terríveis já pelo nome, removendo dos cargos públicos, em todos os níveis, os chamados "inimigos políticos". Na ausência de limites sociais e institucionais apropriados, as "derrubadas" desciam ao nível dos pobres serventes das repartições públicas. Tal, pelo menos, é o que denuncia o Príncipe, repetidas vezes, trombeteando o seu próprio caso pela imprensa da Corte. Aqui, no que diz respeito ao clientelismo, era o Príncipe um conservador de mão-cheia. "Antes assim os conservadores", defendia ele em 1882, ao tempo do liberal Saraiva. "Antes assim os conservadores [porque] quando estiveram no poder empregaram-me." Com efeito, pouco depois da guerra, nos últimos anos do gabinete conservador chefiado pelo visconde de Itaboraí, o Príncipe, ou melhor, o alferes honorário, obteve uma colocação no Laboratório Farmacêutico Militar. Embora não existam estudos quantitativos sobre esse ponto específico, é possível suspeitar que outros Voluntários tenham encontrado colocação semelhante nessa época. Por exemplo, já na República, Lima Barreto conheceu o major Vital, um simples servente do antigo Arsenal de Guerra, sempre "envergando solenemente a farda e sobraçando [...] o espadagão" do tempo da Guerra do Paraguai.[16] Segundo o Príncipe, entre 1868 e 1878 — durante a guerra e pouco depois, sob os conservadores — muitos ex-voluntários e muita gente de cor obteve colocação pública. "Os conservadores quando estiveram no poder empregaram-me", escreve ele, lembrando outros exemplos da elite negra e miscigenada de então: "E ao dr. Santos Lima e tantos outros por todo o Império, assim como os crioulos doutores em medicina e muitos pardos".[17]

No caso específico do Príncipe, contudo, o emprego não durou muito. Quando os liberais sobem ao poder, em 1878, com o gabinete Sinimbu, Dom Obá caiu vítima de uma "derrubada" e voltou ao desemprego. Segue-se um longo período de crise, com um novo gabinete liberal a cada ano, por sete anos, até a volta dos conservadores, em 1885. Durante esses anos, o Príncipe foi um conservador radical, parcial a ponto de desconhecer que as "derrubadas" davam-se dos dois lados. Para ele, a política salarial dos liberais era "só para os ingleses verem", isto é, pura falsidade.

> E assim mesmo terá quem desfaça [do] partido conservador sem conhecer que ao menos quando estão no poder comem e dão a todos os artistas, funcionários públicos e particulares para comerem sem entregar seus filhos à fome, como mataram os pobres [oficiais] honorários e inválidos da pátria.[18]

Segundo a cultura política dominante no tempo de Dom Obá II d'África, partido no poder não podia perder eleição. Durante todo o período, as câmaras tendiam sempre para a unanimidade, fossem conservadoras ou liberais. Sob o gabinete Zacharias (1862-8), o Partido Liberal controlou não apenas uma câmara de deputados quase monoliticamente liberal, mas virtualmente todas as posições político-administrativas, desde o Rio de Janeiro até o último município do sertão, a Lençóis de Dom Obá. Em 1868, sob o conservador visconde de Itaboraí, houve uma completa reversão, e saem das eleições câmaras e situações políticas quase unanimemente conservadoras, em todos os níveis. De novo, em 1878, com o gabinete Sinimbu, câmaras olimpicamente liberais. E assim sucessivamente, com a única exceção da primeira eleição direta, em 1882.

A alternância dos partidos, quando ocorriam as crises políticas, só era possível com a intervenção direta do imperador, sempre zeloso de sua tarefa constitucional. Mas o "Poder Moderador", acima dos partidos, parecia uma missão impossível. Quando fora do governo ou contrariados pelo processo emancipacionista (fosse por considerá-lo excessivamente rápido ou lento demais), tanto liberais como conservadores não poupavam críticas ao "maquiavelismo", "imperialismo", "poder pessoal" e "absolutismo centralizador" de dom Pedro II, o "César caricato", o implacável bruxo de São Cristóvão com sua "lista negra" e "lápis fatídico". Muitos, quando desalojados do poder por uma "inversão política", levavam sua indignação até ao sentimento antimonárquico. Os liberais, por exemplo, ao serem substituídos pelos conservadores, em 1868, clamaram abertamente por "Reforma ou Revolução". Nos dois anos que se seguiriam, liberais mais exaltados iriam fundar, sucessivamente, um *Club* republicano, um jornal republicano e um partido republicano. Apesar do rompimento formal de 1870, os laços que uniam os liberais avançados aos republicanos continuaram fortes durante todo o período de Dom Obá II d'África. Na verdade, para muitos, os republicanos não eram senão um "pronunciamento" (tal foi o termo empregado) dos liberais. Daí, em 1878, quando da queda dos conservadores e da volta dos liberais ao poder, com eles retornaram, vitoriosos, alguns dos mais ilustres signatários do Manifesto pela República, oito anos antes. Entre eles, Lafayette Rodrigues Pereira, que integrou o gabinete Sinimbu; Saldanha Marinho, eleito para a Câmara dos Deputados, e Cristiano Benedito Ottoni, que subiu ao Senado.[19]

Como muitos na África Pequena, Dom Obá II d'África não podia entender os ataques da oposição, quer liberal ou conservadora, contra instituições sagradas, para ele, símbolo da própria nação. Homem de profunda convicção dinástica, o Príncipe não era "como muitos dos interesseiros dos cofres públicos que só são amigos da Monarquia quando estão presos pelo cofre, e quando estão soltos querem a Reforma ou a Revolução". Em se tratando do processo de abolição progressiva — e não simplesmente de arranjar um emprego —, tinha o Príncipe posições políticas bem mais matizadas. Era, em suas próprias palavras, "conservador para conservar o que for bom", e, por outro lado, "liberal para reprimir os assassinatos que tem havido nesta atualidade a mando de certos potentosos [potentados]". Para ele o caso era consertar o Brasil aos poucos, no dia-a-dia do respeito à lei e "às vivas razões da Constituição que nos rege". E não entornar o caldo, fazer "revolução" como queriam outros.[20]

Daí o azedume do Príncipe com relação aos republicanos, sobretudo os chamados "revolucionários". Dentro de sua concepção política e filosófica, os únicos motivos que poderiam colocar um homem contra instituições sagradas eram os sentimentos feios de ganância e olho grande. Desde tempos imemoriais, pensava ele, "os Príncipes e Reis são vítimas dos traidores da Coroa, do Rei, pela grande inveja de não poderem Príncipes serem". Cometiam, assim, pecado grave, porque "todos que tentam contra esses sagrados direitos [...] terão o prêmio do castigo de Deus, serem mortos antes do dia e hora". Tais "revolucionários" deviam arrepender-se o quanto antes "de seus erros em republicanos [...] serem". "Traidores do rei", caso fossem bem-sucedidos, "para o país conhecidos estarão como avarentos do ouro, sem nenhum amor a Deus e às consciências humanas". E mais: "Depois de tentarem contra o rei querendo ser à força [...] rei, ainda que tendo a coroa de papelão", terão agido "como a mãe que como cafetina da filha fizera a desgraça desta".[21]

Permitia apenas uma exceção a essas graves acusações: o liberal-democrata Quintino Bocaiúva, um republicano "evolucionista" e não um "revolucionário", como o jovem Silva Jardim (este último pregava abertamente o *coup d'état* e via a implantação de uma ditadura positivista como a solução moderna, recomendada pelos grandes mestres franceses, que nos colocaria à frente de toda a humanidade). Ao excetuar Quintino, o Príncipe certamente levava em conta seus modos extremamente educados, também notados por Machado de Assis e pelo jornalista francês Max Leclerc. Apesar de militarem em campos políticos opostos, o Príncipe referia-se a Bocaiúva como "meu amigo Quintino Bocaiúva". E levava em conta especial o fato de que o republicano era conhecido como "o Príncipe das Letras", por sua produção poética e dramática de juventude.[22]

Foi em defesa do regime e de suas idéias políticas e filosóficas que o Príncipe saiu em campo, em 15 de maio de 1883, quando um jornal chamado *O Corsário* publicou uma carta falsa, escrita com seu estilo e sob sua assinatura, contendo críticas às instituições e ao imperador. Sua resposta foi publicada em *O Carbonário*, o pasquim concorrente, sob o título geral de "A justa palavra perante Deus, a majestade e universidades", isto é, a verdade perante Deus, o imperador e o mundo. Para o

Príncipe, em síntese, tal manobra não era apenas brincadeira de mau gosto, mas uma tentativa solerte de colocar os "pretos e pardos" do seu reino contra a monarquia. Era coisa de republicano procurando obter apoio popular para o golpe. "Como quem diz nós não podemos fazer a revolução sem o braço dos pretos e dos pardos", e, por isso, "vamos enredá-los à majestade". Atacavam-no, "para depois eu virar republicano, como certos monarquistas fingidos que fazem a desgraça da pobreza". Parecia suspeitar que por detrás de tudo estavam interesses contrários ao processo de emancipação. "Tudo isso", insistia, "só porque não querem que Sua Majestade dê valor à cor preta, como eu tenho freqüentemente tido." Isso, continuava, "conquanto os falsos tratem de doido quem como eu é amigo da majestade e quem é falso a ela, dizem que tem juízo".[23]

Com juízo ou não, o fato é que o Príncipe, a partir desse momento, passou a ver perigo por todo lado, enquanto a maioria de seus contemporâneos parecia fiar-se na estabilidade do regime até o último momento. O melhor exemplo, aqui, é Silva Jardim, o tribuno da "revolução", que pregou abertamente o golpe militar e acabou sendo surpreendido por ele. Jardim duvidou de qualquer possibilidade de golpe até a noite de 14 de novembro de 1889, quando os boatos já circulavam no Rio de Janeiro. Jantava com Alfredo Madureira no elegante Hotel Globo, na igualmente elegante rua Direita. Negou peremptoriamente, e aos brados, todos os boatos. "Revolução? Mas, o Madureira não sabia que esse partido republicano chefiado por Quintino era um partido que esperava chegar à República pela 'evolução'?" E ironizava, segundo um testemunho, esticando bem as sílabas: "E-vo-lu-ção!".[24]

O Príncipe, ao contrário, nos cinco últimos anos da monarquia, parecia tomado por estranhas paranóias de golpes, traições palacianas, "ciladas" e "botes dos falsos [...] contra a coroa da pátria", apesar da aparente calma institucional. Tais perigos lhe pareciam iminentes. Por isso, em 1885, fez questão de renovar sua fidelidade à Coroa, "antes de tudo que possa pelo futuro e presente acontecer".[25] Em março de 1887, estando o imperador doente, chamou à responsabilidade os médicos que o estavam tratando, no exterior. "Pensem bem os sábios clínicos, maduramente, [sob] o peso de suas consciências, os meio[s] mais sensíveis de salvar a sagrada existência do amado e bondoso Deus da nação", advertia ele. "E logo que seja salva a sagrada Existência do Sábio Soberano, ficarão estes ilustres clínicos mais amigos da pátria."

Caso assim não procedam, não terão "águas com que se lavem; que Deus não permita que seja ao contrário".[26] Estando o imperador ausente, submetendo-se a tratamento médico, o Príncipe temia pela estabilidade do regime. Por essa época, seus artigos dirigem-se diretamente ao Conselho de Estado. "Estes conselheiros devem perante o país assumir as responsabilidades do que houver de suceder nos trâmites da legalidade na ausência dos Augustos Imperantes." Temia explicitamente

> certos hipócritas que eu bem os conheço, [que] na frente Majestosas beijam as sagradas mãos, e na ausência querem ser Reis ainda [que] tendo a Coroa [de] Papelão [...] como o país não ignora, que sem serem Deus da Nação querem beber o sangue da humanidade, quanto mais se forem Deus do Estado.[27]

Até as vésperas da Abolição final, o Príncipe, em seus artigos, ainda arengava contra os "inimigos dos príncipes". A partir dessa época, contudo, entregou a sorte da monarquia nas mãos de santa Bárbara, a "Virgem de África", sempre "grande nos seus milagres". Na verdade, por sua fé inabalável nesses milagres, conforme confessa, ainda esperava que o imperador, "tendo cuidado nesses que o rodeiam", pudesse "escapar".[28]

Procurava apagar incêndios aquele vassalo fiel, defensor de reformas dentro da lei e da ordem. Em 1887, ao mesmo tempo que se agravava o estado de saúde do Imperador, minado pela diabetes, torna-se evidente a articulação secreta entre republicanos, principalmente "evolucionistas", e a chamada "questão militar".[29] Já o abatimento e a doença do imperador, segundo o príncipe, deviam-se aos aborrecimentos gerados pela "questão militar". Dom Obá era uma voz praticamente isolada quando insistia "que Deus criou os reis para defenderem os povos" e "os exércitos para defenderem fielmente o seu chefe". Já claramente na contracorrente da história, o alferes de zuavos conclamava os "soldados fiéis", os velhos Voluntários da Pátria, "como soldados que somos saídos do povo, defensores da monarquia brasileira".[30]

ABOLIÇÃO E CIDADANIA

O que significava, naquela sociedade particular, ser escravo, liberto ou homem livre de cor, em termos de direitos ou ausência deles? O que significava liberdade, não apenas na lei, mas na vivência concreta de homens como Dom Obá II d'África? Não apenas o grande conceito abstrato de uma utopia abolicionista, mas a liberdade, ou melhor, na linguagem da época, a *alforria*, no que diz respeito aos direitos efetivos de pertencimento e cidadania. E, dentro desse quadro concreto, como se posicionava o Príncipe? Tais as questões que serão abordadas nas linhas que seguem. Podemos adotar os elementos básicos da cidadania, identificados na análise clássica de Marshall, como nosso ponto de partida. Cidadania civil, em primeiro lugar, que compreende os direitos necessários à liberdade individual, como o direito de ir e vir, liberdade religiosa, liberdade de imprensa, direito à propriedade e, fundamentalmente, como garantia de todos os outros, o direito à Justiça. Cidadania política, em segundo lugar, que compreende fundamentalmente o direito de participar no exercício do poder, seja como membro de um organismo investido de autoridade política, seja como eleitor de tal organismo. Cidadania social, por fim, no que se refere aos níveis mínimos de bem-estar e segurança material segundo os padrões sociais prevalecentes.[31]

O Império do Brasil, às vésperas da República, era uma monarquia liberal representativa com parlamento à inglesa. O direito de propriedade, bem como os direitos fundamentais de pensamento, reunião etc., eram todos garantidos pela Constituição de 1824. Entre os direitos de propriedade incluía-se, pelos costumes, o de possuir escravos. Escravos não eram cidadãos, não tinham poder sobre si mesmos e, teoricamente, não faziam parte do pacto social. Na linguagem ordinária da época, eles não eram "nacionais", como se dizia dos homens livres de cor; eram antes "de nação" (isto é, de uma nação africana qualquer) ou crioulos, isto é, já nascidos na terra.

O direito à nacionalidade e cidadania não era no Império privilégio da cor branca; era um direito dos homens livres. Sendo propriedade de outrem, o escravo, por definição, não possui qualquer direito, seja o direito civil de adquirir propriedade, seja o direito de reter para si os frutos do seu trabalho (e não caberia nenhuma distinção entre trabalho "regular" ou "extra").

Isso na teoria do sistema. Na realidade, por força de delicada negociação histórica, as coisas eram bem diferentes, como descobriu, com certo espanto, o alemão Johann Moritz Rugendas, em sua segunda viagem ao Rio de Janeiro. Causou estranheza ao artista, sempre atento aos detalhes culturais da terra, que os senhores brasileiros permitissem aos escravos "comprar sua liberdade com o seu próprio dinheiro" (dinheiro deles, senhores), já que, pela lógica e pela lei, podiam "tomar ao escravo suas economias, sem dar-lhe a liberdade ou qualquer outro benefício". Apesar da surpresa, o direito de manter pecúlio e o de comprar a própria liberdade eram conquistas antigas daquela sociedade, embora na ausência de pesquisa específica ainda não possamos precisar a partir de quando.

Realidade social ao arrepio da lei, tal costume representava uma conquista notável, uma espécie de consenso social a unir, de forma duradoura e por cima das diferenças de classe, amplos setores da sociedade, a saber, escravos, ex-escravos e homens livres e pobres de todos os tons. Dobravam-se aqui os senhores aos usos e costumes da terra, sustentados no campo moral pela população pobre. Esse pequeno direito à cidadania civil, quase imperceptível na macro-história do sistema, era parte importante do que podemos chamar compromisso social de bem viver. Embora pudessem ter a lei do seu lado, dificilmente os senhores ousariam enfrentar a indignação de um homem que batalhou tostão por tostão ("em suas horas vagas", segundo os costumes) para comprar a própria liberdade, sobretudo numa cidade como a Corte. Caso o fizesse, enfrentaria não apenas a revolta pessoal do escravo, que poderia fugir, ou, mais freqüentemente ainda, recusar-se a qualquer colaboração eficiente. Enfrentaria ainda a desaprovação social aberta, a terrível língua grande do povo miúdo. Essa opinião pública, irreverente e severa, própria das "camadas baixas do povo", manifestar-se-ia fatalmente "com grande intensidade", expressando sua desaprovação ao senhor "por todos os meios".[32]

Significativamente, em 1871, esse pequeno direito de propriedade, até então informal, ganharia o respaldo da lei. Tal reconhecimento, por tratar-se de costume largamente aceito, não precisou de um diploma legal específico, mas veio de carona, quase imperceptivelmente, no bojo da chamada Lei do Ventre Livre. Essa lei, em seu artigo 4, consagrou, de cambulhada, várias práticas costumeiras. Ali, "é permitido ao escravo a formação de um pecúlio com o que lhe provier de doações, legados e heranças, e com o que, por consentimento do senhor, obtiver do seu trabalho e economias". Reconhecia-se, no mesmo passo, o direito de deixar herança, o direito de comprar a própria *alforria*, o direito de "contratar com terceiros a prestação de futuros serviços" e mesmo o direito à família e manutenção dos filhos menores de doze anos.[33]

Pela Constituição de 1824, o escravo "de nação" (isto é, africano) que conseguisse obter sua carta de alforria — como, por exemplo, o ioruba Benvindo, pai do alferes — teria acesso integral à cidadania civil, segundo a fórmula sempre repetida nas cartas de alforria, "como se de ventre livre tivesse nascido". Em síntese, liberdade de ir e vir, direito de propriedade, de firmar contratos e, principalmente, como já vimos, o direito à Justiça. Sendo "de nação", contudo, não lhe era concedida cidadania política, a não ser que requeresse, através de procedimentos próprios, talvez complicados, a sua naturalização. Caso não se naturalizasse — e, a julgar pela raridade de tais processos nos arquivos brasileiros, poucos o fizeram —, continuaria, como Benvindo e a grande maioria dos libertos, "de nação" e, como tal, estrangeiro.

Quando um *crioulo* comprava a liberdade, obtinha muito mais por seu dinheiro. Aqui, sem maiores burocracias, o novo status incluía também os direitos políticos. Cidadania política preliminar, é certo, restrita às chamadas eleições primárias ou municipais. O artigo 94, parágrafo 2, da Constituição vetava-lhe explicitamente a candidatura ou mesmo o voto para deputado, senador ou membro dos conselhos provinciais. Tecnicamente, ser liberto (ex-escravo) não era o mesmo que ser livre, condição de nascimento e precondição necessária para a plena cidadania brasileira. Mais adiante, essa mesma distinção entre libertos e homens livres também foi abolida quase imperceptivelmente, no bojo da reforma eleitoral de 9 de janeiro de 1881. Essa reforma, na verdade, não apenas estabeleceu eleições diretas, mas, de passagem, garantiu integridade de direitos políticos aos libertos. A partir de 1881, portanto, libertos e homens livres de cor já não enfrentam outras barreiras ao exercício da cidadania política, senão os requisitos gerais, indicativos de independência pessoal:[34] idade mínima de 25 anos, não ser soldado raso ou membro de ordem religiosa, estar integrado formalmente no mercado de trabalho (para as eleições primárias, por exemplo, exigia se uma relativamente modesta renda líquida anual de cem mil-réis) e, finalmente, ser alfabetizado ou, na prática, saber assinar o próprio nome.[35]

Para o Príncipe, contudo, como para seus súditos, a idéia de "direitos" não vinha da Constituição, que a maioria nem sequer conhecia, ou, como o Príncipe, conhecia apenas superficialmente. O nível educacional era baixíssimo entre escravos, libertos e homens livres de cor. Em 1872, no país como um todo, apenas um em cada mil escravos sabia ler e escrever. Para as mulheres, a situação era ainda pior, com apenas 0,6 em mil. A geração nascida em meados do século e criada na nova realidade pós-tráfico atravessava acelerado processo de crioulização e abrasileiramento. Depois de 1850, à medida que os laços com a mãe África ficavam cada vez mais tênues, assistiu-se aos primeiros compromissos concretos com relação a essa população. O marco inicial desse processo, segundo entendia o Príncipe e muitos outros, fora exatamente o alistamento para lutar contra o invasor estrangeiro. A idéia de direito, e a própria prova de pertencimento e cidadania, vinha principalmente daí. "Como soldado patriota que sou", pontificava com freqüência, "entendo que não faço mais do [que] o meu dever [...] em tomar parte ativa em todos assuntos que entendo ver gravidez."[36] A nova dignidade de soldado vitorioso e cidadão levava a demandas até então inimagináveis ou adormecidas. Demanda, por exemplo, por participação política. "É justo que a pátria", defende o Príncipe depois da guerra, "escute a voz do defensor da pátria como soldado." Ou será, pergunta já sem paciência, que pretos e pardos só servem para "cornetas e soldados"?[37] Depois da guerra, não apenas a escravidão, mas as profundas desigualdades sociais brasileiras pareciam inaceitáveis. "O governo [...] deu lugar a todos nós irmos para o teatro da guerra", argumentava o Príncipe, sempre inconformado sobre esse ponto, "hoje estamos vendo nossos irmãos morrendo à fome, sem termos o necessário para nossa subsistência."[38]

Para o Príncipe, a conquista da cidadania, em termos concretos, começou com o alistamento para a guerra e continuou, depois dela, com o processo de abolição progressiva. Alistamento e cidadania, para ele, pareciam compor um mesmo processo histórico. Primeiro, segundo entendia, houve o decreto de 7 de janeiro de 1865, criando os Voluntários da Pátria, que "deu lugar a todos nós irmos para o teatro da guerra".[39] No ano seguinte, em 6 de novembro, um outro decreto facultou aos escravos *da nação* (mais precisamente, da Coroa) que se alistassem como homens livres, estendendo-se a liberdade às suas esposas, que, como vimos, também partiram para o front, acompanhando os maridos.[40] De novo, em 1867, ainda durante a guerra, dom Pedro II, na Fala do Trono, colocou a emancipação, pela primeira vez, como um problema político a exigir solução legislativa. Dois anos depois, em 2 de outubro de 1869, estando Assunção ocupada, fez-se a abolição na República do Paraguai, iniciativa de alguns oficiais brasileiros, tendo à frente o conde d'Eu.

Esse novo sentimento, ou expectativa de pertencimento, só faria crescer com o processo de emancipação propriamente dito. Em 1871, a Lei Rio Branco, de 28 de setembro, declarou livres os filhos de escravos nascidos a partir daquela data e, ao mesmo tempo, criou um fundo (financiado por taxas e multas sobre a propriedade escrava) para a libertação gradual, por indenização, dos adultos. Catorze anos depois, em 1885, de novo em 28 de setembro, a Lei Saraiva-Cotegipe (que atravessou três gabinetes para ser aprovada) tratava cosmeticamente da libertação dos escravos maiores de 65 anos e, de forma mais firme, regulava novamente "a extinção gradual do elemento servil". Pouco depois, em 16 de outubro de 1886, ainda sob Cotegipe, a pena de açoite foi eliminada dos estatutos legais do país.

Dom Obá II d'África, como podemos supor, apoiava tais medidas sem reservas, não apenas em seus artigos como em suas freqüentes visitas às ante-salas do poder. Lutando contra essa "horrível mancha" da escravidão, dizia ele, "temos sabido cumprir com o nosso dever". E propunha a abolição total já em 1882, porque "não é só serem [os escravos] bem tratados como provado está para todos os governos".[41]

O Príncipe não poupa entusiasmo em sua apologética aos gabinetes conservadores do visconde do Rio Branco (1871-5) e do barão de Cotegipe (1885-8), responsáveis, respectivamente, pelas leis do Ventre Livre e dos Sexagenários, que cortaram as asas do sistema e, ao mesmo tempo, regularam sua "extinção gradual". "Tudo isso fora dado no sábio gabinete que libertou os ventres [das mulheres escravas], onde sempre militei como preto soldado", escreveu ele em 1886. "Ei-lo o gabinete 7 de março de 71 onde teve à sua frente os eminentes estadistas da ordem como mestre o imortal Rio Branco e todos os seus membros bem conhecidos." Da mesma forma, continuava, "como tem feito o digno barão de Cotegipe no honrado gabinete de 20 de agosto de 85, que em ambos tenho fielmente militado".[42] Tal processo de subversão da ordem tradicional, segundo entendia o Príncipe, era tocado pela Coroa, em nome da nação. Os homens que o promoviam, em ambos os gabinetes, "já estão em vida eternizados [...] como fiéis servidores amigos da Coroa do Deus da nação" e "servem de honra e glória de uma nação".[43] Quando sentia que o processo necessitava de uma boa ajuda, apelava Galvão para as poderosas forças do sincretismo afro-brasileiro. Vimos isso já em relação ao imperador, aos chefes conservadores Rio Branco e Cotegipe e vários integrantes de seus ministérios, como o ministro do Império de 1871, João Alfredo Correia de Oliveira (depois chefe de gabinete, quando da Abolição final, em 1888), e o último ministro da Guerra de Rio Branco, João José de Oliveira Junqueira. "Por isso", confessava o Príncipe por ocasião do primeiro aniversário da abolição do açoite, "invoco sempre ao bem-estar dos conselheiros enfermos França e Junqueira [...] em todas as minhas preces [...] a santa Bárbara e aos mais santos da África." [44]

No campo mais especificamente político — embora política, religião e moral não fossem áreas independentes de seu pensamento —, o Príncipe parecia perceber claramente o vácuo político em que o Império caíra, na medida em que perdia seus sustentáculos tradicionais, descontentes com o processo emancipacionista. Em meados de 1886, quando muitos fazendeiros colocavam-se abertamente contra o "poder pessoal" de dom Pedro II e outros já mostravam tendências republicanas, o Príncipe defendeu a prevalência do poder real sobre os descontentes barões do café. "Os baronatos não formam os príncipes", escreveu ele. Na ordem natural das coisas, muito pelo contrário, são os últimos que "formam" os primeiros.[45] Já havia alguns anos, aliás, que o Príncipe criticava duramente os defensores da ordem escravista. "O único desejo que certos ingratos brasileiros têm é serem acompanhados da preguiça, e não desejarem o bem-estar do país, nem coadjuvar o cego desejo da nação inteira em ser de uma só vez lavada a grande mancha da escravidão." Para esses, anunciava o castigo divino. "Pois o fim deles é acabarem doidos varridos para pagarem as consciências que devem a Deus e às majestades, tanto quanto aos pretos e pardos."[46] Tais "fidalgos [...] por serem os mais ricos", explicava o Príncipe, queriam "Deus para si e o diabo para os demais [...] tanto quanto a escravidão que não querem dar à liberdade [...], como dão nos lugares mais civilizados da Europa".[47]

Apesar da dureza de suas críticas, o Príncipe não generalizava a ponto de considerar todos os barões da terra farinha do mesmo saco. A apenas um ano da abolição final, ele ainda atestava a existência de "patrióticos fazendeiros que sinceramente amam a monarquia brasileira"; em relação a esses, garantia o Príncipe, Sua Majestade era "fiel e sincero amigo".[48]

A questão do castigo físico é particularmente significativa para o estudo das idéias desse "soldado-cidadão". As punições corporais eram parte do espírito da época e existiam tanto na legislação civil referente aos escravos como nas regras disciplinares das forças armadas. Era um tempo duro, aquele. A Constituição duplicadamente liberal de 1824, em seu artigo 179, parágrafo 19, proibia expressamente "os açoites, a tortura, a marca de ferro quente e todas as mais penas cruéis". Já o código criminal, que é de 16 de dezembro de 1830, reforçado pela lei de 10 de junho de 1835 (ambos passados sob a Regência, um período de grande instabilidade política e social), trouxe de volta o açoitamento público, de acordo com o grau da ofensa, para escravos que atentassem contra a vida de seus senhores, administradores, capatazes e respectivas famílias. As posturas municipais, pelo Brasil afora, também estabeleciam penas de açoite para ofensas cometidas por escravos, que, como sabemos, não eram cidadãos, mas apenas "de nação" (africanos) ou "crioulos". Podemos imaginar, daí, a verdadeira consternação, entre libertos e homens livres de cor, ao reencontrarem tal punição nas regras disciplinares das forças armadas em que haviam se alistado. Tal punição, segundo entendia o Príncipe, ia contra a dignidade de homem livre, exatamente o pré-requisito essencial para ser soldado e cidadão. Por isso, o alferes se esforçou, mais que tudo talvez, "para [...] livrar o cacete do exército", porque, segundo entendia, "homens livres não eram escravos para serem castigados".[49] Para ele, tais punições eram o "cancro que cativava [em sentido literal: tornava cativo, escravizava] todos [os] fortes fiéis defensores da pátria". Soldados-cidadãos eram tratados "como ladrões e assassinos e usurpadores de cavalo". Quando o exército aboliu esse tipo de punição, logo depois da guerra, o Príncipe se convenceu da eficácia de seu incansável trabalho de lobby. Segundo sua interpretação, a punição fora abolida a seu pedido, por iniciativa do barão do Rio Branco e do ministro da Guerra, João José de Oliveira Junqueira, e com o apoio do imperador. "A pedido do seu íntimo amigo, e o consenso do Deus da nação", lembraria o Príncipe, repetidamente, enquanto tramitava, no Senado e na Câmara dos Deputados, a abolição da pena de açoites também para os escravos.[50]

"Poeta não nos falta", escreveu ele cansado das utopias, "o que nos falta porém são estadistas da natureza dos conselheiros [...] Cotegipe, João Alfredo e Junqueira, que souberam libertar [os soldados do] Exército da chibata, que [até] então permaneciam como escravos."

Por esse "grande benefício", o Príncipe não se cansava de pedir a proteção de Deus para o ministro da Guerra. "Em paga deste nobre feito", dizia ele, "todos soldados e patriotas amigos da liberdade da Pátria devem rogar a Deus pela conservação da existência do conselheiro João José de Oliveira Junqueira e a todos de igual sentimento."[51]

No caso dos escravos, até meados da década de 1880, as penas arbitradas por juízes mais severos podiam chegar a quatrocentas chibatadas, o que equivalia, na prática, à pena de morte. Um aviso ministerial de 1861 procurou limitar a pena máxima a duzentas chibatadas, mas permaneceu letra morta, sobretudo nos municípios do interior. Depois da Lei dos Sexagenários, que é de 1885, tais abusos, que eram executados em presença dos juízes, começam a provocar reações na imprensa e no mundo político, levando liberais e conservadores, em conjunto, a facilitarem a excepcionalmente rápida tramitação e aprovação da lei de 15 de outubro de 1886, que aboliu as penas de açoite do Código Criminal brasileiro. O Príncipe saudou essa grande conquista política sem poupar adjetivos ou maiúsculas em louvor do barão de Cotegipe: "Parabéns ao ilustre Digníssimo Senhor Excelentíssimo Presidente do Conselho de Ministros do Gabinete 20 de agosto de 1885", escreveu ele, poucos dias depois de aprovada a lei.[52]

O processo como um todo, segundo o Príncipe, começou com o alistamento militar e prolongou-se na abolição progressiva. Tal interpretação permitiu o aparecimento de expectativas novas, não apenas entre cidadãos-soldados que voltavam sob os louros da vitória, mas entre escravos, libertos e homens livres de cor em geral. Liberdade, no Brasil, deixou de significar apenas os projetos tradicionais de compra de alforria, mediante o trabalho duro nas "horas vagas", como fizeram muitos; ou mesmo a rejeição da sociedade através da "fuga para fora" e formação de quilombos ou mocambos em locais onde a lei não pudesse chegar. A conquista da liberdade, depois da guerra, para homens como Dom Obá II d'África, era um projeto oficial. Não por acaso, para a população de cor, o nome do imperador, como observou um contemporâneo, passou a ser "sinônimo de força social e até de Providência", sendo identificado, a partir de então, como "o protetor da sua causa". Para o escravo em particular, "a significação de tais fatos não podia ser outra [...] senão que o Estado, [...] procuraria no futuro fazer cidadãos os companheiros daqueles que tinham ido morrer pela pátria no mesmo dia em que tiveram uma".[53]

Um bando de idéias verdadeiramente novas, portanto, começava a agitar as bases sociais do Império do Brasil. Idéias de nação, pertencimento, cidadania, como bem mostrou o Príncipe do Povo, eram absolutamente centrais. Desde 1850, a idéia de "nação" africana de origem começa a se perder cada vez mais rapidamente; desde a guerra, a idéia de pátria entendida apenas em termos regionais e paternalísticos — "Aquela Pátria-Mãe Bahia" do Príncipe, ou "A Província" dos gaúchos — transforma-se cada vez mais claramente na pátria-Brasil, que defenderam como soldados. Mesmo o crioulo Galvão, que tanto tinha a zelar por suas raízes africanas, define-se, a partir de então, por uma espécie de dupla nacionalidade. Por isso, o Príncipe não "queria" nem "podia" jamais "ser falso [...] ao povo da minha pátria [no singular], tanto a primeira como a segunda, às quais tenho grande orgulho de pertencer".[54]

Para termos uma visão mais justa desse processo — e para não restringi-lo ao Príncipe —, vejamos alguns dados mais gerais. Em 1798, ainda sob a vigência do tráfico africano, dividia-se a população do país em duas metades bem marcadas. Uma maioria de escravos (cerca de 1 582 000 indivíduos) equilibrava-se com um setor livre composto principalmente por brancos (cerca de 1 010 000) e, mais abaixo na escala, por uma população intermediária de cor, libertos e homens livres, que ainda não ultrapassava uns apertados 406 mil indivíduos. Já o censo de 1872, logo depois da guerra, revela um país novo, com população total de 9 930 000 habitantes, a maioria negros e miscigenados livres (cerca de 4 245 000 indivíduos), seguidos por um contingente significativo de brancos (cerca de 3 787 000 indivíduos) e, finalmente, por uma população declinante de escravos (1 510 000) e índios não aculturados (387 mil). A linha da cor havia sido rompida, mas as conseqüências só foram claramente percebidas depois de 1880. Se negros e miscigenados constituem a maioria, isso quer dizer, conforme concluiu Joaquim Nabuco, que "a raça negra nos deu um povo".[55]

A QUESTÃO RACIAL

A Guerra do Paraguai, o censo de 1872, a abolição progressiva, tudo contribuía para revelar a "questão racial" do Império do Brasil. A nova realidade — um país de mestiços, brancos, negros e índios — apresentava não pequenos desafios à *intelligentsia* da terra. Uma verdadeira revolução na auto-imagem e, portanto, na auto-estima daquela jovem comunidade em formação. Sobretudo a partir da década de 1880, foram levantadas dúvidas existenciais profundas, por toda parte, sobre a própria possibilidade da nação. Afinal, quem eram os brasileiros?

Definitivamente, percebeu-se logo, não éramos *tupi* ou *tapuia*, como o movimento romântico-indigenista, nossa primeira escola literária, nos fez acreditar de 1845 até 1875, com suas idílicas aventuras tropicais, com o heroísmo nativo de *I-Juca-Pirama* e *Os timbiras*, de Antônio Gonçalves Dias (1823-64); ou *O Guarani*, *Iracema* e *Ubirajara*, de José de Alencar (1829-77); ou *O Guarani*, ópera de Carlos Gomes (1836-96), baseada no romance de Alencar e que estreou com grande sucesso no La Scala de Milão em 1870. Depois da guerra, como que por encanto, o movimento indigenista transformou-se em moda literária do passado, longe do gosto e da cabeça nova dos intelectuais e leitores dos anos 80.

A questão agora era muito mais séria. Como conciliar um país de mestiços, brancos, negros e índios — nosso inventivo cadinho de raças, até então completamente despreocupado quanto a si mesmo — com as idéias etnocêntricas que dominavam a ciência européia naquele fim de século? O prestígio crescente do evolucionismo biológico — principalmente depois da publicação de *A origem das espécies*, de Charles Darwin, em 1859 — transmitia-se ao evolucionismo social. Nas décadas de 1870 e 1880, o evolucionismo social e biológico não apenas garantia aos brancos um trono confortável nas culminâncias da escala evolutiva (uma longa marcha de estágios entre a "barbárie primitiva" e a grande civilização), mas deixava pouca esperança na Ásia, África ou América Latina. O Brasil tinha futuro?

No tempo de Dom Obá, a questão racial confundia-se com a questão da nacionalidade. A chamada Escola do Recife — um movimento intelectual nordestino, nesse mesmo período — caracterizou-se exatamente pelo interesse comum de professores e alunos da Escola de Direito, uma das duas existentes no país, por filosofias científicas e teorias evolucionistas européias. A figura-chave do movimento foi Tobias Barreto, mulato de gênio, eternamente insatisfeito com o que lia, verdadeiro devorador de textos, passando, como muitos outros, do positivismo de Comte para o evolucionismo de Spencer, a filosofia de Kant e, finalmente, o evolucionismo mecânico do biólogo alemão Ernst

Haeckel. Sua importância repousa menos em sua originalidade do que na abertura dessas inquietações e leituras para uma geração nova de intelectuais, como Sílvio Romero, que reconheceu sua influência.[56]

Joaquim Nabuco, como outros abolicionistas, embora também informado pelo evolucionismo etnocêntrico, optou por uma visão mais política. Para ele, em síntese, "nós não somos um povo exclusivamente branco, e não devemos portanto admitir essa maldição da cor; pelo contrário, devemos tudo fazer por esquecê-la".[57] Outros, embora a contragosto, dobravam-se às teorias por absoluta — e mesmo dramática — fidelidade à ciência e seus princípios. O melhor exemplo, aqui, foi Raimundo Nina Rodrigues, outro mulato de gênio, professor da Escola de Medicina da Bahia e primeiro cientista a se ocupar seriamente da questão do negro, embora, talvez por vício de profissão, de um ponto de vista patológico. Rodrigues (1862-1906) assumiu sem reservas o racismo científico de sua época. Para ele, o negro era inferior e, portanto, a miscigenação brasileira representava apenas degeneração física e social. Tanto pela qualidade de sua obra como pela própria escolha do tema, Nina Rodrigues pode ser considerado, com toda a justiça, um dos pais fundadores da antropologia brasileira. Além de duas obras fundamentais, *Animismo fetichista dos negros baianos* e *Os africanos no Brasil*, realizou pesquisas sobre *Mestiçagem, degenerescência e crime* (1898), *A paranóia entre os negros e antropologia patológica: os mestiços* (1890). Para Nina Rodrigues, a Ciência, com C maiúsculo, era soberana e senhora, não conhecia simpatias, aversões ou interesses, mas apenas verdades. Nem o seu próprio exemplo — de real brilhantismo e merecimento — podia desmentir ou atenuar os mestres. Nem, na verdade, o de tantos outros contemporâneos seus, gente da estatura de Machado de Assis, André Rebouças, Luiz Gama, José do Patrocínio e tantos outros que atingiram o topo do Império do Brasil. "Se conhecemos homens negros ou de cor de indubitável merecimento e credores de estima e respeito", escreveu Nina Rodrigues, "não há de obstar esse fato o conhecimento desta verdade — que até hoje não se puderam os negros constituir em povos civilizados."[58]

Numa tentativa apaixonada de reconciliar a realidade brasileira com a teoria estrangeira, outros contemporâneos reagem de maneira diversa. Um desses foi Sílvio Romero, crítico literário, ensaísta e polemista brilhante. Entre 1870 e 1880, Romero foi influenciado por uma sucessão de idéias que iam do positivismo comteano (que depois rejeitou com ênfase) ao darwinismo, ao materialismo alemão e aos positivistas ingleses, sobretudo Spencer. Desse conjunto de influências Romero produziu uma teoria até certo ponto original: embora aceitasse o evolucionismo etnocêntrico (a própria idéia de superioridade branca), foi o primeiro a criticar-lhe o caráter unilinear. Podemos dizer que, com Romero, a miscigenação brasileira encontrou a sua saída teórica. Já não era a herança maldita do passado; era uma resposta ao desafio do meio tropical; a chave explicativa do sucesso da colonização e da própria evolução social brasileira. "A minha tese, pois, é que a vitória na luta pela vida, entre nós, pertencerá, no porvir, ao branco", previa Romero em 1888. "Mas que este, para essa mesma vitória, atentas as agruras do clima, tem necessidade de aproveitar-se do que de útil as outras duas raças lhe podem fornecer, máxime a preta, com que tem mais cruzado." E por fim, "pela seleção natural, [...] depois de prestado o auxílio de que necessita, o tipo branco irá tomando a preponderância até mostrar-se puro e belo como no velho mundo. Será quando já estiver de todo aclimatado no continente".[59] Com Romero, tínhamos, enfim, o nosso próprio evolucionismo (mais tarde classificado, um tanto pejorativamente, como "teoria do embranquecimento").

Tal, em suas linhas gerais, o estado da questão ao tempo de Dom Obá II d'África. Poucos, naquele último quartel do século, podiam escapar à influência do etnocentrismo científico. Para tanto, podemos imaginar, seria necessário fundar um novo paradigma explicativo, tanto na área da biologia como no pensamento social, isto é, uma enorme revolução científica. Ou, de outra forma, situar-se numa cultura à parte, não científica, mas contemporânea e concorrente daquele discurso científico vitoriano. Seja lá como for, a documentação deixada por aquele Príncipe preto nos permite vislumbrar, ao menos, como tais questões foram pensadas pelo povo comum, aqueles que, no dia-a-dia, concretizavam a miscigenação brasileira. Aqui, como veremos, a justificativa teórica nada tinha a ver com idéias evolucionistas de *inevitabilidade* (Nina Rodrigues e outros) ou *desejabilidade* (Sílvio Romero e outros) do branqueamento, e, portanto, de superioridade branca. Tinha bastante a ver, ao contrário, com um sentimento claro: a idéia da igualdade fundamental do gênero humano. Ao conde d'Eu, que era francês, asseverou o Príncipe, "mui respeitosamente" e "por mais de uma vez", que se orgulhava "de preto ser" e de sua origem africana.[60] Por não acreditar em raças superiores, o Príncipe era "amigo dos brancos e [de] todos os varões sensatos conhecedores da virtude e avaliadores de observarem que o valor não está na cor". Exatamente por isso, finalizava os seus escritos, quase sempre, com frases em latim, ioruba ou português, que julga equivalentes perfeitos. "É o motivo", explicava ele, pelo qual "sempre finalizo os meus artigos com 'ego sum qui sum', quer dizer em África: Manamim Omam Obá mim jó Obá." Ou seja, "sou o que sou", em latim; "não me bata, filho de rei é rei", em ioruba.[61]

Uma carta de apoio a Dom Obá II d'África, saída do mesmo universo cultural, lembra o absurdo do preconceito e da discriminação, "visto da preta cor ser semelhada todas as mais raças". Além do que, tais sentimentos e atitudes não estavam em harmonia, conforme explica o autor da carta, com "as intenções sagradas da Constituição".[62] Outra carta, de fevereiro de 1887, em plena crise da abolição, chega a formular um, digamos, "projeto de enegrecimento", antes que de "embranquecimento" do país. Para o missivista, a raça negra já não era o problema, mas a própria solução do Império. A partir desse ponto de vista, apóia a nomeação de Dom Obá II como embaixador plenipotenciário nas Costas d'África, de onde prestaria relevantes serviços, "mandando transportar colonos africanos, para nunca mais sofrer o Brasil decadência na sua exportação de fumo e café [...] e o açúcar e o algodão nunca deixem de fertilizar o solo onde nascera o mesmo príncipe Obá II d'África, de Abiodun neto". Também aqui, no tocante à questão racial, a discriminação era tida por completo absurdo, sendo, afinal, "cada qual como Deus o fez".[63]

O próprio príncipe publicou, vez por outra, poesia abolicionista e antidiscriminatória. "Não é defeito preta ser a cor/ E triste pela inveja roubar-se o valor".[64] Para ele, "o certo é que o Brasil deve desistir [da] questão da cor, pois que a questão é de valor e quando o varão tiver valor não se olhará a cor".[65] Na verdade, para Dom Obá, não parece existir exatamente uma "questão racial", mas uma questão de cultura, informação e refinamento social. Tal idéia nos é sugerida, aqui e ali, pelo uso que ele fez do conceito de civilização. Como já tivemos oportunidade de ver, o Príncipe defendia a imigração africana (em vez da européia), não apenas para beneficiar a lavoura de exportação brasileira, mas ainda "a bem dos povos incultos d'África".[66] A questão, portanto, não se coloca em termos de desnível entre raças, mas em termos de desnível entre culturas humanas. Ao mesmo tempo, como cidadão e príncipe, não se cansava de lembrar aos contemporâneos o bom exemplo de "países mais civilizados", como Portugal e Inglaterra, onde os príncipes africanos, longe de serem desprezados, eram recebidos com as devidas honras. Da mesma forma, o seu desconsolo, às vezes, com a pátria amada, "um país tão novo onde completamente não reina a severa civilização colimada, porque ainda há quem apure a tolice [...] do preconceito de cor [e onde] tudo são conquistas e mais conquistas [por fazer] e a vida é pó, lama, tudo é nada".[67]

O Príncipe, como já vimos, fala em nome dos "Pretos e Pardos". Ao mesmo tempo, aqui e ali, cria formulações aparentemente originais, chegando a uma percepção estética autônoma, na linha do "Black is beautiful" norte-americano dos anos rebeldes de 1960. Na verdade, segundo uma outra carta de apoio ao Príncipe, a raça negra não apenas era linda, era "superior do que os mais finos brilhantes".[68]

Às vezes parece existir, bem no fundo, a idéia de uma superioridade negra. Não no sentido biológico ou intelectual, parece, mas no sentido moral, por força da vivência histórica da diáspora. O Príncipe chegou a comparar sua experiência de vida, a experiência histórica de sua raça, com a "menina-dos-olhos [que], por ser virtude, está como primeira, acima do branco dos olhos".[69] A mesma idéia reaparece quando se considera, já sem paciência, "muito acima desses que por ser eu preto, se julgam [...] mais elevados nas posições, mais elevados que eu".[70] Ou ainda, quando compara sua raça, em sua experiência histórica, com fortes imagens do catolicismo. Sua "humilde cor preta" era, assim, "cada qual como Deus e Maria Santíssima, virgem, sempre virgem sem ser pesada aos cofres públicos, sem ser assassina da humanidade [...] por preta ser a cor invejada".[71]

Tal idéia volta a expressar-se claramente quando ele trata não apenas de refutar idéias abstratas sobre o valor particular das raças, mas de combater o seu corolário prático: uma política imigrantista voltada para a Europa, informada tanto pela propalada "falta de braços para a lavoura" como pela "teoria do branqueamento". O próprio sonho de uma embaixada nas "Costas d'África", que o Príncipe acalentou por alguns anos, veio como uma contraproposta prática àquela política oficial.[72]

A sociedade brasileira, segundo entendia o Príncipe, não nutria sentimentos obstinadamente racistas. Tal política de imigração, portanto, só podia ser obra de uma minoria muito poderosa, que vive sempre a querer "Deus para si e o Diabo para os outros".[73] Os "varões sensatos" do país, ao contrário, sabiam "que por preta e parda ser a cor não deve[m] ser desprestigiadas como tem sido[...] por muitos acreditarem na branca cor".[74] Por isso, "se há quem queira a imigração fraca por ser alva", protestava, "é mais justo vir[em] [os negros] que nunca fora[m] falso[s] para o café e o fumo [...] e pega[ram] nas armas como soldados de coragem, fortes e valentes, para defenderem a Coroa de Sua Majestade".[75]

Para os brasileiros da África Pequena, a política imigrantista não representava apenas a "substituição do trabalho escravo", mas, principalmente, o estreitamento e quase colapso de seu mercado de trabalho tradicional. Daí, na transição para a liberdade, a preocupação crescente com a questão dos direitos. "Crioulos e pardos estão reconhecidos serem os primeiros brasileiros que sobem ao campo para defender a pátria", argumenta o Príncipe. Por isso, continuava, "a pátria não deve consentir que estes sejam aniquilados por serem de cor".[76] A mesma idéia emerge de novo em 1882, quando reclama "desta perseguição que não temos a liberdade e franqueza de vermos pretos e pardos feitos escriturários de nenhuma das repartições do Império". Por isso, como já vimos em relação à questão política, "antes assim os conservadores [que] quando estiveram no poder empregaram-me, e ao dr. Santos Lima e tantos outros por todo o Império, assim como crioulos doutores em medicina e muitos pardos". Tal, segundo o Príncipe, era a política certa, baseada no valor de cada um e não na cor da pele. "Como presentemente faz-se do direito torto?", protestava ele.[77]

A partir da década de 1880, a imensa maioria da população — libertos e homens livres de cor (ou "todas as classes médias", como dizia o Príncipe) — sentia-se vítima de tal política, na medida em que era espremida entre os grandes barões da terra, por um lado, e os escravos e imigrantes por outro.[78] Ainda nesse momento, a carreira das armas parecia ser o principal canal de integração e ascensão aberto aos cidadãos de cor, sobretudo depois da proibição das penalidades de açoite. O exército podia ser considerado, por isso, "o lar da pátria".[79]

8

FONTES, PRESSUPOSTOS E PODER SIMBÓLICO

Os aldeões podem pertencer a um deus, mas esse deus também pertence aos aldeões.

Provérbio ikwerre

Caráter é um orixá: ele apóia você de acordo com a sua conduta.

Provérbio ioruba

É preciso esclarecer, em primeiro lugar, que o próprio Príncipe não entendia suas idéias em termos de "fontes" ou "possíveis influências", como planejamos fazer neste capítulo, mas como inspiração. O processo de escritura, a arte de pôr idéias no papel, era para ele um dom de Deus, mais do que o resultado de uma elaboração científica, consciente da própria procedência e dívidas teóricas. Vinham-lhe as idéias sem que o Príncipe soubesse explicar de onde; era uma espécie de inspiração ou entusiasmo poético. E, por causa disso, considerava-se, antes de mais nada, "poeta". Em seus artigos, nunca se apresenta como líder de classe ou homem de idéias, ou outra coisa qualquer, senão "poeta", ou, às vezes, como ainda veremos, como "oráculo". Isso a despeito de ter produzido versos apenas ocasionalmente. Tal entusiasmo poético parece ter sido algo mais ou menos fora de seu controle. Às vezes, era um exercício penoso, capaz de levá-lo ao cálice de parati, e, daí, aos problemas com a polícia. O próprio Príncipe jamais admitiu, contudo, que o real motivo de suas prisões fosse, como se alegava, por causa do parati. Prendiam-no, isto sim, por sua "inspiração", por suas "idéias claras". "Hoje [...] quando bebo para escrever", explicava ele em 1886, "as polícias prendem-me para não clarear as idéias que tanto têm purificado a poesia [...], prendem-me à toa, a Bahia que justifique a minha folha corrida, tanto quanto [se] sou poeta ou não." Além do mais, ele dizia, "quanto a beber todos bebem".[1]

Porque era um dom, a inspiração podia prescindir do consolo de qualquer *branquinha*. "Um dom do céu", explicou um jornalista da época. Um dom, "que o obriga a levantar-se alta noite da cama, e perturbar o sono dos papagaios, das araras e dos sabiás que convivem com ele, para extravasar no papel a inspiração".[2] O próprio Príncipe, mais modestamente, fala de sua "fraca linguagem que *brota*", muito embora "ofuscada pelo véu da indiferença".[3]

O instrumental de um historiador, simplesmente, não permite o exame, além desse ponto, da inspiração poética de Dom Obá II d'África. Mas o exame de sua escritura nos permite pensar um outro conjunto de influências, aparentemente mais concreto, ou, pelo menos, mais adequado para a investigação histórica. Afinal o que leu e que tipo de contato teve com a cultura de elite, o "mundo das letras"? O que o Príncipe tirou de suas leituras, suas incursões na chamada cultura dominante? O que recebeu da África, ou já de uma cultura popular brasileira, patrimônio comum de escravos, libertos e homens livres de cor do Império do Brasil?

ESCOLA, LIVROS E LEITURAS

Depois de aprender a ler e escrever em Lençóis, provavelmente com o pai, o encontro mais perceptível do Príncipe com a cultura da elite iria ocorrer depois da guerra, com sua mudança para a cidade do Rio de Janeiro. A partir daí, pelo menos, os documentos permitem imaginar algum tipo de proximidade com a cultura dominante e seus símbolos, sobretudo os autores e livros de prestígio da época. Primeiro, uma aproximação física, quando o encontramos, em seus primeiros dias de Corte, morando no sótão de uma escola, o Externato Gama, e de uma livraria, a Livraria Azevedo, na rua Uruguaiana. Em seguida, uma aproximação mais efetiva, através dos jornais, que ele não apenas lia, mas freqüentava (oficinas, balcões de anúncio e mesmo redações), levando suas colaborações ou prestando esclarecimentos.

Além da Livraria Azevedo, temos indícios de que mantinha um bom relacionamento pessoal com outras casas do gênero. Em 1886, por exemplo, conseguiu colocar à venda o seu último "volume de poesia" não apenas na Casa Camões, mas nas oficinas da *Gazeta do Povo*, onde provavelmente imprimiu-se a obra, e ainda na Livraria Serafim, à Rua 7 de Setembro.[4]

Em seus artigos, já em meados da década de 1880, podemos encontrar, aqui e ali, traços desse contato com os livros, e, sobretudo, com a poesia. Não se pode negar ao Príncipe, por exemplo, alguma informação, superficial que fosse, sobre a vida e a obra do "poeta mártir Castro Alves, invejado baiano amigo dos pretos e pardos"; como não se lhe pode negar algum conhecimento do clássico da língua, *Os lusíadas*, de Luís de Camões. O Príncipe, pelo menos, lembra alguns versos daquele épico seiscentista, adaptando-os aos seus próprios interesses. Aos barões do café descontentes com o processo abolicionista, ele ensinava com ironia que, afinal, eram os monarcas que presidiam sobre os "barões assinalados cantando espalharei por toda parte se a tanto me ajudar o engenho e a arte", e não o contrário.[5]

Às vezes o Príncipe citava autoridades estrangeiras nos mais diversos campos. Trata-se, contudo, de um conhecimento bem mais superficial, bebido aparentemente na própria imprensa do Rio, particularmente no prestigioso *Jornal do Commercio*. "Assim [como] vemos na Inglaterra Glactone [Gladstone] impondo à rainha Vitória suas idéias ultraliberais nas questões irlandesas", explicava ele, "vemos também um Gambeta [...] com o seu verbo fluente impondo às massas populares os grandes feitos, vemos também Victor Hugo na poesia nacional francesa cantando a glória de sua pátria", e ia por aí afora, com o fito único de mostrar conhecimento e emprestar respeitabilidade a seus próprios temas e argumentos.[6] Pelo menos uma vez, não querendo perder um bom argumento, parece ter recorrido à fraude, ou, na gíria estudantil, ao chute. Como justificativa de sua própria importância, por exemplo, lembrou um certo rei Humberto I, que, segundo ele, "depois de despatriado, subiu ao trono" e fez "os maiores benefícios ao país que governou".[7]

Podemos imaginar, pelas referências apaixonadas e pela defesa que faz da Constituição (embora nunca entre no mérito de seus artigos e parágrafos), que conhecesse aquele diploma. O mesmo podemos dizer — e as evidências aqui são abundantes — com relação às Escrituras.

Vimos já a possível influência dos livros históricos do Antigo Testamento (particularmente Samuel 9, 15-8), quando o Príncipe tenta explicar a origem divina dos reis. Ele encerrava seus artigos, freqüentemente, com uma frase em latim, retirada do segundo livro do Pentateuco, no qual o Deus de Abraão, Isaac e Jacó aparece numa sarça ardente a um simples pastor de cabras, Moisés, e entrega-lhe a tarefa de libertar o povo, naquela época, a sofrer mau cativeiro sob o faraó do Egito. Libertá-lo "e levá-lo daquela terra para uma terra boa e espaçosa; terra de onde flui o leite e o mel". O tema, sem dúvida, atraía a atenção do Príncipe, também ele às voltas com questões de cativeiro em terras estrangeiras. Quando Moisés quis saber o seu nome, disse-lhe Deus: "Ego sum qui sum" ("Sou aquele que sou"). "E acrescentou: 'Assim falarás aos filhos de Israel: EU SOU mandou-me a vós'." E depois: "Esse é o meu nome para a eternidade, e essa é a minha denominação para todos os séculos"(Êxodo 3, 1-22). *Ego sum qui sum*, portanto, aquele que é por essência e necessidade de natureza. O Príncipe entendeu a passagem como o verdadeiro timbre de autoridade. *Sou aquele que sou*, por direito de Deus, expressão que traduzia para o ioruba e para o português como "filho de rei é rei".[8]

Esses exemplos parecem suficientes para compreendermos a importância da Bíblia entre as fontes escritas do Príncipe. Na verdade, nenhum outro livro exerceu influência comparável sobre o pensamento e visão geral de mundo de Dom Obá II d'África. Voltaremos a esse ponto mais adiante, no decorrer do capítulo. Por ora, como avaliação geral de suas fontes bibliográficas, podemos imaginar uma biblioteca possível, cuidadosamente arrumada nalgum canto de sótão. Caso tenha existido tal biblioteca, lá estaria, em lugar de destaque, a Bíblia Sagrada. Quanto aos demais livros da coleção, podemos apenas especular. Talvez *O navio negreiro*, de seu conterrâneo Castro Alves; talvez *Os lusíadas*, do grande Luís de Camões; talvez um volume de Victor Hugo e uma vida de são Benedito, o preto.

Mesmo tomada em sua extensão máxima, tal biblioteca, tais leituras, parecem insuficientes para explicar, no todo, o pensamento e visão de mundo de Dom Obá II d'África. Embora tenha deixado uma documentação escrita relativamente vasta, o príncipe viveu e testemunhou um mundo basicamente oral; o mundo pré-literário de escravos, libertos e homens livres da capital do Império.

Muito mais que qualquer fonte escrita, o Príncipe inspirava-se num fundo comum de tradições e experiências do povo negro e miscigenado no Novo Mundo. Seus escritos revelam a existência de uma memória histórica do Brasil, rudimentar que fosse, transmitida de geração a geração entre escravos, libertos e homens livres de cor. Embora não tenhamos encontrado nenhum livro de história em sua biblioteca possível, o Príncipe possuía informações razoavelmente detalhadas e mesmo uma interpretação própria, sobretudo no que toca ao período pós-Independência.

Sobre a Sabinada, por exemplo, o movimento separatista (ou federalista) baiano ocorrido em 1837, sob a liderança de um mulato, doutor em medicina, Francisco Sabino da Rocha Vieira, o Príncipe mostrava-se particularmente bem informado. A fonte, aqui, parece ter sido o próprio pai, ioruba Benvindo, por essa época ainda escravo, ou já liberto, na cidade de São Salvador. Seja como for, recebeu o Príncipe uma visão nada oficial da rebelião. Para ele, em 1837, tratava-se de um conflito entre os "verdadeiros brasileiros" de um lado, e os "ingratos e falsos da pátria", de outro. Do lado bom, segundo o Príncipe, estavam os negros e miscigenados de Salvador, "pretos e pardos da ordem do general Bigode, o major Felisberto, o Calado, o Sabino [que foi] o presidente da Bahia da época, o crioulo preto Neves, e tantos outros". Por causa dessa luta e do longo período de repressão que se seguiu, segundo o Príncipe, "foi custoso ver-se pretos e pardos arrastarem [conduzirem] espada", não apenas na Bahia, mas por todo o Brasil.[9]

Um pouco mais recuado no tempo, sobre a independência da Bahia — uma luta que envolveu, sob a mesma bandeira, não apenas representantes da elite local (senhores de engenho, grandes comerciantes, clero, militares e intelectuais), mas ainda homens livres, libertos e mesmo escravos fugidos — o Príncipe lembra, talvez por causa desse grande congraçamento social, "os dias pátrios daquela Bahia 2 de julho sem par onde nasci".[10]

No plano nacional, conhecia e admirava a atuação de José Bonifácio de Andrada e Silva, o "Patriarca da Independência" e primeiro-ministro do Império. Já na Assembléia Geral Constituinte e Legislativa de 1823, quando se tratava de organizar politicamente o novo Estado nacional, Andrada e Silva defendeu a urgente abolição do tráfico africano (em quatro ou cinco anos) e da própria escravidão. "É tempo pois, e mais que tempo", escreveu o patriarca,

> que acabemos com um tráfico tão bárbaro e carniceiro; é tempo também que vamos acabando gradualmente até os últimos vestígios de escravidão entre nós, para que venhamos a formar em poucas gerações uma Nação homogênea, sem o que nunca seremos verdadeiramente livres, respeitáveis e felizes.

Tal linha de pensamento, embora em sintonia com as idéias gerais de liberdade e igualdade que presidiram ao movimento de separação de Portugal, cedo levaria o patriarca ao isolamento e ostracismo político.[11]

Ao ostracismo, sim, mas não ao esquecimento popular, como bem o demonstra Dom Obá II d'África e outras evidências perdidas. Na verdade, na década de 1880, escravos, libertos e homens livres mais informados não apenas valorizavam a atuação de Andrada e Silva quando da Independência, como atribuíam-lhe mesmo todas as conquistas integradoras, presentes na Constituição do Império. O Príncipe faz eco dessa tradição oral, em 1886, quando exalta o papel de Andrada e Silva na construção da nacionalidade, o "José Bonifácio nosso, com o seu verbo fluente impondo às massas populares os grandes feitos".[12] Um outro exemplo do poder dessa tradição oral é fornecido por um outro homem livre ou liberto, um contemporâneo anônimo do Príncipe, que, segundo corria em 1883, bateu à porta dos Andradas pedindo licença para entrar e levar pessoalmente o último adeus a Antônio Carlos Ribeiro de Andrada, irmão do patriarca, em seu leito de morte. "Não vê a minha cor!", exclamou ele quando lhe perguntaram a razão da visita. "Pois se não fossem os Andradas, que éramos nós no Brasil? Foram eles que nos deram esta pátria!", assegurou.[13] Não apenas Nabuco, mas os abolicionistas em geral conheciam essa tradição oral e a exploravam com fins de propaganda. Lembremos, nesse sentido, os poderosos versos de encerramento de *O navio negreiro*, de Castro Alves, uma das admirações literárias do Príncipe: "Levantai-vos, heróis do Novo Mundo.../ Andrada! arranca esse pendão dos ares!.../ Colombo! fecha a porta de teus mares!...".[14]

O Príncipe não parece tão bem informado, contudo, quando se trata de período mais recuado no tempo, anterior à chegada de seu pai. Sabia, com efeito, alguma pouca coisa sobre aquela grande navegação portuguesa de 1500, quando o capitão-mor Pedro Álvares Cabral descobriu e tomou posse da ilha de Vera Cruz. O *locus* privilegiado desse ato inaugural do Brasil foi, mais uma vez, sua amada província, "a primeira terra de Cabral".[15] Daí para a frente, sobre os três séculos de história colonial que se seguem ao descobrimento, pouco parece saber o Príncipe. A origem da escravidão, por exemplo, era uma questão muito nebulosa para o Príncipe do Povo. Seu pai Benvindo, sem dúvida, conheceu a instituição na África. A confiar em suas origens reais, Benvindo conheceu a escravidão, primeiro, como senhor; depois como escravo; depois como liberto. Para Benvindo, podemos imaginar, a escravidão fazia parte da ordem natural das coisas, daquele quadro mais geral, dentro de cada cultura, que não precisa ser explicado. É assim desde que o mundo é mundo. Para a geração do Príncipe, contudo, era necessário pensar uma "origem" da instituição, exatamente para dar-lhe um fim. Sem informação alguma a respeito (oral ou escrita), o Príncipe acreditava que, logo depois do descobrimento, todos, brancos e pretos, vieram para o Brasil como escravos. "Ninguém desconhecia", segundo ele, que tanto portugueses como africanos vieram para o Brasil, "todos como estrangeiros sujeitos à escravidão tecida pela Espanha e Portugal". A transição para a liberdade, portanto, não era uma questão apenas contemporânea, mas a própria espinha dorsal da história do Brasil, terra da liberdade. Primeiro os brancos, "como mais civilizados, libertaram-se por seus esforços". Agora era a vez dos pretos e pardos fazerem o mesmo, como fez seu pai Benvindo, "pelo seu trabalho braçal, só com a única proteção da Providência". Tal explicação parece preencher a lacuna da tradição oral com a retórica nacionalista disponível na época (sobretudo na Bahia), que explicava a Independência como a "libertação dos brasileiros", que, até então, viviam sujeitos à "exploração" e "escravidão" da antiga metrópole. Se os brasileiros libertaram-se da "escravidão" de Portugal e Espanha, quem poderia, cinqüenta anos depois, negar o mesmo direito a negros e miscigenados? Para o Príncipe, trata-se de um dilema mais moral que político. "Como hoje querem esses filhos inutilizarem os seus progenitores, como o país está observando?", escreve ele em 1882. Como não continuar libertando os escravos até o fim, "este resto de africanos velhos"? Aqui, pela primeira e única vez, sua indignação chega ao ponto de sobrepujar a própria brasilidade, quando considera não apenas os "africanos velhos", mas os negros em geral, como "estrangeiros". Por que não vinha a igualdade civil? "Será porque os brasileiros só querem enganar os direitos verdadeiros dos estrangeiros, por conhecerem que são os braços mais fortes e valentes?" Ou será, continua ele, "que os brasileiros só dão para serem doutores, padres e engenheiros, visto menos trabalharem em serviços braçais, e [...] que [...] os pretos e pardos [...] só servem para cabisbaixos cornetas e soldados?"[16] "Será?", perguntava o Príncipe.

A BUSCA DA VERDADE

Além daquela relativamente restrita história popular do Brasil a que teve acesso, o Príncipe se apoiava na rica tradição oral luso-afro-brasileira, que, já àquela altura, era uma espécie de patrimônio cultural comum entre escravos, libertos e homens livres, expressando-se em versos, fábulas e, sobretudo, provérbios. Provérbios não eram meras figuras de retórica, mas argumentos de base, os parâmetros teórico-metodológicos através do quais o Príncipe empreende sua análise da realidade. "Quando a verdade está perdida", ensina um ditado ioruba, "nós cavalgamos nos provérbios para descobri-la"; ou, como esclarece um outro: "O provérbio é a força motora numa discussão". Tratamos, portanto, com algo que na cultura ioruba — uma herança muito próxima do Príncipe — é claramente percebido como um método, um instrumental teórico para a apreensão da realidade, "a força motora" da própria argumentação e descoberta. Já o reverendo Samuel Johnson, decano da historiografia ioruba, valeu-se largamente de provérbios em sua *História*, sobretudo no capítulo que dedica às maneiras e costumes tradicionais do povo. Reverendo Johnson, também ele ioruba de Oyó, terminou de escrever em 1897.[17] Quase meio século depois, em 1939, dr. Nathaniel Akinremi Fadipe, em tese apresentada à Universidade de Londres, defendeu explicitamente o papel instrumental dos provérbios dentro da cultura ioruba, especialmente no capítulo que dedica à psicologia social. "Muito freqüentemente", escreve ele, "o provérbio é usado para revelar claramente o significado de pontos obscuros nas discussões. Portanto, para o Ioruba, 'o provérbio é a força motora numa discussão'. Se um debate se torna confuso, usa-se o provérbio para esclarecê-lo." E continua: "O conhecimento de provérbios é distribuído igualitariamente pela população e não constitui domínio exclusivo de alguns poucos sábios. O Ioruba médio marca suas afirmações regularmente com provérbios e faz uso de pelo menos meia dúzia deles no decorrer do dia".

Provérbios, assim, fazem parte inextricável da educação e socialização do jovem ioruba, de sua introdução nos códigos, costumes e crenças da sociedade.[18]

Também no Brasil, os provérbios tiveram um papel decisivo no processo de socialização de escravos, libertos e homens livres, fossem eles iorubas, sudaneses, ou bantos. Para muitos, entregues à própria sorte no Brasil, toda educação reduziu-se a pouco mais que isso. Seja como for, também nessa escola da vida, como sugere um outro ditado ioruba, a aquisição de sabedoria não depende apenas das oportunidades que se oferecem, mas também da disposição de aproveitá-las. "Se você nunca oferece vinho de palma para seu tio, você não vai aprender muitos provérbios", dizem eles, sempre muito ciosos da importância da experiência dos mais velhos.

O Príncipe, com seus escritos, ajudou a fixar essa sabedoria tradicional — visão de mundo, parâmetros éticos e esperanças de escravos, libertos e homens livres de cor do Brasil, dando-lhes uma data histórica e um substrato social preciso. O exame desses provérbios, que o Príncipe aplica de acordo com as necessidades de sua argumentação, ressalta, em primeiro lugar, uma filosofia basicamente positiva, uma forma de ver o mundo otimista e confiante. Tal filosofia de vida não escapou à observação de Charles Darwin, que conheceu o Rio de Janeiro em 1832, quando de sua famosa viagem de estudos a bordo do *Beagle*. "É impossível ver um negro e não se sentir amável para com ele... expressão tão aberta, alegre, honesta e corpos musculosos tão elegantes", escreveu Darwin. Na verdade, estava tão impressionado que voltou para a Inglaterra — onde se estava discutindo precisamente a abolição do escravismo colonial — mais abolicionista do que nunca. Depois de conhecer o povo do Rio, escreveu:"Já vi a escravidão e a índole dos negros o bastante para estar completamente enojado com as bobagens e mentiras que se ouvem sobre o assunto na Inglaterra".[19]

Meio século depois, voltando aos provérbios de Dom Obá, podemos compreender um pouco melhor aquelas qualidades que tanto sensibilizaram Mr. Darwin durante sua rápida visita. Aquele povo sabia que "não há vitória sem grande batalha". Sobre esse ponto, o Príncipe chegava até a inverter o sentido de um outro ditado tradicional, provavelmente de origem portuguesa, retirando-lhe a palavra *não*. "Contra a força *há* resistência", insistia o Príncipe, sempre otimista, certo de que "o diabo não pode mais que Deus", que, "quando Deus quer, água fria é mezinha", e que, no final das contas, "há males que vêm para bem".[20] Com relação às dificuldades da vida, expressava um senso prático fundamental, a certeza, como diz o Príncipe, de "que ninguém estaria isento das falsidades da vida".[21] O que foi chamado recentemente "virtude do contentamento" está presente em inúmeros provérbios iorubas e é tido como um fator essencial à estabilidade política e social. "Tendo sido coroado rei você começa a preparar feitiço", diz um deles. "Você pretende virar deus?" Ou ainda: "A galinha come milho, bebe água e engole cascalho, mas mesmo assim queixa-se de não ter dentes; por acaso a cabra, que tem dente, come ferro?".[22] O Príncipe rezava pela mesma cartilha. Aos que viviam a conspirar contra as instituições vigentes, pedia calma, porque, afinal, "mal com Deus, pior com o diabo". "Não querem acreditar", insistia ele, "que mal com Deus e pior com o diabo, que é o inimigo da alma...".[23]

Na esfera política, parecia bem calejado com relação às promessas vazias. Para ele, como diz o ditado, "grandes homens, de bom coração, são conhecidos pelos seus feitos", e não por suas belas palavras.[24] Por isso mesmo, em 1882, denunciou a política salarial dos liberais, no que tange aos trabalhadores em geral, "públicos e particulares", como pura engabelação, coisa "só para os ingleses verem".[25] Para o Príncipe, como para o trabalhador médio da transição, era preciso uma política salarial clara, porque "quem trabalha merece recompensa".[26] Ainda com relação aos costumes políticos daquele final de século, o Príncipe sabia muito bem "que todas as verdades não se dizem";[27] que "quem morre não fala"; e que "todas as falsidades se sabe ao depois delas praticadas". Era preciso muito tato. "O que nos vale", explicava ele, "é que os crioulos da Bahia, minha terra, [...] não mete[m] a mão em cumbuca." Sabiam aqueles baianos, sempre muito *prudentes*, que, no Império do Brasil, "quando macaco se coça, quer chumbo".[28]

O conselho era antigo. A virtude social da paciência, a sabedoria do mais fraco, parece ter ocupado um lugar de honra na cultura ioruba. Tanto o reverendo Johnson, que pesquisou e escreveu entre 1877 e 1897, como o dr. N. A. Fadipe, que escreveu em 1939, reconheceram a paciência como um dos traços básicos de comportamento dentro da cultura tradicional. Sendo uma virtude, a paciência, evidentemente, não deve ser confundida com covardia. Para Johnson, o provérbio que melhor encarna esse "traço de caráter" é aquele que diz que "se você ainda não controla o cabo de sua espada não deve tentar vingar a morte de seu pai". Fadipe oferece ainda um outro: "Mantenha o sangue frio e cuspa saliva seca", em outras palavras, agüente firme. Segundo Johnson, "nenhuma nação é mais famosa pela cautela e por saber colocar-se geralmente do lado mais seguro. Quando enfraquecidos, eles se submeteriam à opressão e injustiça em qualquer grau, desde que achem que a resistência é inútil; mas, quando uma oportunidade se oferece para garantir seus direitos e derrotar seus opressores, nunca hesitam em abraçá-la".[29]

O ideal de justiça parece ter sido um outro ponto igualmente importante. Numa sociedade verdadeiramente livre, sustentava o Príncipe, o que deve distinguir os homens é o valor de cada um, e não considerações de raça ou riqueza material. Em seu reino a sabedoria era mais preciosa que o dinheiro. Para ele, "o dom da ciência [...] é o princípio brilhante dos homens", "a ciência é o maior cabedal", e, a bem dizer, "o ouro nada vale". Contra a discriminação em geral, não apenas de cor, podia apoiar-se em farta sabedoria popular brasileira acumulada nos séculos precedentes. Nos quadros dessa filosofia moral dos pobres, cor não é documento. Assim, segundo argumentava o Príncipe, num único parágrafo, "quando o varão tem valor, não se olha a cor"; "é o valor que faz ser reconhecido"; "o seu a seu dono"; "cada favor com seu merecimento".[30]

Tal linha de pensamento — fruto de uma sociedade multirracial — era anterior ao Príncipe e, portanto, anterior à "teoria do branqueamento" que, como vimos, estava sendo forjada ao seu tempo, sob influência das novas idéias etnocêntricas. Já em 1821, um ano antes da Independência, um obscuro folheto, em estilo bem popular, defendia exatamente essas idéias de igualdade entre os homens, avaliados e enaltecidos apenas por suas qualidades morais e intelectuais. O autor identificava-se como originário do vale do São Francisco, possivelmente do próprio sertão da Bahia, como o Príncipe. Ao contrário do Príncipe, contudo, ele era branco, dentro da concepção tradicional brasileira do que isso significa. "É necessário observar-lhe [...] que sou branco", começa ele candidamente, "apesar de nos meus apelidos se encontrar Moreno." Seja como for, explica, "não me dói o cabelo ao desencarapinhá-lo". Trata-se, mais uma vez, da experiência racial brasileira, por ela mesma. Com exemplos retirados da história, e do senso comum de seu tempo, defende, em síntese, que "os Pretos [...] são susceptíveis de todos os bons, e maus sentimentos, dignos, e grandes feitos, e também baixos, e péssimos, do mesmo modo, que nós os brancos o somos".[31]

No final do século XIX, a mesma idéia pode ser encontrada nas mais diferentes manifestações populares por todo o Brasil. Alguns versos de desafio nordestino, recolhidos no início do século XX por Leonardo Mota, são notáveis por sua semelhança com as idéias do Príncipe:

Isso de cor é bobagem,
A cor branca é vaidade:
O homem só se conhece
Por sua capacidade,
Pela pronunça correta
E pela moralidade

E ainda:

Você falou em Caim?
Já me subiu um calor!
Nesta nossa raça preta
Nunca teve um traidor:
Judas sendo um homem branco,
Foi quem traiu Nosso Senhor...[32]

Para um cidadão-soldado, como Dom Obá II d'África, a escravidão não era nada mais que uma discriminação entre brasileiros, obra de homens sem coração, eternos partidários de "Deus para si e o diabo para os outros". O Príncipe e seu povo, ao contrário, eram tementes a Deus e sabiam que "quem com ferro fere, com ferro será ferido", e que "perseguir e matar só compete a Deus". A seus ofensores, sabia dizer: "Coitado deles não sabem o que fazem".[33]

Príncipe pacifista — um filho de Gandhi *avant la lettre* —, Dom Obá acreditava na força das idéias. "O elemento da guerra é a espada", gostava de explicar, "o elemento do meu triunfo há de ser a minha pena."[34] Espírito profundo, lamentava a superficialidade dos homens que levavam a vida "como a borboleta que salta de flor em flor sem apreciar o aroma de nenhuma delas".[35] Ao confrontar-se com gente assim, sobretudo com aqueles que viviam da intriga, é que exclamaria, já entediado, em 1883: "Ah! Deus de misericórdia e de bondade, que mundo!".[36]

Para aquele príncipe da diáspora negra, a voz de Deus e a da religião faziam-se ouvir através de tradições culturais diversas. O brasileiro Galvão, contudo, não parece ter dúvida quanto à sua opção fundamental de fé. Como percebia a si mesmo, ele era um príncipe católico. E não apenas porque o catolicismo fosse a religião oficial do Estado, mas por sua influência concreta e fundamental em seu pensamento e forma de ver o mundo. Em agosto de 1874, por exemplo, quando ainda se julgava merecedor de uma condecoração por seus feitos de guerra, seu sonho era tornar-se um Oficial da Ordem de Cristo, exatamente, explicava ele, "por ser eu católico".[37] Como bom católico, batizava os filhos. Em 1882, anunciou solenemente ao imperador o nascimento e próximo batizado de seu herdeiro, Vicente Abiodun da Fonseca Galvão.[38] Na viuvez, como bom católico, mandou rezar missa em memória de sua "virtuosa esposa", um nome banto e ioruba, Raiza-me de Abiodun.[39]

Homem temente a Deus, o Príncipe acreditava na vida eterna para os justos e valorosos. Quando da morte do conselheiro Ernesto Ferreira França, a quem o Príncipe atribuía influência decisiva na abolição dos castigos corporais, escreveu que o conselheiro "não morreu", apenas "su' alma voou aos pés de Deus". Para ele, a vida era ao mesmo tempo "um sofrer" e "um sonho". A morte, por outro lado, além de "inevitável", era o verdadeiro "descanso".[40] Com base na tradição católica e também na tradição ioruba, mostrou-se o Príncipe radicalmente contrário, em 1883, à "má invenção da cremação", que alguns pensavam introduzir no Império, no sentido de modernizar os enterros. Seres humanos, segundo o Príncipe, não eram "porcos" para serem "tostados".[41]

Impressionava-o profundamente, sem dúvida alguma, a imagem de resignação e humildade de Cristo, perseguido e crucificado pelos homens "pela inveja de ser ele um rei do mundo e sábio".[42] Como Nosso Senhor Jesus Cristo, também o Príncipe carregava, ano após ano, "sua Cruz pesada".[43] Inspirava-se, provavelmente, na tocante imagem de Nosso Senhor Bom Jesus dos Passos, o padroeiro dos garimpeiros da sua Lençóis: um Cristo dobrado ao peso da sua cruz, com uma coroa de espinhos penetrando em cabelos humanos naturais e chagas vivas. O Príncipe não apenas conheceu a imagem, como, ainda menino, deve ter presenciado sua chegada festiva ao povoado, no dia 2 de fevereiro de 1852, vinda diretamente de Portugal para ocupar a igreja onde ainda hoje se encontra, do lado esquerdo do rio dos Lençóis, quase em frente à praça das Nagôs. A data é ainda hoje comemorada, com fogos de artifício e procissão, atraindo romeiros que chegam de lugarejos vizinhos em caminhões superlotados.[44]

Uma outra influência importante foi a de são Benedito, o Preto. Nascido em 1526 numa propriedade próxima a Massina, na Sicília, são Benedito era filho de escravos, provavelmente núbios. Como muitos no reino de Dom Obá, ele também era analfabeto e trabalhava modestamente na cozinha do convento franciscano de Palermo. Apesar da ocupação humilde, Benedito distinguia-se a tal ponto por sua virtude e santidade que chegou a superior e, em 1578, mestre de noviços de sua congregação. Canonizado em 1807, são Benedito teve seu exemplo e história repetidos de boca em boca, entre escravos, libertos e homens livres de todo o Império. No final do século XIX e início do XX, muito homem livre, por afirmação de fé e negritude, batizou o filho em homenagem a são Benedito, estabelecendo-se assim uma ligação forte, por todo o Brasil, entre o nome e raça. São Benedito, um santo da Igreja, parecia um argumento forte na afirmação da igualdade fundamental entre pretos, brancos e miscigenados do Império do Brasil. "Santo preto milagroso", defendia o Príncipe. Por mérito próprio, e sem que nenhuma discriminação pesasse no caso, "teve o direito de cozinheiro de Deus ser".[45]

Ao mesmo tempo que era um católico fervoroso, o Príncipe não podia abandonar a velha religião étnica de seu povo. Por tudo que escreveu (e, como ainda veremos, mesmo pelos símbolos visuais que adotou), não pareciam existir conflitos intransponíveis entre aquele "Deus de misericórdia e de bondade", cercado pelos santos do paraíso, inclusive Benedito, o Preto, e sua crença em Olorun, "o dono do céu", e seus emissários ao mundo dos homens, os *orixás*. Ao contrário, o Príncipe entendia que a palavra *santo* era sinônimo de orixá, tanto em expressões como "pai-de-santo" e "mãe-de-santo"(*babalorixá* e *ialorixá*, em ioruba), como em tudo o mais que diz respeito ao "povo do santo", isto é, os devotos dos orixás. Em 1886, por exemplo, sentindo-se atingido em sua honra de "soldado preto", o Príncipe agradecia a santa Bárbara, a "virgem de África", que nunca lhe negou "forças suficientes para, com calma, saber reagir". Era protegido ainda "com as armas de Ogum", que, como explica, "no Brasil é são Jorge".[46]

É interessante notar, sob um ponto de vista histórico, a identificação de santa Bárbara com o poderoso Alafin Xangô, chefe guerreiro da legendária Oyó, justiceiro e vingador, elegante senhor do machado de duas lâminas e da pedra de raio. Nesse caso, em contraste com a prática atual, a identificação transcendia a própria inadequação de sexo, sendo a força dos raios, claramente, a questão simbólica fundamental. "Tão certo como existe[m] os raios de santa Bárbara Virgem de África", gostava de repetir o Príncipe quando queria confirmar a verdade de suas palavras.[47] E não dispensava a proteção dos *èdun àrá*, ou "pedras de raio", ou mesmo "raios de Bendengó", que foram encontrados na sua casa e prontamente penhorados pelos oficiais de justiça da 1ª Vara Cível, como se fossem objetos ordinários do dia-a-dia.[48]

Além dessa identificação, que no tempo do Príncipe era bastante comum no Rio de Janeiro, existiam variações de região para região e mesmo de terreiro para terreiro. Na Bahia, Xangô foi identificado não apenas com santa Bárbara, mas ainda com são Jerônimo, são Miguel e são João, como se encontra registrado nas pesquisas levadas a cabo por Nina Rodrigues, Manuel Querino, Artur Ramos e Edson Carneiro.[49] Hoje parece prevalecer, no Rio como na Bahia, sua identificação com são Jerônimo. Em Cuba, contudo, ainda hoje prevalece o sincretismo com santa Bárbara, exatamente como no Rio de Janeiro de Dom Obá.[50]

São Jorge da Capadócia — guerreiro de armadura, escudo e lança de ferro — continua a ser identificado, no Rio de Janeiro, Recife e Porto Alegre, com Ogum, deus civilizador, orixá da tecnologia do ferro, protetor dos ferreiros e dos soldados. Na Bahia prevaleceu sua identificação não com Ogum, mas com Oxóssi, orixá dos caçadores e senhor das florestas.

Dentre as crenças étnicas do Príncipe estavam as práticas divinatórias do oráculo tradicional ioruba, fosse através das nozes de cola, fosse por meio das conchas de búzio. Em 1887, por exemplo, ano de grandes descontentamentos e agitações gerados pela abolição progressiva, o Príncipe percebeu o perigo no ar, tanto para as instituições como para o próprio monarca. A partir de então, confirma abertamente a influência dos *santos* em sua atividade política, dizendo-se o "oráculo defensor da pátria e majestade divina". A julgar pelo conteúdo desses artigos, os búzios já não parecem mostrar um bom futuro para a monarquia. Antes de mais nada, o Príncipe lembrava que trair o rei é pecado. "A divindade manda não ser-se traidor do rei", era a frase de abertura de cada artigo dessa fase. A seus "fiéis súditos, por toda parte", recomendava muita oração a Deus pela vida e reinado do imperador, como ele próprio fazia em suas "fervorosas preces africanas".[51]

O encontro e o entrelaçamento de culturas tornavam-se subitamente visíveis no tempo histórico do pós-guerra e da abolição progressiva. Foi no final desse processo, feliz com a conquista da Abolição e com o restabelecimento do imperador, que o Príncipe enfeitou sua farda de alferes com "penas demasiado africanas" e partiu para o palácio da cidade. Por tamanha desenvoltura simbólica, como já vimos, foi preso. Não obstante a impropriedade do ato de apor penas (ou outro símbolo qualquer) ao uniforme dos militares, é interessante notar que sínteses culturais semelhantes acabarão se impondo como a própria marca da cultura brasileira. Os Ranchos de Reis, por exemplo, uma festa católica do ciclo natalino, acabaria dando origem às escolas de samba, procissões a cada ano mais animadas e esquecidas de sua primitiva motivação religiosa.

OS SÍMBOLOS

Um outro conjunto de símbolos ocidentais e iorubas, profundamente entrelaçados, pode ser observado no "retrato oficial" do Príncipe, uma espécie de brasão de família ou timbre de autoridade, que ele fazia publicar na imprensa de quando em vez, ou reproduzia em seus manuscritos mais solenes, como a carta que escreveu ao imperador em 1882, comunicando oficialmente o nascimento de seu filho, Vicente Abiodun da Fonseca Galvão (ver figura 2). Ao centro, o Príncipe em uniforme militar; em torno, simetricamente distribuídos, em pares, significantes ocidentais (a pomba do Espírito Santo, a coroa real) e iorubas (os fetiches de Ogum e Oxóssi). Quanto aos conceitos mentais embutidos dentro desses objetos — o que é significado pelo significante —, já não parece fácil distinguir traços culturais isolados. Também aqui, como vimos em seu discurso escrito, não parecem existir resquícios africanos, de um lado, e influência ocidental, de outro, mas um complexo cultural próprio, fruto do processo histórico brasileiro. O Espírito Santo, como assinala o Príncipe, é *ossun* (Oxum); Ogum, como já vimos, "é são Jorge"; "Ochoce" (Oxóssi) era, em toda a Corte do Rio de Janeiro, como ainda hoje, são Sebastião, o padroeiro da cidade.

Vejamos os signos de per si, em sua associação histórica de objetos e significados. A análise do "conjunto africano" não parece oferecer grande dificuldade, já que ambos os símbolos são bem conhecidos por especialistas ainda hoje, não apenas no Brasil, mas ainda na Nigéria e no Benin. À direita do retrato, uma haste horizontal com as pontas em curva e, presos a ela, sete pequenos traços verticais, regularmente distribuídos. Trata-se claramente de uma representação abstrata do fetiche conhecido como "ferramenta de Ogum". Ogum, um dos orixás mais cultuados e temidos na cultura ioruba, é o deus da tecnologia do ferro, protetor dos ferreiros e, por extensão, das atividades em que os instrumentos de ferro são essenciais, como a agricultura, a caça e, sobretudo, a guerra. Ogum pode ser representado por uma espada de ferro ou (salientando-se mais o aspecto civilizador da tecnologia, como preferiu o Príncipe) por uma haste ou arco de ferro, no qual se prendem miniaturas de armas e instrumentos de trabalho — espada, lança, martelo, enxada, ponta de flecha e assim por diante —, quase sempre em número de sete (o número do orixá, segundo diversas tradições), catorze ou 21.

2. *Retrato oficial do Príncipe* (*1882*).

É interessante notar que exatamente esse orixá, e não outro qualquer, encontra-se à direita do Príncipe. Segundo a tradição oral recolhida por reverendo Johnson, Ogum foi estabelecido pelo rei Abiodun como Orilé (totem) específico dos Alafins de Oyó, o símbolo da grande linhagem.[52] O mesmo símbolo incorpora significados adicionais no Brasil, onde Ogum, o guerreiro de ferro, foi identificado com são Jorge, o cavaleiro de Cristo com sua armadura brilhante, sua lança e sua espada a impor-se sobre o dragão do mal. São Jorge, ao tempo do Príncipe, era o protetor simbólico do Brasil, tradição herdada de Portugal, que o tinha como grito de arremeter nas batalhas e patrono nacional, desde a batalha de Aljubarrota, em 1385. No Rio de Janeiro, era o santo merecedor de grande data festiva, em 23 de abril, com a participação do próprio imperador e toda a família real. A comunidade negra — fosse escrava, liberta ou livre — participava ativamente dos festejos, desde o tradicional fogueteiro, que marchava à frente do cortejo, abrindo caminho com seus rojões, até a orquestra de são Jorge, uma das grandes atrações da festa, formada exclusivamente por músicos negros, com suas flautas, trompas, trombetas e tambor. O traço de Debret nos permite visualizar bem esse grupo, com seus chapéus de abas caídas, casacas de sarja vermelha com galão amarelo, calças brancas de algodão e sapatos de couro de veado, também brancos, guarnecidos de rosetas vermelhas.[53]

A seguir, no "brasão" do Príncipe, encontramos o arco e flecha (também conhecido como Ofá ou Damatá) de Oxóssi, ou Odé, o deus ioruba da caça. Oxóssi, o "Rei das Matas" da macumba carioca, identificava-se com um outro padroeiro importante, são Sebastião, protetor da *mui leal e heróica cidade de São Sebastião do Rio de Janeiro*, a Corte do Império.

No conjunto seguinte (a pomba do Espírito Santo e a coroa real), a pomba católica é identificada, como assinala o Príncipe, com Oxum. Segundo a tradição ioruba, Oxum foi uma das rainhas de Oyó, a mais jovem, e talvez a preferida, das esposas de Xangô, o quarto Alafin de Oyó. Depois da morte, foi divinizada como orixá benfazeja, deusa do rio Oxum — e, por extensão, da água doce tão essencial à vida —, da fertilidade e de certa graça jovial feminina. A julgar pela literatura especializada, sua identificação histórica com o Espírito Santo parece inteiramente superada, prevalecendo hoje, por toda parte, seja nas macumbas do Rio, nos candomblés da Bahia, nos Xangôs de Recife ou mesmo em Cuba, sua identificação com uma das manifestações da Virgem Maria, mais freqüentemente, Nossa Senhora das Candeias, Nossa Senhora da Conceição, Nossa Senhora dos Prazeres e, em Cuba, Nuestra Señora de la Caridad del Cobre.[54]

É preciso considerar também a questão dos modelos, as imagens específicas de que se utilizou o Príncipe. Podemos supor que aquela pomba especificamente, e aquela coroa especificamente, fossem signos de leitura e compreensão imediata, não apenas na Corte, mas por todo o Império do Brasil. A pomba, tal como a estampa o Príncipe, seria reconhecida de norte a sul do país, por causa das popularíssimas "bandeiras do Divino Espírito Santo", que eram carregadas por grupos conhecidos por Folias do Divino. Nos dias que antecediam a Festa do Divino Espírito Santo, as folias iam de porta em porta, cantando e tocando, pedindo esmolas para a festa do Espírito Santo. Tais festas e folias podem ser encontradas desde os primeiros tempos da colonização. Eram popularíssimas na Metrópole desde a Idade Média, quando foram estabelecidas por dona Isabel, sexta rainha de Portugal (1271-1336), mais tarde santa Isabel, durante a construção da igreja do Espírito Santo, em Alenquer. O dia do Divino é dez dias depois da quinta-feira da Ascensão do Senhor. As festividades eram (e ainda são, em seus bolsões de resistência) presididas por um Imperador do Divino, uma criança ou adulto, segundo escolha da comunidade, que gozava de poderes reais naquele dia, chegando a libertar presos comuns em certas localidades portuguesas e brasileiras. O prestígio e importância social dos Imperadores do Divino, por toda a Colônia, teriam levado dom Pedro I, segundo o folclorista Luís da Câmara Cascudo, a preferir, depois da Independência, o título de imperador ao de rei do Brasil.[55]

Mello Moraes Filho, no mesmo livro que trata do Príncipe, registra a presença das folias no Rio de Janeiro de seu tempo, descrevendo-as com evidente antipatia como "ranchos de rapazolas brancos, crioulos e mestiços".[56]

As folias eram famosas também em Lençóis. Afrânio Peixoto, em *Bugrinha*, registra alguns aspectos sociais do Império do Divino e também descreve a pomba, em sua bandeira, numa representação idêntica à do retrato oficial de Dom Obá. "A multidão contrita se aproxima, beija o pano rubro do pavilhão, em cujo centro se estampava uma pomba de asas abertas, planando, irradiando em todas as direções a sua glória de pessoa da Santíssima Trindade."[57]

Por fim, quanto à coroa, podemos ser mais breves. Trata-se, sem dúvida, da mesma coroa cristã que aparecia no centro da bandeira brasileira da época, onde hoje se encontra o globo azul, as constelações do céu e a divisa *Ordem e progresso*. Exatamente o mesmo símbolo, como mostramos em outro trabalho, era uma das tatuagens mais populares no Rio de Janeiro do início do século XX, especialmente entre pais-de-santo e gente de origem social semelhante à do Príncipe.[58]

A importância desse retrato oficial do Príncipe em uniforme militar, rodeado de tão poderosos símbolos afro-brasileiros, não poderia escapar aos contemporâneos. Mello Moraes Filho, por exemplo, perguntando-se sobre a "origem da submissão absoluta e espontânea" de escravos, libertos e homens livres de cor ao Príncipe, citou, entre outras razões, as "proclamações e manifestos (com retrato), publicados nas folhas diárias, e lidos por este ou aquele, nas quitandas ou em família".[59]

Retornemos, para terminar, à figura do Príncipe tal como foi descrita pelos contemporâneos, com sua cartola, sobrecasaca, calças e sapatos pretos, *pince-nez*, luvas, bengala e guarda-chuva; com sua estatura "gigantesca", "bigode espesso" e "*cavagnac* em ponta" (figura 3). Na verdade, todos esses acessórios de elegância nos fazem lembrar o que disse Gilberto Freyre, em 1959, com relação às bengalas, que foram usadas, no final do século XIX e início do XX, como verdadeiras insígnias de pertencimento à elite brasileira. Distintivos igualmente importantes eram as barbas e, sobretudo, os bigodes fartos e retorcidos nas pontas.[60]

Além desse simbolismo da elite imperial, que o Príncipe segue item por item, resta-nos examinar a questão mais específica do guarda-chuva. Não que tal objeto deixasse de fazer parte da elegância senhorial (o próprio imperador podia ser visto passeando em Petrópolis com sua cartola, sobretudo e guarda-chuva preto), mas porque, no caso do Príncipe, trata-se de um código simbólico paralelo, não mais a elegância do Rio, mas o privilégio dos Obás. Os contemporâneos referem-se, com freqüência, ao "exagero" de carregar ao mesmo tempo bengala e guarda-chuva, e à "galhardia" com que era conduzido este último. Isso pode ser visto em inúmeras caricaturas da época (figura 4) e no retrato a óleo pintado por Belmiro de Almeida (1858-1935), datado de 1886 e hoje na coleção do embaixador João Hermes Pereira de Araújo, no Rio de Janeiro (figura 5). Foi aparentemente esse "exagero" ou "galhardia", junto com outros detalhes menores, que acabou por identificar o

Príncipe a um tipo excêntrico, "uma fisionomia absolutamente *sui generis*", "um personagem eminentemente característico".[61]

Reverendo Samuel Johnson abordou a questão dos guarda-chuvas não no capítulo sobre "maneiras e costumes" do povo Ioruba, mas no capítulo sobre "governo", o que trata da questão do poder. "Neste país os guarda-chuvas são parte essencial da parafernália do Estado", escreveu ele em Oyó, em 1897. Na velha Oyó do poderoso Alafin

3. *O Príncipe Obá* (*desenho sem data*).

Abiodun e por muitos anos depois, "pessoas comuns não ousavam usar um guarda-chuva", que era regalia do Alafin. Tal privilégio, como explica Johnson, só começou a ser contestado durante o longo período de invasões e instabilidade social que se seguiu à desagregação do Império de Oyó. Na cidade de Ibadan, pela primeira vez, "os jovens guerreiros podiam divertir-se como bem quisessem e usar qualquer peça de vestuário ou ornamento que pudessem comprar, já que seria por apenas poucos dias, antes que perdessem suas vidas num campo de batalha". Mesmo na New-Oyó de Johnson, já numa época em que guarda-chuvas baratos podiam ser importados da Europa, "aqueles que pertencem a um chefe são facilmente identificados [...] pelo tamanho e qualidade". Muitos eram decorados com "certos emblemas indicativos de posição social".[62]

N. A. Fadipe também abordou o tema, em 1939, em sua tese de doutorado, no capítulo dedicado à psicologia social do povo Ioruba, mais precisamente na seção sobre "rivalidade, imitação, liderança e criatividade". Ainda aqui, o simbolismo político era tão forte e cristalizado que "por muitos anos, mesmo depois do estabelecimento do domínio britânico, era proibido a qualquer um, exceto o rei, usar sapatos feitos de contas ou guarda-chuva". E "em algumas comunidades, mesmo depois que a proibição foi relaxada, ainda era proibido a qualquer um passar pelo palácio real usando sapatos daquele tipo ou um guarda-chuva aberto".[63] Mais recentemente, na década de 1940, a questão simbólica reapareceria como o próprio epicentro da crise política provocada pelo movimento Mahadiyyat, um caso aparentemente raro de milenarismo islâmico pacifista, estudado por Peter Clarke. Ainda aqui, "um enorme e reluzente guarda-chuva colorido", usado pelo líder do movimento, o Mahadi-Messiah, foi considerado pelos poderes estabelecidos e pelo Awujale (Rei) de Ijebu-Ode como prova de "comportamento ofensivo" e "desrespeitoso".[64]

Não é de estranhar que esse, como outros símbolos persistentes, tenha sido transplantado para o Brasil, particularmente em áreas de maior concentração ioruba, como Salvador ou a pequena Lençóis. Já em meados do século, em Salvador, Mr. James Wetherell, vice-cônsul britânico, ficou surpreso com "o costume quase universal de andar com guarda-chuvas". Homem de espírito prático, Wetherell não tardou em seguir a moda, adotando ele próprio a "pequena proteção de uma dessas desdenhadas sombrinhas". Era um meio eficaz, sem dúvida, de evi-

4. *Aventura de Sua Alteza o Príncipe Ubá 2º da África (1886).*

tar um "nariz vermelho e lábios ressecados e rachados". Apesar de muito observador, Mr. Wetherell, em momento algum, parece ter-se dado conta do valor simbólico do objeto que passou a carregar consigo, com toda a dignidade britânica. Mas achava muito curioso que "mesmo os negros", que pareciam acostumados com o sol dos trópicos, "prontamente valem-se de um guarda-chuva como um objeto de luxo de seu *toilette*". Guarda-chuvas, por essa época, podiam ser "importados da Europa em grande quantidade" e eram feitos "de variadas sedas

5. *Príncipe Obá, pintura a óleo* (*1886*).

coloridas", sobretudo, em Salvador, o "azul, carmim e verde, com essas cores misturadas". No interior da província, em cidades como Lençóis, carmim era a cor preferida.[65]

Podemos encontrar uma abundância relativa de fotografias de escravos, libertos e homens livres a partir do final do século XIX, em coleções públicas e privadas. Libertos e livres, homens e mulheres, posam para fotografias, quase sempre com seus dignificantes guarda-chuvas, aparentemente pretos, como o do Obá. Em Lençóis encontramos o simbolismo fixado na própria geografia através de uma "lenda do tempo da escravidão"(ou "do tempo das nagôs"). A lenda diz respeito a um imponente rochedo, de grande beleza, o morro do Pai Inácio. Composto de quartzito da série Paraguaçu, o Pai Inácio eleva-se a uma altura de 150 metros, trezentos acima da cidade. O seu topo é uma cobertura quase plana de vegetação típica, cercada de precipícios por todos os lados. O único caminho de subida é através de uma trilha oculta. Do alto, como de um platô, pode-se apreciar a região em torno, com seus belos contrafortes, até onde a vista pode alcançar. A origem do topônimo, a lenda do Pai Inácio, é a história de um escravo nagô muito especial, como é indicado pelo título Pai, que era dado apenas aos escravos mais velhos, aqueles mais versados nas tradições. Mas Pai Inácio era jovem e possuía um guarda-chuva. Mais que isso, envolveu-se num caso de amor com a própria sinhá-dona. Quando a aventura foi descoberta, Inácio fugiu por campos e serras, tendo em sua perseguição um senhor furibundo, no comando de pequeno exército de valentões, jagunços e capitães-do-mato, todos desejosos de puxar o gatilho e mostrar serviço naquela vendeta sertaneja. Pai Inácio parece ter desafiado não apenas seu senhor, mas o sistema todo. Por fim, quando os jagunços tomam a trilha de subida, Pai Inácio encontra-se encurralado no alto de seu próprio esconderijo, o morro que ganharia seu nome. Sem poder retroceder, Pai Inácio encara o abismo. Salva-se no último momento pulando no espaço, seu guarda-chuva aberto como um pára-quedas.[66]

CONCLUSÃO

Nos capítulos anteriores estudamos a vida e o pensamento de um brasileiro do século XIX, e, através dele, tentamos vislumbrar a sociedade e a cultura em que viveu, um mundo ainda habitado por senhores, escravos, libertos e homens livres de cor.

Esse Brasil acabou no dia 13 de maio de 1888. Na percepção de muitos, até as pedras tremeram na província e cidade do Rio de Janeiro naquele dia. No largo do Paço uma multidão estimada em 10 mil pessoas, como jamais se viu, esperava pela assinatura da lei dando "Vivas" à princesa regente, ou "Rainha", como era chamada pela gente mais simples. "As músicas tocavam, o povo abraçava-se [...] e por toda a parte era visível um movimento de alegria", descreveu um jornalista. Um "homem de cor" carregava um cartaz declarando: "Viva a Abolição". A maioria, não podendo escrever cartazes, decorou os chapéus e roupas com ramos de independência, uma planta tropical, verde e amarela, que recebeu este nome em 1822. Alguns agitavam galhos de independência, deixando os jardins da cidade completamente pelados.

Foi um grande dia mesmo e poucos conseguiram dormir aquela noite. Quando o sol raiou na manhã seguinte, vários bairros já estavam decorados e era "rara a casa" em que não flutuavam bandeiras.

A Câmara dos Deputados, percebendo que a praça era mesmo do povo e querendo "associar-se ao movimento de regozijo", suspendeu a sessão até o dia 16. Na manhã do dia 17 uma missa ao ar livre foi celebrada debaixo de chuva, no campo de São Cristóvão, para uma multidão calculada em 20 mil pessoas. Os dias foram passando, mas o entusiasmo não esfriava. Além dos banquetes oferecidos pela elite abolicionista, para os quais era necessário ter convite, houve récita gratuita nos teatros, corridas gratuitas no Derby Club, baile ao ar livre no largo do Paço, paradas de estudantes e muitos outros eventos. A festa rolou até domingo, 20 de maio, quando aconteceu a grande marcha cívica de mais de seis quilômetros de extensão, com representantes de "quase todas as associações e classes" do Rio de Janeiro. "Era como se um inimigo, de posse do nosso território, o tivesse evacuado, deixando-nos a posse, autônoma e livre, da nossa pátria!", teria percebido Joaquim Nabuco. "Foi como sair das trevas absolutas, e entrar, de chofre, num dia de primavera", disse um outro contemporâneo.[1]

A História não pode ignorar o impacto de tais mudanças. A lei decretou, simplesmente, que senhores não eram mais senhores; escravos não eram mais escravos. A distinção entre liberto e homem livre de cor não mais existia. Era o Brasil finalmente redimido de suas desigualdades. Capitães-do-mato não eram mais necessários, senzalas eram agora "dormitórios dos camaradas". Era o velho mundo de ponta-cabeça.

Mais para o interior, nas fazendas de café de serra acima, ex-escravos cantaram sem parar, por três dias e três noites: "Eu pisei na pedra, pedra balanceou/ Mundo tava torto, Rainha endireitou!".[2]

Tudo acontecia tão rápido que era difícil acompanhar o ritmo. Quatro meses depois, um pequeno anúncio publicado no jornal *O Paiz* oferecia para alugar "uma pessoa livre para cozinhar o trivial". O fato provocou críticas de outro jornal: "Que diabo! Ainda haverá escravos no Brasil?".[3]

Não. Não existiam mais nem escravos nem senhores. E ambos tinham ainda que encontrar o seu lugar dentro de uma sociedade nova, cujas regras ninguém sabia ao certo. Não é por acaso que duas das expressões mais definidoras do Brasil emergem exatamente nesse momento: a senhorial — "Você sabe com quem está falando?", criada por ex-senhores tentando ser melhores que ex-escravos[4] — e, igualmente importante, a resposta: "Tão bom como tão bom", ou seja, sou tão bom quanto você.

"Tão bom como tão bom é a frase que trazem de contínuo na boca os indivíduos de baixa condição [...] porque todos se consideram iguais" e "ninguém quer obedecer", conforme observou o visconde de São Boaventura, particularmente impressionado com a cidade do Rio de Janeiro, onde, para ele, já não existia mais "respeito" ou "ordem".[5]

De fato, depois do 13 de maio parecia não haver mais lugar para antigas fidelidades políticas no Império do Brasil. "Ao passo que em todo o Império reina a alegria, em alguns distritos rurais, os lavradores conspiram contra o Estado e declaram-se republicanos", denunciava uma charge de Angelo Agostini, publicada apenas duas semanas depois da assinatura da lei, mostrando os fazendeiros de café trocando rapidamente seus velhos chapéus-do-chile por modernos barretes frígios.[6]

Na cidade do Rio de Janeiro, um ano depois, as pessoas só falavam de política, "a arte de governar os povos", fosse na rua, nos bondes, nos cafés e até na cozinha. "E até por vezes, quando a gente está lendo um jornal, muito descansado em sua sala de jantar", escreveu um contemporâneo, "escuta lá das bandas do fogão umas vozes ingênuas que dizem que os republicanos estão contra a princesa porque ela fez a abolição." Nas cozinhas, como nas salas de jantar, as imaginações estavam "carregadas até a boca, de crises governamentais [...] eleições ensangüentadas [...] dissoluções impossíveis".[7]

Também na África Pequena a nova situação trazia desafios. Aqui, igualmente, não havia mais espaço para velhas fidelidades políticas, nem mesmo para príncipes do povo. O reino de Dom Obá II d'África começou a desintegrar-se. O declínio de sua autoridade era evidente, em particular no que toca à capacidade de arrecadar impostos de seus súditos. Ele praticamente desapareceu das colunas pagas dos jornais, tendo publicado apenas um artigo em 1888 e outro em 1889, contra os 35 publicados entre 1886 e 1887. As cartas de apoio, num total de seis entre 1886 e 1887, sumiram como num passe de mágica. Desde a Abolição, o Príncipe já não consegue pagar os 12$000 mensais do aluguel da casa em que mora, acumulando uma dívida de 180$000 em julho de 1889.[8]

Como analisou um jornal, "a anarquia das idéias livres [...] começou a nivelar todos os seres e a rebeldia começou a aparecer entre aqueles que tanto ouviam e contribuíam" com Dom Obá II d'África. No dia 12 de novembro de 1889, apenas dezoito meses depois da Abolição, o Príncipe se viu numa briga feia, contra dois homens e duas mulheres, numa tentativa desesperada de impor sua velha autoridade. Isso aconteceu numa modesta casa da rua da Prainha e as únicas informações disponíveis encontram-se nas páginas de polícia dos jornais. Desafiado pela "africana gente", o Príncipe defendeu energicamente suas prerrogativas "fazendo do chapéu-de-sol e do bengalão uma só arma" e assim desancando os traidores. Quando a polícia chegou, foi o Príncipe, e não os rebeldes, que foi preso.[9]

Três dias depois, em 15 de novembro, caiu também o imperador. Dezessete dias depois, novamente em liberdade, vestiu-se o Príncipe com seu uniforme completo, durindana à cinta e chapéu armado, para liderar aquela "aguda manifestação" que seria o seu último ato público nas ruas do Rio de Janeiro.

Poucos meses depois os jornais noticiaram que, "só e abandonado no mundo por todos os que em tempos idos se lhe curvaram, reverentes e humildes, Dom Obá deixou-se aniquilar [...] ao peso da fouce mortífera que [...] lhe cortou o fio da existência".

"Que lhe seja leve a terra", pediu o autor anônimo de seu obituário, "porque as suas glórias cá ficarão por este mundo para serem contadas aos povos da África, de que foi o excêntrico príncipe um raríssimo exemplar."[10]

APÊNDICES

APÊNDICE A

Memorial. Bahia, 21/3/1872. ASE, Pasta Cândido da Fonseca Galvão.

Sereníssimo Senhor,

Quando de todos os ângulos do Império soou o aflito brado, e os corações entusiastas dos filhos do Cruzeiro, possuídos do mais vivo e denodado patriotismo, correram pressurosos a reivindicar a honra da pátria vilmente ultrajada, o humilde súdito que vos fala deixou também aliar-se e difundir-se por todas as vísceras a flama viva, o fogo sagrado do amor da pátria.

Filho de pais pobres, Senhor, e condenado a carpir, à miséria e desventura da orfandade, com a morte d'aquela que o deu à luz, neste solo fecundo, do Brasil; sem recursos, vendo estorcer-se no leito ingrato da dor seu velho pai, penhor sagrado, ídolo precioso à sua existência; difícil conjuntura dolorosa situação para um coração de filho; obscuro e humilde súdito de Vossa Majestade Imperial, sufocou no peito ofegante de saudade um suspiro profundo, e prestou ouvidos ao honroso apelo, que requeria o sacrifício pela pátria. Banhou de lágrimas a mão de seu Caro Pai, imprimindo-lhe saudosos e expressivos ósculos, e lá voou, impávido, aos Campos gloriosos da peleja, disposto a selar com seu sangue a liberdade e a dignidade do Império da Cruz!

Conseguindo trazer em sua companhia trinta cidadãos brasileiros, seus conterrâneos, em cujos peitos sobrava entusiasmo e amor da pátria, exauriu seus mesquinhos recursos com sua sustentação e fardamento, desde o dia em que com eles desceu das Lavras Diamantinas para esta Capital, até o faustoso e memorável dia 6 de julho de 1865, em que com eles embarcou para o Sul do Império, como Alferes da 3ª Companhia de Zuavos Baianos.

Desnecessário, altamente supérfluo, Senhor, é querer consignar aqui, nestas poucas linhas, os feitos heróicos, ou os ruidosos combates, em cujos triunfos gloriosos tomou parte bem ativa com esta companhia destemida de baianos bravos. E quando fossem desconhecidos à Vossa Majestade Imperial, o denodo, a bravura e entusiasmo bélico de um soldado brasileiro; Passo da Pátria e Uruguaiana aí estão, quais monumentos vivos para altamente atestar aos vindouros que no Campo de luta, em defesa da Pátria, cada soldado brasileiro é um valente General! Permiti, pois, que o Vosso súdito, o Alferes da 3ª Companhia de Voluntários Zuavos Baianos, que somente por conselho dos facultativos retornou à sua pátria natal, vítima de Cruel enfermidade, hoje, socorrendo-se ao coração pio maternal de Vossa Virtuosa Consorte, a Augusta Imperatriz dos Brasileiros, deposite em Vossas augustas mãos uma súplica, cheio de justiça e de esperança. Atendei, Senhor, em Vossa Imperial munificência, aos justos reclamos deste soldado, que também ouviu em tempo aos gritos pungentes da aflita pátria.

Atendei, Senhor, a que até hoje, cousa incrível! até hoje, os seus serviços prestados em prol da pátria, os seus sacrifícios, não receberam ainda da pátria uma recompensa! Ele pede simplesmente as honras do posto que serviu, e uma pensão. Correspondente. E aquilo que lhe não pôde ainda liberalizar a pátria, fará Vossa Majestade Imperial, o primeiro e mais conspícuo Cidadão Brasileiro, o mais valente, sem contestação, e entusiasta de todos os Patriotas. Assim o espera o humilde súdito, que reverente e agradecido beija as mãos de Vossa Majestade Imperial.

Bahia, 21 de março de 1872
Cândido da Fonseca Galvão

APÊNDICE B

Memorial em que o Alferes Cândido da Fonseca Galvão, alegando achar-se impossibilitado de prover aos meios de subsistência em conseqüência de ferimentos recebidos em combate, na campanha do Paraguai, pede uma pensão e uma condecoração (1874). ASE, Pasta Cândido da Fonseca Galvão.

Imperial Senhor

Saudando a Vossa Majestade Imperial vem com profundo respeito um dos súditos do excelso trono de Vossa Majestade com a presente carta, cujo seu conteúdo é primeiro felicitar a Vossa Majestade e Sua Augusta Família Imperial, pela qual invoco ao Altíssimo Deus onipotente amplas prosperidades e vigorosa saúde para amparo de seus súditos, vassalos e sustentáculo da Nação brasileira. Senhor em 1865 tendo sido agredida e vilipendiada a honra e integridade Nacional, pelo déspota ex-governo do Paraguai, inspirado pelo Sacrossanto amor do Patriotismo alistei-me como verdadeiro soldado nas fileiras das valentes falanges dos briosos Voluntários da Pátria que marcharam depois que me achava na referida Campanha feito em diversos combates, tive de lamentar a perca da minha extremosa mãe que sucumbiu cheia de dores e aflições em conseqüência eu ter marchado para a guerra em defesa da Pátria, além desta perda sensível exauri os pequenos pecúnios pecuniários que podia dispor para minha subsistência. Sendo ferido em combate fiquei inutilizado da mão direita, que priva-me granjear o pão para subsistir-me e minha família como provo com os atestados do distinto Dr. em medicina e outros [ilegível] e diretor da faculdade de Medicina da Bahia [ilegível] que sirvo de arrimo a um pai com 87 anos, que há nove anos se acha em um leito de dor sofrendo de moléstia incurável; que desde a idade de quinze anos que tem prestado serviços ao país não tendo tido compensação alguma. Vossa Majestade, atendendo os meus serviços na Campanha concedeu-me as honras de Alferes do Exército, porém me achando inválido também sou digno de uma pensão e sem esta, não posso viver com dignidade como exige a minha pequena posição na sociedade por isso imploro a Vossa Majestade Imperial a graça de conceder-me uma posição correspondente ao meu posto, assim como uma honra honorífica preferindo o oficialato da Ordem de Cristo por ser a legião da minha Pátria Católica Romana a qual professo. Confio no magnânimo Espírito de Vossa Majestade Imperial espero as graças impetradas. O humilde súdito de Vossa Majestade Imperial.

Rio de Janeiro, 16 de maio de 1874
Cândido da Fonseca Galvão
Alferes Honorário

APÊNDICE C

Carta a dom Pedro II, 1882. MIP, Arquivo de Manuscritos, maço 187, documento 8473.

Senhor

Como súdito obediente e devotado servidor de Vossa Majestade Imperial, venho comunicar a Vossa Majestade Imperial que foi Deus servido abençoar o meu consórcio, concedendo-me um filho, que viu a luz no dia 22 do corrente, e que trouxe o nome de Vicente Abiodun da Fonseca Galvão, e se eu for feliz em chegar criá-lo e chegar a ser homem, como espero da Divina Providência, terá Vossa Majestade Imperial n'ele um tão devotado servidor e tão obediente súdito, quanto eu me honro e préso de ser. Comunico também a Vossa Majestade Imperial que o dito meu filho vai receber o sacramento do batismo no dia 4 do próximo mês de fevereiro, sendo seu Padrinho meu primo o Príncipe de Oyó, que aqui chegou no vapor em que vieram suas Altezas os Senhores Conde D'Eu e a Sereníssima Virtuosa Princesa Imperial. Por esta ocasião, peço reverentemente permissão a Vossa Majestade Imperial, para fazer publicar pela imprensa o Manifesto que meus súditos africanos dirigem a todas as nações da terra, especialmente aos povos de Oyó e Eubá,[1] na África, reconhecendo meu filho como Príncipe do referido Estado e meu herdeiro com o nome africano da realeza a que pertence de Obá 3º.

Peço finalmente perdão a Vossa Majestade Imperial por servir-me d'este meio para fazer a comunicação e o pedido supra, em razão de achar-se Vossa Majestade Imperial ausente d'esta cidade.

Deus conserve a preciosa saúde e a vida de Vossa Majestade, de Sua Majestade a Imperatriz e de toda a Família Imperial como todos os Brasileiros havemos mister.

Sou, Senhor, com o mais profundo respeito De Vossa Majestade Imperial reverente e submisso súdito.

Rio de Janeiro, 31 de Janeiro de 1882
Cândido da Fonseca Galvão Alferes Honorário
do Exército Brasileiro, Príncipe Obá 2º d'África

APÊNDICE D

"A justa palavra perante Deus, a majestade e universidades" (I). *O Carbonário*, 4/6/1883, p. 4.

Publicando *O Corsário*[2] de 15 do mês passado uma carta adrede preparada com o fim de comprometer-me atribuindo-se-me a sua paternidade, declaro ser inverídica essa atribuição, pois que, eu não sou o finado que obrigadamente fizeram todas as falsidades e fizeram eles acreditarem, como iludiram o pobre Sabino, Pedro Ivo, Bento Gonçalves e tantos outros.

O certo é que o país me conhece mais do que [os que] são titulares e falsos a monarquia, e fiéis ganhadores, sacrificando o direito do povo, e usurpando vexatoriamente o sangue da pobreza com impostos e mais impostos, e a pobreza morrendo a fome, sem emprego, e alguns que estão empregados deitam para fora a fim de ficarem desesperados pela fome e continuar o desmantelo da Nação, como estamos vendo todos os dias assassinatos, roubos de toda a ordem, intrigas de todas as espécies, tudo pela ganância de dinheiro, pois os que são pobres querem à força ser ricos, e quem é rico, os invejosos querem ver ficarem pobres até da proteção de Deus e da Majestade, motivo este que venho obrigado como sempre é costume meu onde tenho gasto somas de contos de réis desde 1847, sem ser preciso, como muitos, que quando escrevem é porque ganham do Tesouro Nacional.

Príncipe Obá II d'África

(*continua*)

"A justa palavra perante Deus, a majestade e universidades" (II). *O Carbonário*, 8/6/1883, p. 4.

Quem no Brasil não conhece que eu não sou falso, como muitos que, fingem-se amigos da monarquia para saberem o segredo dela, para poder daremlhe a queda de morte, e como eu não sou como muitos, que julgam-se inteligentes, e precisam ter um mentor para fazerem figura no parlamento, consistindo seus feitos nos — apoiados e na má invenção da cremação, como porcos que matam e afinal é tostado o cabelo; o certo é que tanto hão de fazer, que estes das invenções, que atrevem-se a querer saber adivinhar o segredo de Deus, e continuam com as intrigas, cometendo todos os atos de falsidade, pois o fim deles é acabarem doidos varridos para pagarem as consciências que devem a Deus e às majestades; tanto quanto os pretos e pardos, que só o único desejo que certos ingratos brasileiros têm é serem acompanhados de preguiça, e não desejarem o bem-estar do país, nem coadjuvar o cego desejo da nação inteira em ser de uma só vez lavada a grande mancha da escravidão, pois eles desejam acabar a existência de quem deseja a extinção dessa grande mancha que o chorado Visconde do Rio Branco tanto fez com a sua imorredoura idéia.[3]

Príncipe Obá II d'África

(*continua*)

"A justa palavra perante Deus, a majestade e universidades" (III). *O Carbonário*, 11/6/1883, p. 3.

Por isso eu disse no *Cruzeiro* de 15 de abril "hodie mi crastib",[4] que ninguém estaria isento das falsidades da vida tão certo que fazem comigo este vil enredo com a monarquia para depois eu virar republicano, como certos monarquistas fingidos que fazem a desgraça da pobreza como quem diz: — nós não podemos fazer a revolução sem os braços dos pretos e dos pardos; e assim vamos enredá-los a majestade, como certos bem conhecidos pelo país, que do monarca na Bahia diziam cobras e lagartos, até pela imprensa, que não podem mais na face do país negar estas verdades, e hoje são inimigos de quem as patenteiam, porque pensarão talvez que no país já esqueceu-se do passado; como sou amigo dedicado e sincero da monarquia que tenho sempre defendido, jamais passou-me pela memória o ligeiro vestígio de ofensa à mesma, com quanto os falsos tratam de doido quem como eu é amigo da majestade, e quem é falso a ela dizem que tem juízo, porque alguns destes já foram ministros como o ximango,[5] tudo isso só porque não querem que Sua Majestade dê valor à cor preta, como eu tenho freqüentemente tido, ao ponto de ser tecida esta carta pelos baianos bem conhecidos como falsos, por eu ser considerado pela majestade só o que desejam é verem-me morto. Ah! Deus de misericórdia e de bondade, que mundo!

O certo é que com o dom que Deus confiou-me não podem.
Príncipe Obá II d'África

APÊNDICE E

"A Sua Majestade Imperador". *Jornal do Commercio*, 28/2/1885, p. 5.

Em face do país venho como sempre patentear as injustiças continuadas como verdadeiras praticadas perante o globo geográfico, os seriamente sendo vítima como fisicamente e moralmente, tem sido o afirmado e todos mais conservadores fiéis, das mais cruéis perseguições de mãos dadas por caprichos políticos certos hipócritas querem manchar as reputações dos conservadores monarquistas amigos da coroa brasileira, acarretando sobre estes defeitos que não têm, só para a sociedade tê-los por bons, como consta no país que não são, como o afirmado é monarquista fiel que nunca na minha pátria rebelde fui em comparecer perante à pátria, como um dos primeiros em todas as recepções naquela cidade pelas passagens das Majestades; em viagens à Europa ou em visita nas províncias daquele norte, como tão verdade é se tiver valor para marchar para o campo da honra nacional e arrastar do centro daquela capital da Bahia, hoje cidade dos Lençóis, quando vila era, milhares de voluntários para consigo a pátria irmos defender, concorrendo com crescidas despesas para aquele fim, unido ao coronel comandante superior aquele grande monarquista conservador, hoje finado, Antônio Gomes Calmon; verdade natural é que melhormente, em tempo de paz, devo fielmente defender a sagrada causa da Constituição do Estado de Vossas Majestades Imperiais, por este sagrado dever é que sou obrigado a afirmar ao país que a consciência de certos falsos da pátria, tem infalivelmente as necessidades de baterem e ao mesmo tempo ao ousarem-se sem por nenhum vivente declarar as suas individualidades pessoais; porque de dia a dia, de minuto a minuto, de segundo a segundo, de instante a instante, de hora a hora, o mundo tem de ver esses hipócritas pagarem em face da terra, como temos visto outros tantos hoje finados e alguns presentes pagarem de forma que o mundo veja que nada será oculto na frente de Deus, visto esse superior Poderoso não ser servido de consentir que um só corpo inanimado sofrer tantos martírios, de parar ultimamente o país na calamidade de vermes tantas misérias em todas as classes sociais, quer nos infelizes voluntários da pátria, responda do mundo da verdade, a alma do major Esteves, baiano, residente em Pernambuco, assassinado pelo pleito eleitoral de 1885, causado por certo grupo de certos potentados; que penúria vê-se na orfandade, nos pais de família moralizados, a grande falta de empregos, na viúva honesta, a grande corrupção nas solteiras jovens, causado pelas grandes necessidades comerciais que estão semeadas por toda a parte; que a maior parte delas são socorridas pelo sábio e poderoso Deus da nação brasileira, o senhor Dom Pedro II que nunca se cansa de estender a sagrada mão a bem da caridade pública, só porque presentemente acham-se os cofres públicos da coroa rodeados de sanguessugas ingratos que não deixam ter descanso o sangue da Pátria, neste século XIX cujo estando tão esbirrado[6] como consta o país tísico, será porventura crime quem peça à monarquia do Brasil Providência: e ao mesmo tempo protestando contra todos que reprovarem seus patrióticos reclamos, que vivamente não cessará de concorrer para a monarquia brasileira dê providências para insinuar a Majestade da lei, a fim de coibir certos abusos, que, até hoje acham-se ocultos sendo injustamente prejudicada a fazenda nacional e a nação inteira sofrendo tantas amargas misérias como estamos vendo presentemente certos políticos rapidamente potentosos[7] serem, sem importarem-se de serem censurados pelo país, e especialmente em sempre estremecerem a Bahia sua Cara pátria natal, em verem ontem certos de seus filhos ontem pobres, e escandalosamente acharem-se rapidamente ricos, e a pátria sofrendo o enorme abalo, nos cofres por toda a parte do país; e estes potentosos, sem herdarem, sem trabalharem com o suor de seu rosto, sem serem favorecidos da sorte grande da Espanha, quando assim mesmo a cor seja ruim: mas é uma aparência! não enjeitarão a sorte sendo preto os bilhetes, e assim o país estremece sempre de ver os estratagemas políticos, tendo por fim unicamente proteger as odiosidades que sempre tenho patenteado ao globo geográfico, a custa de muito gasto espantoso do dinheiro do afirmado, sempre contra aqueles hipócritas, pelo país conhecidos, fingidos monarquistas e fortes interesseiros dos cofres públicos, que chegam a esfaquearem-se, matando uns aos outros, só cavilosamente [interessados] em adquirir dinheiro sem suarem, é o grande motivo que nunca cessarei de os condenar rigorosamente porque no meu ver a abolição [da pena] de morte devia ultimar-se, só para aqueles que não matassem! os seus próximos, é ordem franca, do supremo para quem matasse sem ser, em defesa própria como manda o regulamento militar, ser também punido; com o mesmo ferro ser ferido, pois Deus não manda tirar o que ele é o único a dar; pois como abaixo assinado defensor sou da coroa, e do amado povo, e do exército, do qual tenho grande orgulho de pertencer, como membro também da armada brasileira, o tipo da força e da justiça, por isso não tenho medo em vista das tristes cenas pelo país reprovado por todo globo geográfico, num país constitucional, dar-se o fim no Castro Malta,[8] ó polícia, que mata os monarquistas como o Malta fora na vida é o motivo que pugnei sempre por estes reais direitos da nação e das majestades imperiais; como fiel defensor da pátria e da Sagrada Constituição Política do Império, d'onde o afirmado é filho;

creio que como Brasileiro tenho o mais sagrado direito de defendê-la embora pertença-me de sangue real desde o primeiro rei africano, de David, a Abiodun o legado estrangeiro é este motivo que não deixa-me ser como muitos são indiferentes à defesa da coroa da majestade. O certo é que esses meus artigos não vêm ofender a nenhum liberais, só vê-se neles a pura verdade, porque da sorte, que estamos vendo o país na penúria, encaminhado só para a miséria, as cousas tão francamente sem terem um paradeiro, ou o menor escrúpulo de quem observa as razões de certos liberais, pelos seus maus procederes de assassinos serem provados por todo o globo geográfico e mais censurados serem por todo o país que os liberais de outrora entravam ricos e saíam pobres, a veneranda estátua no largo de São Francisco de Paula, do Império, nesta Corte, firmado pelos seus atos praticados em defesa da pátria, José Bonifácio de Andrada não são estes de hoje que entram pobres e saem abarrotados da estrondosa riqueza, pergunto eu o afirmado estampilhado, ao país, será criminoso quem patenteie ao país o interesse enorme que o afirmado tem de defender a coroa da nação, que viu-me nascer em declarar as mais puras verdades? Como conservador e do que bom sendo assim, parece que no terreno do direito e da sua independente justiça, por não achar-se atualmente preso pelos cofres públicos, como muitos estão e que por isso não deixam de ver a praça pública, estando o comércio parado e o afirmado sem nada perceber do Estado, nada dever a Pátria, pois o pouco com Deus é muito e o muito sem Deus é nada é só bastante ter o afirmado, a cega proteção de Deus e das Majestades, que deus os duplique em paga de tão nobres feitos, a todos filhos da Pátria, longos anos de vida, e venturosa existência, por isso o afirmado não deixará como sempre de longos anos, tem recebido dos bons patriotas, que não compactuam para a desgraça do país, grandes elogios que agradeço como foi lido entre nós no *Jornal do Commercio* de 26 do Corrente, tudo devido o seu procedimento franco e ostensivo do abaixo assinado, portanto o Brasil deve acautelar a sua vida, dos bárbaros assassinos, que contra são dos fiéis monarquistas conservadores, e o mesmo tempo o governo de Sua Majestade o Imperador, tornar-se responsável de sua existência, por nessa atualidade achar-se como fiel monarquista, correndo perigo por sempre ser pelo Rei, verdadeiro sem ser como aqueles que antes de monarquistas serem já foram republicanos, e por se acreditar como monarquistas, já deram demais provas ao mundo, e como o afirmado não compactua com os falsos, que procedem as piores traições contra a monarquia brasileira, por isso por mais de uma vez peça ao soberano que obrigue aos seus ministros, de acordo com a razão que necessita a nação, para ser lavrada a sua mais justa nomeação para a Costa d'África, corte de Oyó, sendo a sua primeira província Ecó[9] para onde deve retirar-se e poder premiar de lá a sua cara pátria Natal.

Corte, 27 de fevereiro de 1885
Príncipe Obá II d'África

NOTAS

INTRODUÇÃO (pp. 13-21)

(1) Cf. Raul Pompéia, *Obras* (VI). Org. e notas de Afrânio Coutinho. Rio de Janeiro, Civilização Brasileira, 1982, pp. 118-9.

(2) *O Paiz*, 3/12/1889, p. 1.

(3) "Honras mandadas cassar". Sala das sessões do Governo Provisório da República dos Estados Unidos do Brasil, 6 de dezembro de 1889. Repartição de Ajudante General. *Coleção das ordens do dia*. Rio de Janeiro, Typ. de G. Leuzinger & Filhos, 1889, p. 984.

(4) *Diário de Notícias*, 9 e 14/7/1890, p. 1; *O Paiz*, 9/7/1890, p. 1; *Gazeta de Notícias*, 9/7/1890, p. 1.

(5) Lima Barreto, "A matemática não falha". In: *Bagatelas*. São Paulo, Brasiliense, 1956, p. 183 (artigo original, 1918).

(6) Apud Elói Pontes, *A vida exuberante de Olavo Bilac*. Rio de Janeiro, José Olympio, 1944, vol. 1, p. 226.

(7) Apud Raimundo de Menezes, *Emílio de Menezes, o último boêmio*. 2ª ed. refundida. São Paulo, Saraiva, 1949, p. 148.

(8) Carlo Ginzburg, *O queijo e os vermes; o cotidiano e as idéias de um moleiro perseguido pela Inquisição*; trad. Betânia Amoroso. São Paulo, Companhia das Letras, 1987, p. 30 (1ª ed., 1976); Robert Darnton, *O grande massacre de gatos*. Rio de Janeiro, Graal, 1986, pp. 106-7 (1ª ed., 1984). Para as discussões teóricas que se seguiram ao trabalho de Darnton, ver: Roger Chartier, *Cultural history; between practices and representations*; trad. Lydia G. Cochrane. Cambridge, Polity Press, 1988, p. 95-111 (artigo original, 1985); Pierre Bourdieu, Robert Darnton e Roger Chartier, "Dialogue à propos de l'histoire culturelle", *Actes de la Recherche en Sciences Sociales*, nº 59, setembro de 1985, pp. 86-93.

(9) Donato Mello Júnior, "As Exposições Gerais na Academia Imperial de Belas-Artes no Segundo Reinado". *Revista do IHGB*; Anais do Congresso

de História do Segundo Reinado, vol. 1, 1984, pp. 203-352; Carlos Roberto Maciel Levy, *Exposições Gerais da Academia Imperial e da Escola Nacional de Belas-Artes: período monárquico: catálogo de artistas e obras entre 1840 e 1884*. Rio de Janeiro, Pinakotheke, 1990, pp. 262 e 284.

(10) Carl von Koseritz, *Imagens do Brasil*; trad. Afonso Arinos de Melo Franco. São Paulo, Martins, 1943, pp. 159-60 (1ª ed. alemã, 1885).

(11) Rodolpho Galvão, *Das concepções delirantes; seu valor diagnóstico*. Rio de Janeiro, Typ. de G. Leuzinger & Filhos, 1886, pp. 49-50.

(12) Mello Moraes Filho, *Quadros e crônicas*. Rio de Janeiro, Garnier, s. d., pp. 251-7. O mesmo texto (cerca de 1200 palavras) reapareceria em outra coletânea do mesmo autor, publicada em 1895. Ver: *Festas e tradições populares do Brasil*. 3ª ed. Rio de Janeiro, Briguiet, 1946, pp. 543-8.

(13) Hermeto Lima, "O Príncipe Obá". *Revista da Semana*. Rio de Janeiro, 21/2/1925, p. 30. O mesmo artigo seria republicado, anos mais tarde, em trabalho de co-autoria. Ver: Mello Barreto Filho e Hermeto Lima, *História da polícia do Rio de Janeiro: aspectos da cidade e da vida carioca, 1870-1889*. Rio de Janeiro, A Noite, 1944, pp. 149-51. Hermeto Lima era autor especializado em temas policiais, tendo publicado, entre outras obras técnicas, *A identidade do homem pela impressão digital*. Rio de Janeiro, Imprensa Nacional, 1913; *O alcoolismo no Rio de Janeiro*. Rio de Janeiro, Imprensa Nacional, 1914; *A infâmia alcoólatra*. Rio de Janeiro, Imprensa Nacional, 1916; e *Os crimes célebres do Rio de Janeiro*. Rio de Janeiro, Empresa de Romances Populares, 1921.

(14) Vicente Reis, "O Rio de Janeiro no crepúsculo da Monarquia; aspectos de sua vida social e comercial". *Revista do IHGB*, nº 345, out./dez. 1984 (7-83), p. 70.

(15) Artur Ramos, *O folclore negro do Brasil; demopsicologia e psicanálise*. 2ª ed. rev. e il. Rio de Janeiro, Casa do Estudante do Brasil, 1954, p. 232. (1ª ed., 1935).

(16) Luís da Câmara Cascudo, *Dicionário do folclore brasileiro*. 4ª ed. rev. e aum. São Paulo/Brasília, Melhoramentos/INL, 1976, pp. 635-6 (1ª ed., 1954); R. Magalhães Júnior, *O Império em chinelos*. Rio de Janeiro, Civilização Brasileira, 1957, pp. 260-3.

(17) Reis, op. cit., pp. 70-1; Moraes Filho, op. cit., s. d., pp. 253-4.

(18) Claude Lévi-Strauss, *O pensamento selvagem*. 2ª ed. São Paulo, Companhia Editora Nacional, 1976, p. 285 (original em francês, 1961).

(19) Darnton, op. cit., pp. XV, 106 e 335.

1. *O ENGANO DAS MINAS* (pp. 27-44)

(1) Johann von Spix e Karl von Martius, *Viagem pelo Brasil, 1817-1820*, 3ª ed. São Paulo, Melhoramentos, 1976, 2 vols., p. 118.

(2) Ibid., pp. 115-8. Ver ainda: *Cartas de Karl Friedrich Philipp von Martius a Paulo Barbosa da Silva*; organização e notas de Américo Jacobina Lacombe. Rio de Janeiro, IHGB, 1991, pp. 42-6.

(3) Ibid., p. 119.

(4) Rio de Contas, por exemplo, fundada em 1724, contava cerca de novecentos habitantes. Spix e Martius referem-se ainda à extração de ouro nos cascalhos dos rios, especialmente no rio Brumado, e, aqui e ali, a outras atividades menores, como a mineração de alabastro, nas proximidades do rio Santo Antônio, e de "lindas ametistas, afamadas pela cor escura", em alguns pontos do caminho entre Caetité e o rio Pardo. Op. cit., pp. 111-6.

(5) Ibid., pp. 113 e 116.

(6) Ibid., p. 119 e passim.

(7) Ibid., p. 113. A importância dessa margem de economia própria dentro do sistema escravista tem despertado crescente interesse acadêmico. Para uma avaliação preliminar, ver: Stuart B. Schwartz, "Resistence and accommodation in eighteenth-century Brazil: the slaves' view of slavery", *Hispanic American Historical Review*, 57 (1), 69-81, 1977; Ciro F. S. Cardoso, *Escravo ou camponês?* São Paulo, Brasiliense, 1987; Eduardo Silva, "A função ideológica da brecha camponesa". In: E. Silva e J. J. Reis, *Negociação e conflito; a resistência negra no Brasil escravista*. São Paulo, Companhia das Letras, 1989, pp. 22-31.

(8) Spix e Martius, op. cit., pp. 117, 120-1.

(9) Ibid., p. 112.

(10) Sílvio Fróes Abreu, *A riqueza mineral do Brasil*. 2ª ed. São Paulo, Companhia Editora Nacional, 1975, pp. 104 ss. A região foi descrita em alguns poucos trabalhos do final do século XIX, como Charles Frederick Hartt, *Geology and physical geography of Brazil*. Londres, Trübner, 1870, pp. 306-7. Pesquisas geológicas sistemáticas só seriam encetadas no século XX, a partir dos trabalhos pioneiros de Orville A. Derby, publicados em 1904 e 1906. Para um breve histórico dos estudos subseqüentes, ver: Centro Integrado de Estudos Geológicos, *Morro do Chapéu, Bahia*. Brasília, Departamento Nacional da Produção Mineral, 1987; John C. Branner, "The Tombador escarpment in the state of Bahia, Brazil", *American Journal of Science*, New Haven, 30 (179), 335-43, 1910.

(11) Abreu, op. cit., pp. 104-5.

(12) Farmacêutico João de Miranda Neves, *Manuscritos*. "Livro I", pp. 284-92. Documento pertencente à *Coleção particular de Mestre Oswaldo*, Lençóis (BA). Essa documentação, composta de três grossos volumes de manuscritos e recortes diversos, não numerados, foi organizada nos inícios do presente século por João de Miranda Neves, farmacêutico estabelecido na vila de Estiva (hoje Afrânio Peixoto), distrito de Lençóis. Nos três volumes encontram-se consignados os tratamentos então indicados para as moléstias sertane-

jas, curiosidades, poesias e mesmo reconstituições da história regional através de depoimentos orais recolhidos pelo farmacêutico entre seus clientes mais velhos. Seus apontamentos sobre a corrida dos diamantes, muito úteis, estão pontuados de expressões como: "Foi esta história que apurei", ou "O sr. Antônio Barbosa diz que", ou "Como se vê das narrações do velho Pedro Antônio da Cruz, falecido há pouco tempo", e assim por diante. Baseado no exame interno de cada volume (alguns recortes e poemas estão datados), usei, para fins práticos, a seguinte classificação: "Livro I" (*c.* 1908 até, pelo menos, 1912), "Livro II" (*c.* 1916-7), e "Livro III", que o próprio autor abre como "3º Livro de Miscellanea Encyclopedia, 1917".

(13) Afrânio Peixoto, *Bugrinha*. 10ª ed. Rio de Janeiro/Brasília, Conquista/INL, 1972, p. 45 (1ª ed., 1922).

(14) Instituto Brasileiro de Geografia e Estatística, *Enciclopédia dos municípios*. Rio de Janeiro, 1958, vol. 20, p. 389.

(15) Nadir Ganem, *Lençóis de outras eras*. Brasília, Thesaurus, 1984, p. 16; pesquisa de campo, 1986-7.

(16) Carta do presidente da província, barão de Caçapava, ao ministro da Justiça do Império. Salvador, 31/7/1845. Apeba, Seção Histórica, Correspondência, livro 689, doc. 101.

(17) Carta do presidente da província, barão de Caçapava, ao ministro da Fazenda do Império. Salvador, 31/7/1845. Apeba, Seção Histórica, Correspondência, livro 689, doc. 113.

(18) James Wetherell, *Brazil: stray notes from Bahia: being extracts from letters etc. during a residence of fifteen years*. Edited by William Hadfield, Liverpool, Webb and Hunt, 1860, p. 29.

(19) Abreu, op. cit., p. 112.

(20) Farmacêutico João de Miranda Neves, *Manuscritos*. "Livro I", pp. 287-91 (ver acima, nota 12); Afrânio Peixoto, op. cit., p. 132; Fernando Sales, *Lençóis, coração diamantino da Bahia*, Salvador, s. ed., 1973, pp. 6-7.

(21) Salvador, 31/7/1845. Apeba, Seção Histórica, Correspondência, livro 689, doc. 113.

(22) Sobre as dificuldades de comunicação, necessidade de estradas etc., ver carta do presidente da província ao ministro do Império. Salvador, 13/8/1845. Apeba, Seção Histórica, Correspondência, livro 689, doc. 61.

(23) Ver Leis Provinciais nºs 428 e 946 (20/5/1864). No mesmo sentido, ver ainda: "Auto da instalação da Câmara Municipal da Nova Vila dos Lençóis, contendo a lei provincial que criou a dita vila e freguesia, e juramento e posse dos vereadores" (12/4/1858). Apeba, Presidência da província, Governo Câmara de Lençóis (1858-81), doc. 1340, 167 folhas.

(24) Peixoto, op. cit., pp. 134-5.

(25) Tais registros encontram-se tanto na memória como na historiografia local. Pesquisa de campo, 1986.

(26) Peixoto, op. cit., pp. 38 e 41.

(27) Circular de 12/4/1858. Apeba, Presidência da província, Governo Câmara de Lençóis (1858-81), doc. 1340, 167 folhas. Há notícia de outra epidemia de varíola em janeiro de 1889. Ver: Governo Câmara de Lençóis (1859-89), doc. 1341, 195 folhas.

(28) O sistema de *meias-praças* tornou-se a norma depois de 1888. O termo foi usado tanto na Bahia como em Minas Gerais, onde o sistema teve origem, chegando à Bahia junto com os garimpeiros e comerciantes do rio das Velhas e do Distrito Diamantino, na corrida de 1845.

(29) A ponte, uma das atrações arquitetônicas da cidade, foi construída em 1860, com pedras da região, óleo de baleia e gemas de ovos. Ver Sales, op. cit., p. 17.

(30) Eduardo Silva, *Barões e escravidão; três gerações de fazendeiros e a crise da estrutura escravista*. Rio de Janeiro, Nova Fronteira, 1984, p. 80.

(31) Pedro Calmon, *História social do Brasil*. 2º tomo, *Espírito da sociedade imperial*, 3ª ed., São Paulo, Companhia Editora Nacional, 1937, pp. 152-3; Peixoto, op. cit., p. 43; Abreu, op. cit., pp. 108-9.

(32) O carbonato, até então desprezado, passaria a valer, em 1880, $500 o grão; em quatro anos valeria 8$000, e, pouco depois, 65$000 o grão. Calmon, op. cit., p. 153.

(33) Peixoto, op. cit., p. 46. Muitos personagens principais ou secundários do romance são históricos, como João Sobral, primeiro republicano da cidade, o padre etc. O personagem principal, Jorge de Castro, traz evidentes semelhanças com o próprio autor, também ele um "filho dileto" da cidade. Afrânio Peixoto nasceu em 1876, formou-se em medicina em 1897, em Salvador, e morreu no Rio de Janeiro em 1947.

(34) A prática de adotar o sobrenome do antigo senhor, embora não rara, não parece ter sido a mais usual entre libertos. Na Bahia, pelo menos, pesquisas recentes mostram uma preferência por sobrenomes portugueses ligados a santos, símbolos, cerimônias ou festividades da Igreja católica. É interessante notar que a imensa maioria dos libertos, ao tempo de Benvindo, simplesmente não parece ter escolhido nenhum sobrenome ao ganhar o status de liberdade. Ainda durante o século XIX, apenas 10% dos homens livres e libertos, na Bahia, possuem sobrenomes. Destes, cerca de 69% parecem ter optado por sobrenomes portugueses de conotação religiosa. Cf. J. Tavares-Neto e E. S. Azevedo, "Racial origin and historical aspects of family names in Bahia, Brazil", *Human Biology*, 49 (1977), 287-99; Eliane S. Azevedo, *Análise antropológica e cultural dos nomes de família na Bahia*, Salvador, Centro de Estudos Afro-Orientais/UFBA, 1981. Sobre a importância social do sobrenome adotado por Benvindo, vale lembrar que muitos homens proeminentes do Império pertenceram aos diversos ramos dessa grande família patriarcal, como o visconde de Maracaju, ministro da Guerra do último gabinete da Monarquia,

e o próprio general Deodoro da Fonseca, que viria depô-lo em 15 de novembro de 1889, com a proclamação da República. Ver Walter Fonseca, *Fonseca, uma família e uma história*. São Paulo, Obelisco, 1982. O prestígio dos Fonseca Galvão na Bahia — apesar da inexistência de estudos específicos, quer históricos ou genealógicos — pode ser atestado, além de qualquer suspeita, pelo palacete conhecido como "Solar dos 7 Candeeiros (hoje Museu da Casa dos 7 Candeeiros, do Instituto do Patrimônio Histórico e Artístico Nacional), localizado em Salvador, sem dúvida, uma das peças mais interessantes da arquitetura colonial setecentista, onde o capitão Antônio Elias da Fonseca Galvão (o patriarca do ramo baiano, vindo da capitania de Pernambuco) mandou colocar, à portada, o seu brasão de armas, que ainda lá se encontra, o qual lhe foi passado pelo rei de Portugal, em carta de 26 abril de 1768. Sobre o patriarca, como sobre o "Solar dos 7 Candeeiros", ver Egon Prates Pinto, *Armorial brasileiro*; iluminuras de Luís Gomes Loureiro. Rio de Janeiro, Revista da Semana, 1936; Tom Maia e Teresa Regina de Camargo Maia, *Velha Bahia de hoje*. Rio de Janeiro, Expressão e Cultura, 1985, p. 104. Na primeira metade do século XIX, quando Benvindo ainda estava em Salvador, membros proeminentes e ativos dessa família podiam ser encontrados, aqui e ali, seja entre os redatores do *Jornal da Sociedade de Agricultura* local, seja entre os cidadãos que, em 1º de janeiro de 1836, encaminharam à Assembléia Legislativa provincial um abaixo-assinado contra a substituição do imposto de 60% sobre a aguardente de cana por outro de 2$000 sobre cada escravo possuído. Assinaram essa representação nada menos que três membros da família, o primeiro dos quais, por coincidência ou não, chamava-se exatamente Cândido A. da Fonseca Galvão. Ver Apeba, Assembléia Legislativa, Abaixo-Assinados, 1835-6. Para uma menção ao redator do *Jornal da Sociedade de Agricultura*, ver Wanderley Pinho, "A Bahia, 1808-1856". In: Sérgio Buarque de Holanda, org., *História geral da civilização brasileira*. São Paulo, Difusão Européia do Livro, 1964, t. II, 2º vol., p. 305.

(35) J. B. Magalhães. *A evolução militar do Brasil*; *anotações para a História*. Rio de Janeiro, Biblioteca do Exército, 1958. Apud Claudio Moreira Bento, "O Exército e a Abolição". In: Arno Wehling, org. *A abolição do cativeiro*. Rio de Janeiro, IHGB, 1988, p. 84.

(36) *O movimento da Independência; o Império brasileiro, 1821-1889*, 2ª ed. São Paulo, Melhoramentos, s. d., p. 429.

(37) Dionísio Cerqueira, *Reminiscências da campanha do Paraguai, 1865-1870*. Rio de Janeiro, Biblioteca do Exército, 1980, pp. 62-3 (1ª ed., Paris, 1910).

(38) O governo central, já em 1865, mandou sustar novos embarques de voluntários, provocando descontentamento na província. Ver Aviso de 22/6/1865. Apeba, Avisos Recebidos: Ministro da Guerra, maço 828. Para uma análise em detalhe, do ponto de vista militar, ver Paulo de Queiroz Duarte, *Os*

Voluntários da Pátria na Guerra do Paraguai. Rio de Janeiro, Biblioteca do Exército, vol. I, 1981, pp. 231-5. Citação à p. 233.

(39) Ofício da Câmara Municipal de Lençóis ao presidente da província, Luís Antônio Barbosa de Almeida. Lençóis, 3/2/1865. Apeba, Presidência da província. Governo Câmara de Lençóis, 1859-89, doc. 1341.

(40) Já na República, desde fins de 1919 até 1930, Lençóis transformara-se no quartel-general de Horácio de Matos, uma das figuras paradigmáticas do coronelismo sertanejo pré-Revolução de 30. Para uma visão geral do tema, ver Vitor Nunes Leal, *Coronelismo, enxada e voto*, 2ª ed. São Paulo, Alfa-Omega, 1975 (1ª ed., 1949); Raimundo Faoro, *Os donos do poder*. Porto Alegre, Globo, 1958; Marcos Vinícius Vilaça e Roberto de Albuquerque, *Coronel, coronéis*. Rio de Janeiro, Tempo Brasileiro, 1965; Maria Isaura Pereira de Queiroz, *O mandonismo local na vida política brasileira*. São Paulo, IEB, 1969. Para a Bahia, em especial, ver Walfrido Moraes, *Jagunços e heróis; a civilização do diamante nas lavras da Bahia*. 4ª ed. Salvador, Empresa Gráfica da Bahia, 1991; Zahidé Machado Neto et alii, *O coronelismo na Bahia*. Salvador, Universidade Federal da Bahia, 1972; Eul-soo Pang, *Bahia in the first Brazilian Republic: coronelism and oligarchies, 1889-1933*. Gainesville, University Press of Florida, 1979. Para uma revisão recente da literatura, ver José Murilo de Carvalho e Eduardo Silva, "Entre a enxada e o voto", *Acervo; Revista do Arquivo Nacional*. Rio de Janeiro, vol. 2, nº 1, jan-jun. 1987, pp. 23-8. Sobre poder local, hierarquia e alistamento na Guarda Nacional, ver ainda: Antônio E. Martins Rodrigues, Francisco José Calazans Falcon e Margarida de S. Neves, *A Guarda Nacional no Rio de Janeiro, 1831-1918*. Rio de Janeiro, Pontifícia Universidade Católica, 1981, pp. 71-96.

(41) Aristarchus, pseud., "Bahia; Negócios dos Lençóis; Especulação de patriotagem", *Jornal do Commercio*, 22/7/1865, p. 4.

(42) Justiça, pseud., "Bahia; Termo de Lençóis", *Jornal do Commercio*, 23/7/1865, p. 1. Ênfase no original. Dentro do mesmo debate, ver ainda: Aristarchus, pseud. "Bahia; Negócios dos Lençóis", *Jornal do Commercio*, 24/7/1865, p. 2; *Idem*, "Bahia; Negócio dos Lençóis; Ao público de todo o Império: muita atenção", *Jornal do Commercio*, 9/8/1865, p. 1; Justiça, pseud., "Bahia; Negócios dos Lençóis; Um herói proclamado por si mesmo", *Jornal do Commercio*, 28/8/1865, p.1.

(43) Medeiros e Albuquerque, *Quando eu era vivo, 1867-1934*, 2ª ed. Rio de Janeiro, Livraria Globo, 1945, p. 112. Ênfase no original.

(44) Dom Obá II d'África, "A S. M. Imperador", *Jornal do Commercio*, 28/2/1885, p. 5.

(45) ASE, Pasta Cândido da Fonseca Galvão, "Memorial", Bahia, 21 mar. 1872.

(46) Ibid., "Memorial". Rio de Janeiro, 16/5/1874.

(47) Cerqueira, op. cit., p. 147.

(48) ASE, Pasta Cândido da Fonseca Galvão, "Memorial", Bahia, 21/3/1872. O Príncipe refere-se ainda ao fato, com grande ênfase, em artigo posterior. Ver *Jornal do Commercio*, 28/2/1885, p. 5.

(49) Cerqueira, op. cit., p. 212.

(50) Ibid., p. 207; Lima, op. cit., p. 468 ss.; Richard Graham, "Os fundamentos da ruptura de relações diplomáticas entre o Brasil e a Grã-Bretanha em 1863: 'A Questão Christie'", *Revista de História*, 24:49 e 50 (1962), 117-38, 379-402.

(51) Cerqueira, op. cit., pp. 46-8 e 58.

(52) Ibid., pp. 56, 76, 97, 113 e 216.

2. *OS CAMPOS GLORIOSOS DA PELEJA* (pp. 45-56)

(1) *Jornal do Commercio*, 5/7/1865, p. 2.

(2) ASE, "Oficiais dos corpos de Voluntários da Pátria em sua organização", livro manuscrito, 1865, p. 61.

(3) Dionísio Cerqueira, *Reminiscências da campanha do Paraguai, 1865-1870*. Rio de Janeiro, Biblioteca do Exército, 1980, p. 111.

(4) Conde d'Eu, *Viagem militar ao Rio Grande do Sul*. São Paulo, Companhia Editora Nacional, 1936, p. 135.

(5) Paulo de Queiroz Duarte, *Os Voluntários da Pátria na Guerra do Paraguai*. Rio de Janeiro, Biblioteca do Exército, vol. 2, t. III, 1984, p. 181.

(6) Cerqueira, op. cit., p. 56.

(7) Duarte, op. cit., p. 182.

(8) *Jornal do Commercio*, 23/6/1865 (2º clichê), p. 1.

(9) Carta de Joaquim Antônio da Silva Carvalho, coronel comandante superior, ao presidente da província, Baltazar Araújo de Aragão Bulcão. Quartel da Casa da Moeda, 1/6/1865. Apeba, Guerra do Paraguai, maço 3668.

(10) Ato de 5/6/1865. Apeba, Atos do Governo, maço 976, folha 274. Ver ainda: ASE, Companhia de Zuavos, pasta 9, "Voluntários de diversos estados que marcharam para a Guerra do Paraguai".

(11) Apud Duarte, op. cit., pp. 182-3.

(12) *Jornal do Commercio*, 13/7/1865, p. 2.

(13) *Jornal do Commercio*, 23/6/1865, p. 1.

(14) Virtualmente com as mesmas palavras: Mello Moraes Filho, *Quadros e crônicas*. Rio de Janeiro, Garnier, s. d., p. 251; Mello Barreto Filho e Hermeto Lima, *História da polícia do Rio de Janeiro: aspectos da cidade e da vida carioca, 1870-1889*. Rio de Janeiro, A Noite, 1944, p. 149.

(15) *Jornal do Commercio*, 3/7/1865, p. 1.

(16) *Jornal do Commercio*, 4/7/1865, p. 1.

(17) Conde d'Eu, op. cit., p. 135.

(18) Duarte, op. cit., p. 188; Abid Murad, *A Batalha de Tuiuti e uma lição de civismo*. Rio de Janeiro, Biblioteca do Exército, 1957, "esboço 2".

(19) Ver, especialmente, Umberto Peregrino, "Estudo biocrítico". In: Cerqueira, op. cit., pp. 17-44.

(20) Cerqueira, op. cit., pp. 153-5.

(21) Para uma avaliação sob o ponto de vista militar, ver Murab, op. cit., pp. 13-49.

(22) Cerqueira, op. cit., p. 162.

(23) George Thompson. Apud Duarte, op. cit., pp. 193-4.

(24) Ibid., pp. 181-99.

(25) Cerqueira, op. cit., pp. 104 e 326.

(26) Moraes Filho, op. cit., p. 251. Equivoca-se o autor, contudo, no tocante à batalha, que pensa ter sido a de Curupaity.

(27) Dom Obá II d'África, "A Justiça e a Consciência". *O Carbonário*, 29/4/1887, p. 4.

(28) Francisco Fernandes de Souza, o Chico Diabo, contava então 27 anos. Veio a falecer pobre, mas "cercado de seus antigos companheiros d'armas, também velhinhos", em 18 de outubro de 1917, na Fonte Nova do Desterro, em Salvador. Ver *A Tarde*, Salvador, 19/10/1917, p. 1.

(29) Cerqueira, op. cit., p. 72. O mesmo foi notado pelo conde d'Eu, op. cit., p. 103.

(30) Ibid., p. 50. No mesmo sentido, p. 147.

(31) Ibid., pp. 96 e 148.

(32) Ibid., p. 72. No mesmo sentido, pp. 84, 90, 106 e 137.

(33) Ibid., pp. 98-9.

(34) Ibid., p. 132.

(35) Ibid., p. 192.

(36) Ibid., p. 233.

(37) *O Paiz*, 26/10/1887, p. 1.

(38) Cf. Gilberto Freyre, *Ordem e progresso*. Rio de Janeiro, José Olympio, 1959, t. I, pp. 67-88.

3. *A VOLTA PARA CASA* (pp. 57-70)

(1) ASE, Pasta Cândido da Fonseca Galvão. "Memorial". Bahia, 21/3/1872.

(2) Oliveira Lima, *O movimento da Independência; o Império brasileiro, 1821-1889*. 2ª ed. São Paulo, Melhoramentos, s. d., pp. 424-5.

(3) ASE, Pasta Cândido da Fonseca Galvão, doc. 2724-49. Bahia, 31/3/1871.

(4) Ofício de Manoel da Cunha Wanderley Luís, brigadeiro comandante das Armas, ao dr. Francisco José da Rocha, vice-presidente da província da Bahia. *Quartel General do Comando das Armas da Bahia*, 31/5/1871. ASE doc. 246.

(5) ASE, doc. 1602. 2ª secção, *Repartição do Ajudante General*, 31/10/1871.

(6) *Coleção das ordens do dia da repartição de ajudância general publicadas no ano de 1872*. Rio de Janeiro, Typ. do Diário do Rio de Janeiro, 1874, p. 576. Ver ainda "Papéis que serviram de base ao decreto de 25 set. 1872, concedendo honras do posto de alferes a Cândido da Fonseca Galvão", ASE, pasta de manuscritos.

(7) ASE, Pasta Cândido da Fonseca Galvão, "Requerimento à Vossa Majestade imperial", 29/11/1873.

(8) Cf. Lima, op. cit., p. 424.

(9) ASE, Requerimento do alferes Cândido da Fonseca Galvão ao Ilmo. Exmo. duque de Caxias, ministro e secretário de Estado dos Negócios da Guerra. Rio de Janeiro, 6/6/1876. O despacho favorável, com a mesma data, encontra-se no próprio documento.

(10) ASE, Pasta Cândido da Fonseca Galvão, Requerimento ao Ilmo. Sr. duque de Caxias, ministro e secretário da Guerra. Rio de Janeiro, 6/6/1876.

(11) ASE, maço 539. Ofício de José Pedro Dias de Carvalho ao tenente-general visconde de Pelotas, ministro da Guerra. Rio de Janeiro, Paço do Senado, 16/9/1880.

(12) ASE, Ministério da Guerra, 1ª secção, Repartição Fiscal, doc. 1184, 13/11/1880. No mesmo sentido, ver ofício do diretor da Repartição Fiscal da Guerra, Francisco Augusto de Lima e Silva, 10/9/1885.

(13) Lima Barreto, "A matemática não falha". In: *Bagatelas*. São Paulo, Brasiliense, 1956, pp. 177-84. Citações às pp. 181 e 184. Artigo publicado originalmente em dezembro de 1918.

(14) ASE, Ofício nº 411. Parte do comandante do Asilo de Inválidos da Pátria ao conselheiro, tenente-general e barão da Gávea, ajudante-general do Exército. Salvador, 9/5/1876. Sobre o mesmo episódio, ver Partes do capitão Antônio da Cunha Frota e do alferes João Francisco Lucas, contra o Alferes Galvão. Asilo de Inválidos da Pátria. Quartel na ilha de Bom Jesus, 9/5/1876; e, finalmente, Ofício nº 4596, do barão da Gávea ao conselheiro de Guerra, marechal do Exército, duque de Caxias, presidente do Conselho de Ministros, ministro e secretário dos Negócios da Guerra. Quartel General da Corte, 12/5/1876.

(15) ASE, Ofício de João do Rego Barros Falcão ao conselheiro marechal de Exército duque de Caxias, ministro e secretário de Estado dos Negócios da Guerra. Quartel General do Comando das Armas da Bahia, 9/1/1877.

(16) Robert Edgar Conrad, *Tumbeiros*. São Paulo, Brasiliense, 1985, p. 194.

(17) Louis Couty, *Le Brésil en 1884*. Rio de Janeiro, Faro e Lino, 1884, p. 388.

(18) Stanley J. Stein, *Grandeza e decadência do café no vale do Paraíba*. São Paulo, Brasiliense, 1961 (1ª ed., Harvard, 1958). Para um estudo de caso, ver Eduardo Silva, *Barões e escravidão; três gerações de fazendeiros e a crise da estrutura escravista*. Rio de Janeiro/Brasília, Nova Fronteira/INL, 1984.

(19) Leslie Bethell, *A abolição do tráfico de escravos no Brasil: a Grã-Bretanha, o Brasil e a questão do tráfico de escravos, 1807-1869*. Rio de Janeiro/São Paulo, Expressão e Cultura, Editora da USP, 1976, pp. 354 ss. (1ª ed., Cambridge, 1970); Robert E. Conrad. *Os últimos anos da escravatura no Brasil, 1850-1888*. Rio de Janeiro/Brasília, Civilização Brasileira/INL, 1975, p. 67. (1ª ed., Califórnia, 1972).

(20) Cf. Robert Slenes, "The demography and economics of Brazilian slavery, 1850-1888". PhD thesis, Stanford University, 1976, p. 138; Jacob Gorender, *O escravismo colonial*. São Paulo, Ática, 1978, p. 325; Robert E. Conrad. *Tumbeiros*, pp. 196-7.

(21) Sebastião Ferreira Soares, *Notas estatísticas sobre a produção agrícola e carestia dos gêneros alimentícios no Império do Brasil*. Rio de Janeiro, Typ. Imp. e Const. de J. Villeneuve, 1860, pp. 135-6.

(22) Conrad, op. cit., pp. 198-9 e 216.

(23) Câmara dos Deputados, *Anais do Parlamento Brasileiro*. Rio de Janeiro, 1854, vol. IV, p. 349.

(24) Roberto Simonsen, "Aspectos da história econômica do café". *Anais do 3º Congresso de História Nacional*. Rio de Janeiro, IHGB, 1941, vol. IV, pp. 211-99. Em especial p. 269.

(25) Afonso d'Escragnolle Taunay. *Pequena história do café no Brasil*. Rio de Janeiro, Departamento Nacional do Café, 1945, p. 548.

(26) Cf. Stein, op. cit., p. 274.

(27) Silva, op. cit., pp. 141 ss.

(28) Kátia M. de Queirós Mattoso, Herbert S. Klein e Stanley L. Engerman. "Notas sobre as tendências e padrões dos preços de alforrias na Bahia, 1819-1888". In: J. J. Reis, org., *Escravidão e invenção da liberdade: estudos sobre o negro no Brasil*. São Paulo/Brasília, Brasiliense/CNPq, 1988, pp. 60-72, especialmente, tabela à p. 66.

(29) Cf. Stein, op. cit., pp. 273 ss.

(30) *Gazeta da Tarde*. Rio de Janeiro, 5/1/1881, p. 1.

(31) Katia M. de Queirós Mattoso, "A propósito de cartas de alforria; Bahia, 1779-1850". *Anais de História*. Assis (SP), nº 4, 1972, pp. 23-52. Para o período anterior, ver: Stuart B. Schwartz, "The manumission of slaves in Colonial Brazil; Bahia, 1684-1745". *Hispanic American Historical Review*, 54 (4), 603-35, 1974.

(32) Mattoso, Klein e Engerman, op. cit., p. 61.

(33) Pierre Verger, *Fluxo e refluxo do tráfico de escravos entre o golfo do Benin e a Bahia de Todos os Santos*. São Paulo, Corrupio, 1987, p. 534.

(34) Gilberto Freyre, *Ordem e progresso*. Rio de Janeiro, José Olympio, 1959, t. 1, pp. 328-9.

(35) Mattoso, Klein e Engerman, op. cit., p. 62.

(36) Ver Maria Inês Côrtes de Oliveira, *O liberto: o seu mundo e os outros; Salvador, 1790-1890*. São Paulo/Brasília, Corrupio/CNPq, 1988, pp. 26-7, 42 e 94.

(37) Sobre a formação de comunidades de retornados "brasileiros" na África, ver: Pierre Verger, op. cit., pp. 599-636; Manuela Carneiro da Cunha, *Negros, estrangeiros: os escravos libertos e sua volta à África*. São Paulo, Brasiliense, 1985.

(38) Sobre as origens do *samba* e das *escolas de samba*, ver: Edison Carneiro, *A sabedoria popular*. Rio de Janeiro, MEC/INL, 1957, pp. 113-22; Eneida, pseud. *História do Carnaval carioca*. Rio de Janeiro, Civilização Brasileira, 1958; Vasco Mariz, *A canção brasileira*. Rio de Janeiro, MEC, 1959, pp. 180-8; Ary Vasconcelos, *Panorama da música popular brasileira*. São Paulo, Martins, 1964, vol. I, pp. 17 ss.; Jota Efegê, pseud., *Ameno Resedá, o rancho que foi escola*. Rio de Janeiro, Letras e Artes, 1965; José Ramos Tinhorão, *Música popular, um tema em* debate. 2ª ed. Rio de Janeiro, JCM, 1969; Idem, *Pequena história da música popular; da modinha à canção de protesto*. Petrópolis, Vozes, 1974; Sérgio Cabral, *As escolas de* samba. Rio de Janeiro, Fontana, 1974; Roberto Moura, *Tia Ciata e a Pequena África no Rio de Janeiro*. Rio de Janeiro, FUNARTE, 1983.

4. *VIDA NA CORTE* (pp. 71-92)

(1) Sobre o apoio dos fazendeiros, ver: Eduardo Silva, *Barões e escravidão: três gerações de fazendeiros e a crise da estrutura escravista*. Rio de Janeiro, Nova Fronteira, 1984, pp. 69 ss.

(2) Dom Obá II d'África, "As vivas razões da constituição...". *Jornal do Commercio*, 25/2/1885, p. 5.

(3) Rebecca Baird Bergstresser, "The movement for the abolition of slavery in Rio de Janeiro, Brazil, 1880-1889". PhD thesis, Stanford University, pp. 49 ss.

(4) Campos Sales, *Da propaganda à presidência*. São Paulo, s. ed., 1908, p. 252; Artur Bernardes, "Mensagem presidencial", citada por Delgado de Carvalho, *História da cidade do Rio de Janeiro*. Rio de Janeiro, Secretaria Municipal de Cultura, 1988, p. 109.

(5) Stanley J. Stein, *Grandeza e decadência do café no vale do Paraíba*. São Paulo, Brasiliense, 1961, p. 35 e passim; Eduardo Silva, op. cit., p. 188 e passim.

(6) Oliveira Lima, *O movimento da Independência; o Império brasileiro* (*1821-1889*). 2ª ed., São Paulo, Melhoramentos, s. d., p. 467.

(7) Afonso Arinos de Melo Franco, *História do Banco do Brasil*, citado por Francisco de Assis Barbosa, *JK: uma revisão na política brasileira*. Rio de Janeiro, José Olympio, 1960, p. 96.

(8) Para uma visão ampla, ver Francisco Agenor de Noronha Santos, *As freguesias do Rio antigo*. Rio de Janeiro, 1965; Francisco de Assis Barbosa, org., "Cadernos do IV Centenário". *Jornal do Brasil*, jan.-dez. 1965.

(9) Eduardo Silva, op. cit., pp. 80-3, 138 ss.

(10) Max Leclerc, *Cartas do Brasil*. Trad., prefácio e notas de Sérgio Milliet. São Paulo, Companhia Editora Nacional, 1942, p. 46.

(11) Brasil, *Recenseamento do Rio de Janeiro* (*Distrito Federal*) *realizado em 20 de setembro de 1906*. Rio de Janeiro, Oficina de Estatística, 1907, pp. 13-4.

(12) Sobre a escravidão urbana, ver Mary C. Karash, *Slave life in Rio de Janeiro, 1808-1850*. Princeton, Princeton University Press, 1987; Leila Mezan Algranti, *O feitor ausente; estudo sobre a escravidão urbana no Rio de Janeiro*. Petrópolis, Vozes, 1988; Sam C. Adamo, "The broken promise; race, health, and justice in Rio de Janeiro, 1890-1940". PhD thesis, University of New Mexico, 1983; Luís Carlos Soares, "Urban slavery in Nineteenth-century Rio de Janeiro". PhD thesis, University of London, 1988; Sidney Chalhoub, *Visões da liberdade*; *uma história das últimas décadas da escravidão na Corte*. São Paulo, Companhia das Letras, 1990.

(13) Brasil, *Recenseamento do Distrito Federal de 1890*. Rio de Janeiro, Oficina de Estatística, 1901, p. 78; id, *Recenseamento de 1906*, op. cit., pp. 100 ss.

(14) Dom Obá II d'África, "Ao Exmo. sr. conselheiro Ernesto Ferreira França". *O Carbonário*, 13/3/1889, p. 4.

(15) *Recenseamento de 1890*, op. cit., p. 78. Para um estudo específico, ver Sandra L. Graham, *House and streets: the domestic world of servents and masters in Nineteeth-century Rio de Janeiro*. Cambridge, Cambridge University Press, 1988.

(16) *Recenseamento de 1890*, op. cit., "Introdução", p. XXXI.

(17) Sobre ideologia racial e "Teoria do branqueamento", ver Thomas E. Skidmore, *O preto no branco; raça e nacionalidade no pensamento brasileiro*. Rio de Janeiro, Paz e Terra, 1976.

(18) *Recenseamento de 1906*, op. cit., p. 108.

(19) Ibid., pp. 116-20.

(20) Nícia Vilela Luz, *A luta pela industrialização do Brasil*. São Paulo, Difusão Européia do Livro, 1961, p. 58.

(21) Ver June Hahner, "Jacobinos versus galegos: urban radicals versus Portuguese immigrants in Rio de Janeiro in the 1890's". *Journal of Interamerican Studies and World Affairs*, 18 (2): 125-54, maio 1976; Wilma Peres Costa, "Notas sobre o jacobinismo brasileiro". Trabalho apresentado no Seminário Rio Republicano. FCRB, 1984; Gladys Sabina Ribeiro. "'Cabras' e 'pés-de-chumbo': os rolos do tempo. O antilusitanismo na cidade do Rio de Janeiro, 1890-1930". Tese de mestrado, Niterói, UFF, 1987.

(22) Citado por Bergstresser, op. cit., p. 28.

(23) Dom Obá II d'África, sem título (IV). *O Carbonário*, 1/11/1886, p. 4.

(24) Mello Barreto Filho e Hermeto Lima, *História da polícia do Rio de Janeiro; aspectos da cidade e da vida carioca, 1870-1889*. Rio de Janeiro, A Noite, 1944, p. 151.

(25) *O Carbonário*, 24/5/1886, p. 2.

(26) *O Carbonário*, 28/11/1887, p. 3.

(27) *O Carbonário*, 3/2/1888, p. 2.

(28) *Gazeta de Notícias*, 9/7/1890, p. 1.

(29) Dados de 1861-73. Ver Eduardo Silva, org., *Idéias políticas de Quintino Bocaiúva*. Brasília/Rio de Janeiro Senado Federal/FCRB, 1986, 1º vol. "Introdução", p. 94. Para o período posterior, ver *As queixas do povo*. Rio de Janeiro, Paz e Terra, 1988, pp. 87 ss.

(30) João do Rio, *As religiões no Rio*. Rio de Janeiro, H. Garnier, s. d., p. 8. Os artigos foram publicados originalmente em 1904. Sobre o autor, ver: Antonio Arnoni Prado, "Mutilados da Belle Époque; notas sobre as reportagens de João do Rio". In: Roberto Schwarz, org., *Os pobres na literatura brasileira*. São Paulo, Brasiliense, 1983, pp. 68-72.

(31) Lulu Senior, "Príncipe Obá". *Gazeta de Notícias*, 13/11/1889, p. 1.

(32) AN. Auto de Penhora Executiva, 1ª Vara Cível, nº 137, cx. 2327, 1889. Agradeço a Maria Clementina Pereira Cunha a indicação desse documento.

(33) Roberto Moura, *Tia Ciata e a Pequena África no Rio de Janeiro*. Rio de Janeiro, FUNARTE, 1983, p. 62; José Murilo de Carvalho, *Os bestializados; o Rio de Janeiro e a República que não foi*. São Paulo, Companhia das Letras, 1987, p. 41; Eduardo Silva, *As queixas do povo*, op. cit., pp. 79-80.

(34) Ary Vasconcelos, *Panorama da música popular brasileira*. São Paulo, Martins, 1964, vol. I, pp. 18-9; Roberto Moura, op. cit., pp. 46 e 66-7.

(35) Heloísa Tolipan, "Sambista centenária". *Jornal do Brasil*, 28/2/1987, Caderno Cidade, p. 5.

(36) Vasco Mariz, *A canção brasileira*. Rio de Janeiro, Serviço de Documentação do MEC, 1959, pp. 180-8; Vasconcelos, op. cit., p. 63; Moura, op. cit., pp. 46 e 63-4.

(37) Moura, op. cit., p. 64.

(38) Ibid., pp. 62, 64 e 66.

(39) João do Rio, op. cit., pp. 2-7.

(40) Ibid., p. 17.

(41) Cf. Pierre F. Verger, *Orixás: deuses iorubas na África e no Novo Mundo*. São Paulo, Corrupio, 1981, pp. 174-85.

(42) *Jornal do Brasil*, 28/2/1987, Caderno Cidade, p. 5.

(43) Aluísio Azevedo, *O cortiço*. São Paulo, Martins, 1965 (1ª ed., 1890).

(44) Lilian Fessler Vaz, "Notas sobre o Cabeça de Porco". *Revista do Rio de Janeiro*, 1 (2), jan.-abr. 1986, pp. 29-35.

(45) *O Paiz*, 3/12/1889, p. 1.

(46) *Gazeta de Notícias*, 9/7/1890, p. 1; *Diário de Notícias*, 14/7/1890, p. 1.

(47) Francisco Peixoto de Lacerda Werneck, barão de Pati do Alferes. *Memória sobre a fundação de uma fazenda na província do Rio de Janeiro*; edição original de 1847 e edição modificada e acrescida de 1878. Introdução de Eduardo Silva. Brasília/Rio de Janeiro, Senado Federal/FCRB, 1985, pp. 38, 59 e 95.

(48) Luís Peixoto de Lacerda Werneck, *Idéias sobre colonização precedidas de uma sucinta exposição dos princípios gerais que regem a população*. Rio de Janeiro, E. & H. Laemmert, 1855, pp. 36 ss.; Caetano Furquim de Almeida, "Carestia dos gêneros alimentícios". In: *Relatório do presidente da província do Rio de Janeiro*. Rio de Janeiro, 1858, anexo K; Sebastião Ferreira Soares, *Notas estatísticas sobre a produção e carestia dos gêneros alimentícios no Império do Brasil*. Rio de Janeiro, Typ. Imp. e Const. de J. Villeneuve, 1860, pp. 17-21 e passim.

(49) Ferreira Soares, op. cit., p. 288.

(50) Ibid., p. 289. Para um período mais longo, ver Aureliano Restier Gonçalves, "Carnes verdes em São Sebastião do Rio de Janeiro, 1500-1900". *Revista de Documentos para a História do Rio de Janeiro*, vol. III. Rio de Janeiro, Arquivo do Distrito Federal, 1952, pp. 307-8.

(51) The British Library, PP, 1886, vol. 65, p. 329; Id., 1882, vol. 70, p. 175.

(52) The British Library, PP, 1878, vol. 75, pp. 24-6; Id., 1881, vol. 89, p. 539; Id., 1882, vol. 70, pp. 181-203; Id., 1886, vol. 65, pp. 329-53.

(53) *O Paiz*, 3/12/1889, p. 1.

(54) Stein, op. cit., p. 293.

(55) Américo Jacobina Lacombe, Eduardo Silva e Francisco de Assis Barbosa, *Rui Barbosa e a queima dos arquivos*. Brasília/Rio de Janeiro, Ministério da Justiça/FCRB, 1988.

(56) Oliveira Lima, op. cit., pp. 461-4.

(57) Ver Sandra Lauderdale Graham, "The Vintém Riot and political culture; Rio de Janeiro, 1880". *Hispanic American Historical Review*, 60 (3): 432-449, agosto 1980; Bergstresser, op. cit., pp. 18-22.

(58) Citado por Nelson Werneck Sodré, *História da imprensa no Brasil*. Rio de Janeiro, Civilização Brasileira, 1966, p. 266.

(59) Bergstresser, op. cit., pp. 18 ss.

(60) Dom Obá II d'África, "A cruel inveja contra o Príncipe Dom Obá II d'África, apesar que contra a força há resistência, o certo é que o diabo não pode mais que Deus" (III). *O Carbonário*, 22/11/1886, p. 4. Ver ainda: *O Carbonário*, 23/2/1887, p. 4.

(61) Bergstresser, op. cit., p. 30.

(62) Dom Obá II d'África. "Ao país e ao respeitável público". *O Carbonário*, 8/9/1882, p. 4.

(63) Id., "A justa palavra perante Deus...". *O Carbonário*, 4/6/1883, p. 4.

5. *O VASSALO FIEL* (pp. 93-111)

(1) R. Magalhães Júnior, *O Império de chinelos*. Rio de Janeiro, Civilização Brasileira, 1957, pp. 261-2.

(2) Mello Moraes Filho, *Quadros e crônicas*. Rio de Janeiro, Garnier, s. d., p. 255.

(3) Ibid., p. 254.

(4) Ibid., pp. 255-6.

(5) Tal ocorreu nos dias 29 de julho, 28 de outubro e 18 de novembro de 1882, e em 9 de abril de 1884. MHN, Livro de Assinaturas do Palácio Imperial da Quinta da Boa Vista, 1882-1885. Arquivo Histórico, IMr2.

(6) Ibid.

(7) Ibid., pp. 66-7.

(8) Ibid.

(9) Carl von Koseritz, *Imagens do Brasil*, trad. Afonso Arinos de Mello Franco. São Paulo, Martins, 1943, pp. 160 e 219 (1ª edição em alemão, 1885).

(10) Leslie Bethell, *A abolição do tráfico de escravos no Brasil: a Grã-Bretanha, o Brasil e a questão do tráfico de escravos, 1807-1869*, trad. Vera Nunes Pedroso. Rio de Janeiro/São Paulo, Expressão e Cultura/Editora da Universidade de São Paulo, 1976, p. 356.

(11) Von Koseritz, op. cit., p. 221.

(12) MHN, Livro de Assinaturas, op. cit., pp. 41-2, 45-6, 55-6 e 66-7.

(13) Von Koseritz, op. cit., p. 217.

(14) Ibid., pp. 158 e 218.

(15) Ibid., p. 219.

(16) Ibid., pp. 219-20.

(17) Sobre o sistema de parceria e a colônia Senador Vergueiro, ver Thomas Davatz, *Memórias de um colono no Brasil*, tradução, introdução e notas de Sérgio Buarque de Holanda. 2ª ed., São Paulo, Martins, 1951; Sérgio Buarque de Holanda, "As colônias de parceria". In: S. B. de Holanda, org., *História geral da civilização brasileira*, t. v, São Paulo, Difel, 1960, pp. 245-60; José Sebastião Witter, *Ibicaba, uma experiência pioneira*. 2ª ed., São Paulo, Arquivo do Estado de São Paulo, 1982. Sobre a transição para o trabalho livre em outras áreas do café, ver Emília Viotti da Costa, *Da senzala à colônia*. São Paulo, Difel, 1966; id., *Da Monarquia à República: momentos decisivos*. São Paulo, Grijalbo, 1977, pp. 149-77; Warren Dean, *Rio Claro: um sistema brasileiro de grande lavoura, 1820-1920*. São Paulo, Paz e Terra, 1977; Ademir Gebara, *O mercado de trabalho livre no Brasil*. São Paulo, Brasiliense, 1986; Ana Lúcia Duarte Lanna, *A transformação do trabalho: a passagem para o trabalho livre na Zona da Mata mineira, 1870-1920*. 2ª ed., Campinas, Editora da Unicamp, 1989. Sobre a legislação referente aos contratos de trabalho, especialmente a lei de locação de serviços de 1879, ver Maria Lúcia Lamounier, *Da escravidão ao trabalho livre*. Campinas, Papirus, 1988.

(18) Von Koseritz, op. cit., p. 221.

(19) Ibid., pp. 222-3.

(20) Ibid., p. 219.

(21) Luiz Peixoto de Lacerda Werneck, *Idéias sobre colonização precedidas de uma sucinta exposição dos princípios gerais que regem a população*. Rio de Janeiro, Eduardo & Henrique Laemmert, 1855, p. 21.

(22) Louis Couty, *L'esclavage au Brésil*. Paris, Librairie de Guillaumin, 1881, p. 87. É interessante notar que a *Revista do IHGB*, o periódico brasileiro mais importante no gênero, publicou apenas três artigos sobre a participação do negro na história do Brasil, desde sua fundação, em 1838, até a Abolição, em 1888. Ver João José Planella, *Índice por assuntos gerais da Revista do IHGB (1838-1983)*. Porto Alegre, mimeo., 1983, p. 55. Ver também Américo Jacobina Lacombe, "A cultura africana no Brasil", *Jornal do Brasil*, 27/11/1988, p. 7 (*Caderno B*/Especial).

(23) Von Koseritz, op. cit., p. 160.

(24) Stanley J. Stein, *Grandeza e decadência do café no vale do Paraíba*. São Paulo, Brasiliense, 1961, pp. 70-4.

(25) Eduardo Silva, *Barões e escravidão; três gerações de fazendeiros e a crise da estrutura escravista*. Rio de Janeiro, Nova Fronteira, 1984, pp. 195-6.

(26) Von Koseritz, op. cit., p. 217.

(27) Ver barão de Pati do Alferes, *Memória sobre a fundação de uma fazenda na província do Rio de Janeiro*; edição original de 1847 e edição modificada e acrescida de 1878, introdução de Eduardo Silva. Rio de Janeiro/Brasília, FCRB/Senado Federal, 1985, pp. 63 e 101.

(28) Cf. Silva, op. cit., pp. 195-6.

(29) Werneck, *Idéias sobre colonização...*, op. cit., pp. 63-4.

(30) Idem. "Breves considerações sobre a posição atual da lavoura do café". *Almanak Administrativo Mercantil e Industrial da Corte e Província do Rio de Janeiro*. Rio de Janeiro, 12, 2ª série (7):93-109, 1855, p. 106.

(31) Ibid., p. 107.

(32) Idem, *Idéias sobre colonização...*, op. cit., pp. 75-9.

(33) Quintino Bocaiúva, *Idéias políticas de Quintino Bocaiúva*, cronologia, introdução, notas bibliográficas e textos selecionados por Eduardo Silva. Brasília/Rio de Janeiro, Senado Federal/FCRB, 1986, p. 243.

(34) Ibid., pp. 24-5 e 244.

(35) Ibid., pp. 250-1.

(36) Ibid., p. 241.

(37) Para mais detalhes sobre o salário mensal do trabalhador asiático, ver Quintino Bocaiúva, op. cit., pp. 260-1.

(38) Ibid., pp. 261-2.

(39) Ibid., p. 264.

(40) Nicolau Joaquim Moreira, "Carta aberta a Quintino Bocaiúva", 6/9/1870. Apud Bocaiúva, op. cit., pp. 266-7. Sobre a Sociedade Auxiliadora da Indústria Nacional, ver: José Luiz Werneck da Silva, "Isto é o que me parece: a Sociedade Auxiliadora da Indústria Nacional na formação social brasileira, 1827-1904". Tese de mestrado, Niterói, Universidade Federal Fluminense, 1979, 2 vols.

(41) Nicolau Joaquim Moreira, "Carta aberta a Quintino Bocaiúva", 13/9/1870. Para a polêmica completa, ver Bocaiúva, op. cit., pp. 263-75.

(42) Joaquim Nabuco, *Cartas aos abolicionistas ingleses*, introdução de José Thomaz Nabuco. Recife, Fundação Joaquim Nabuco/Massagana, 1985, p. 44, carta de 8/4/1880. Sobre as fontes intelectuais do pensamento antiescravista e as interconexões entre os movimentos abolicionistas britânico e continental, ver David Brion Davis, *The problem of slavery in Western culture*. Nova York, Oxford University Press, 1988 (1ª edição 1966); idem, *Slavery and human progress*. Nova York, Oxford University Press, 1984, pp. 168 ss. Seymour Drescher, *Capitalism and antislavery; British mobilization in comparative perspective*. Londres, Macmillan, 1986; David Richardson, org., *Abolition and its aftermath*. Londres, Frank Cass, 1985.

(43) Dom Obá II d'África, sem título. *O Carbonário*, 25/3/1887, p. 4.

(44) Idem. "As vivas razões da Constituição da Lei que nos rege e nos faz respeitá-la". *Jornal do Commercio*, 25/5/1885, p. 5.

(45) Idem, sem título, op. cit.; idem, "A Justiça e a Consciência" (V). *O Carbonário*, 2/5/1887, p. 4.

(46) Idem, "A Paixão de N. S. Jesus Cristo". *O Carbonário*, 26/4/1886, p. 4; idem, "Plano maldito dos adversários; a inveja e a razão con-

vence os espertalhões dos direitos de Deus e dos reis (II). *O Carbonário*, 21/6/1886, p. 4.

(47) Idem, "Cruel intriga", *O Carbonário*, 29/11/1886, p. 4.

(48) Idem, sem título, op. cit.

(49) Bethell, op. cit., p. 355.

6. *O PRÍNCIPE DAS RUAS* (pp. 112-28)

(1) Mello Moraes Filho, *Quadros e crônicas*. Rio de Janeiro, Garnier, s. d., p. 254.

(2) Carl von Koseritz, *Imagens do Brasil*, trad. Afonso Arinos de Melo Franco. São Paulo, Martins, 1943, p. 160.

(3) J. Le Goff, "As mentalidades, uma história ambígua". In: Le Goff e Pierre Nora, orgs., *História: novos objetos*. Rio de Janeiro, Francisco Alves, 1976, pp. 68 ss.

(4) Gilberto Freyre, *Casa-grande & senzala*. 25ª ed. Rio de Janeiro, José Olympio, 1987, "Prefácio à 1ª Edição" (1933), pp. lv-lxxxviii, especialmente, pp. lx-lxii. Fortemente influenciados por Freyre, apareceriam, nas décadas de 1940 e 1960, vários estudos comparativos enfatizando diferenças radicais entre o sistema escravista no Brasil (católico e paternalista) e nos Estados Unidos (protestante e capitalista). Ver Frank Tannenbaum, *Slave and citizen: the negro in the Americas*. Nova York, Alfred A. Knopf, 1947; Stanley Elkins, *Slavery. A problem in American institutional and intellectual life*. Nova York, The Universal Library, 1959. Tal esquema comparativo, sobretudo a concepção de uma "democracia racial" no Brasil, sofreria uma profunda revisão historiográfica a partir das décadas de 1960 e 1970. Ver Florestan Fernandes e Roger Bastide, *Brancos e negros em São Paulo*. São Paulo, Companhia Editora Nacional, 1959; Fernando Henrique Cardoso, *Capitalismo e escravidão no Brasil meridional*. São Paulo, Difusão Européia do Livro, 1962; Octávio Ianni, *As metamorfoses do escravo*. São Paulo, Difusão Européia do Livro, 1962; Marvin Harris, *Padrões raciais nas Américas*. Rio de Janeiro, Civilização Brasileira, 1967 (ed. original: 1964); Carl Degler, *Nem preto nem branco; escravidão e relações raciais no Brasil e nos EUA*. São Paulo, Labor do Brasil, 1976 (ed. original: 1971). Mais recentemente, desde meados da década de 1970, *Roll, Jordan, Roll*, de Eugene D. Genovese, parece marcar nova inflexão historiográfica, ao retomar exatamente a face paternalista da escravidão nos Estados Unidos.

(5) Freyre, op. cit.; *Sobrados e mocambos*, 5ª ed. Rio de Janeiro, José Olympio/INL-MEC, 1977, 2 vols. (ed. original: 1936); *Ordem e progresso*. Rio de Janeiro, José Olympio, 1959, 2 vols. A série incluiria ainda *Jazigos e covas rasas*, um estudo sobre os sistemas e práticas de "sepultamento e comemora-

ção dos mortos no Brasil patriarcal e semipatriarcal", já em rascunho em 1959, mas infelizmente não publicado.

(6) Eugene D. Genovese, *Roll, Jordan, Roll; the world the slaves made*. Nova York, Vintage, 1976, p. 5 (1ª ed., 1972). A noção de paternalismo e resistência sistêmica foi retomada também por R. W. Fogel e S. L. Engermann, *Time on the cross, the economics of American negro slavery*. Boston, Little, Brown, 1974. Para uma discussão conceitual, ver Nicholas Abercrombie e Stephen Hill, "Paternalism and patronage", *British Journal of Sociology*, 27 (4), 413-29, dez. 1976.

(7) Freyre, *Casa-grande & senzala*, op. cit., p. 1x.

(8) Gilberto Freyre, *O escravo nos anúncios de jornais brasileiros do século XIX*. 2ª ed. São Paulo, Companhia Editora Nacional, 1979, p. XII. Também para Graham a benignidade do paternalismo brasileiro era muito relativa: "Não existia dicotomia entre força e benevolência", ele escreveu, "uma empresta sentido à outra". Na verdade, "a ameaça de punição e a promessa de benevolência moldava a vida de esposas e filhos, escravos, agregados, pequenos proprietários, pequenos comerciantes e outros partidários do chefe, prendendo-os todos numa teia poderosa de obrigações devidas e recompensas esperadas... Todos empenhados num permanente processo de troca mútua, embora desigual". Ver Richard Graham, *Patronage and politics in nineteenth-century Brazil*. Stanford, Stanford University Press, 1990, pp. 22-4.

(9) Antônio Barros de Castro, "A economia política, o capitalismo e a escravidão". In: J. R. do Amaral Lapa, org., *Modos de produção e realidade brasileira*. Petrópolis, Vozes, 1980.

(10) André João Antonil, pseud. João A. Andreoni, *Cultura e opulência do Brasil*, 2ª ed. Introdução e vocabulário de Alice P. Canabrava. São Paulo, Companhia Editora Nacional, s. d., p. 59.

(11) Patrícia Mulvey, "The Black lay brotherhoods of Colonial Brazil: a history". Tese de PhD, City University of New York, 1976, p. 109. Além das confrarias ligadas a atividades profissionais ou grupos étnicos, havia outras muito mais abrangentes, como as "Irmandades de Homens de Cor", freqüentadas, sem discriminação, por africanos de diferentes nações, crioulos e mulatos. Havia ainda irmandades de elite, compostas por "fidalgos e filantropos" bem situados socialmente. Ver A. J. R. Russel-Wood, *Fidalgos and philanthropists: the Santa Casa de Misericórdia of Bahia, 1550-1755*. Londres, Macmillan, 1968. Do mesmo autor, ver ainda *The Black man in slavery and freedom in colonial Brazil*. Nova York, St. Martin's Press, 1982. Sobre o Rio de Janeiro, ver Ubaldo Soares, *A escravatura na Misericórdia*. Rio de Janeiro, Fundação Romão de Matos Duarte, 1958; Mary C. Karasch, *Slave life in Rio de Janeiro, 1808-1850*. Princeton, Princeton University Press, 1987, pp. 82-8.

(12) Júlio Braga, *Sociedade Protetora dos Desvalidos: uma irmandade de cor*. Salvador, Ianamá, 1987; Pierre F. Verger, *Fluxo e refluxo do tráfico de*

escravos entre o golfo de Benin e a Bahia de Todos os Santos dos séculos XVII a XIX, trad. Tasso Gadzanis. São Paulo, Corrupio, 1987, pp. 517-8 (original em francês, 1968).

(13) Verger, op. cit., pp. 524-5.

(14) Ibid., p. 529.

(15) Dom Pedro II, *Conselhos à regente*. Introdução e notas de João Camillo de Oliveira Torres. Rio de Janeiro, Livraria São José, 1958, p. 62.

(16) Von Koseritz, op. cit., p. 158. Tal se deu no dia 11 de agosto de 1883, como pode ser confirmado no livro de registros do palácio.

(17) Governo Provisório da República, decreto nº 5, de 19 de novembro de 1889.

(18) Anônimo, "Felicitação oferecida ao Distinto Patriota Monarquista de Família, o Nobre Príncipe Obá II d'África e Alferes Galvão, no Brasil". *Jornal do Commercio*, 4/5/1884, p. 3.

(19) Mello Barreto Filho e Hermeto Lima, *História da polícia do Rio de Janeiro; aspectos da cidade e da vida carioca, 1870-1889*. Rio de Janeiro, A Noite, 1944, p. 150.

(20) Moraes Filho, op. cit., p. 252.

(21) Vicente Reis, "O Rio de Janeiro no crepúsculo da Monarquia; aspectos de sua vida social e comercial". *Revista do IHGB*, 345 (1984), 7-83, out./dez. 1984. Citação à p. 71.

(22) Lulu Senior, "Príncipe Obá". *Gazeta de Notícias*, 13/11/1889, p. 1.

(23) Dionísio Cerqueira, *Reminiscência da campanha do Paraguai, 1865-1870*. Rio de Janeiro, Biblioteca do Exército, 1980, p. 72.

(24) Dom Obá II d'África, "As vivas razões da constituição da lei que nos rege e nos faz respeitá-las". *Jornal do Commercio*, 25/2/1885, p. 5. A idéia de pátria provincial era defendida também por alguns setores da elite. Alberto Sales, importante cafeicultor paulista e um dos ideólogos da República, defendeu abertamente a separação, em 1887, num livro intitulado precisamente *A pátria paulista*; o gaúcho Júlio de Castilhos, imbuído do ideal positivista das "pequenas pátrias", defendeu a idéia de *confederação* ao invés de *federação*, na Assembléia Constituinte de 1891. Ver Alberto Sales, *A pátria paulista*. Brasília, Editora da Universidade de Brasília, 1993; Francisco de Assis Barbosa, *JK: uma revisão na política brasileira*. Rio de Janeiro, José Olympio, 1960, pp. 107-8.

(25) Dom Obá II d'África. "A S. M. o imperador e ao país pois desta natureza só aparecem dum século a século" (I). *O Carbonário*, 12/7/1886, p. 4. A grande fonte para o estudo do reino de Abiodun (*c*. 1770-89) continua sendo a tradição oral magnificamente coletada por rev. Samuel Johnson, por volta de 1897. Ver *The history of the Yorubas; from de earliest times to the beginning of the British Protectorate*. Lagos, C. S. S., 1976, pp. 182-7. Para uma discussão mais atual, ver Thomas Hodgkin, *Nigerian perspectives; an*

historical anthology, 2ª ed. Oxford, Oxford University Press, 1975 (1ª ed., 1960); Peter Norton-Williams, "The Oyó Yoruba and the Atlantic trade, 1670-1830", *Journal of the Historical Society of Nigeria*, 3 (1), 25-45, dez. 1964; Robert S. Smith, *Kingdoms of the Yoruba*, 3ª ed. Londres, James Currey, 1988 (1ª ed., 1969); J. A. Atanda, "The fall of the Old Oyo Empire: a re-consideration of its cause", *Journal of the Historical Society of Nigeria*, 5 (4), 477-90, jun. 1971; *idem*, *The New Oyó Empire*. Londres, Longmans, 1973; Robin Law, *The Oyo Empire* (c. *1600*-c. *1836*); a West african imperialism in the era of the Atlantic slave trade. Oxford, Clarendon Press, 1977; C. O. Ayodele, "The traditional political institution in Oyó", tese de mestrado, Ibadan University, 1983; Ebiegberi J. Alagoa, "Oral tradition and cultural history in Nigeria", *Storia della Storiografia*. Milão, Editoriale Jaca Book, nº 5, 1984, pp. 66-76.

(26) Dom Obá II d'África, "Ao país e ao respeitável público" (I). *O Carbonário*, 4/3/1882, p. 4.

(27) Linda Lewin, *Politics and parentela in Paraíba: a case-study of family-based oligarchy in Brazil*. Princeton, Princeton University Press, 1987, p. 10.

(28) Dom Obá II d'África, "Questão diplomática; à S. M. o imperador" (II). *Jornal do Commercio*, 6/3/1886, p. 4.

(29) Idem, "Plano maldito dos adversários; a inveja e a razão convence os espertalhões dos direitos de Deus e dos reis" (I). *O Carbonário*, 18/6/1886, p. 4. Ainda sobre Cotegipe e Junqueira, ver "Questão diplomática; à S. M. o imperador" (I). *Jornal do Commercio*, 3/1/1886, p. 3.

(30) Dom Obá II d'África, "A S. M. o imperador e ao país pois desta natureza só aparecem dum século a século". *O Carbonário*, 16/7/1886, p. 4. Segundo Mello Barreto Filho e Hermeto Lima, "seus superiores o tinham em boa conta e diz-se ter sido o duque de Caxias um dos seus grandes admiradores". Op. cit., p. 149.

(31) Dom Obá II d'África, "A S. A. sereníssima o senhor príncipe conde d'Eu" (I). *O Carbonário*, 20/9/1886, p. 4.

(32) Conde d'Eu, *Viagem militar ao Rio Grande do Sul*. São Paulo, Companhia Editora Nacional, 1936, p. 135.

(33) Carta do conde d'Eu ao visconde de Lage, 12/1/1870. Apud Oliveira Lima, *O movimento da Independência; o Império brasileiro, 1821-1889*. 2ª ed. São Paulo, Melhoramentos, pp. 424-5.

(34) Dom Pedro II, op. cit., p. 60.

(35) Dom Obá II d'África. "A S. A. sereníssima o senhor príncipe conde d'Eu" (II). *O Carbonário*, 22/9/1886, p. 4; Idem, "A divindade manda não ser-se traidor ao rei" (I). *O Carbonário*, 9/5/1887, p. 4.

(36) Robert M. Levine, *"Valley of Tears": Canudos as myth in Brazilian history*. Originais datilografados, cap. 2, p. 24.

(37) *Jornal do Commercio*, 25/4/1887, p. 1.

(38) Lulu Senior, op. cit.

(39) Moraes Filho, op. cit., p. 252; R. Magalhães Júnior, *O Império em chinelos*. Rio de Janeiro, Civilização Brasileira, 1957, p. 260.

(40) Barreto Filho e Lima, op. cit., p. 150.

(41) Ver Nina Rodrigues, *Os africanos no Brasil*. São Paulo, Companhia Editora Nacional, 1932, pp. 164-5; Artur Ramos, *As culturas negras do Novo Mundo*. 4ª ed. São Paulo, Companhia Editora Nacional, 1979, pp. 207-8 (1ª ed. 1935); Octávio da Costa Eduardo, *The negro in Northern Brazil: a study in acculturation*. Londres, The African Publication Society, 1981, pp. 9-10 (1ª ed., 1948); Karasch, op. cit., pp. 25-6.

(42) *O Paiz*, 9/7/1890, p. 1.

(43) *Jornal do Commercio*, 25/4/1887, p. 1.

(44) *Diário de Notícias*, 14/7/1890, p. 1; Reis, op. cit., p. 71.

(45) Dom Obá II d'África, "Plano maldito dos adversários..." (I), op. cit.

(46) Idem, "Aos poderes do Estado". *O Carbonário*, 2/8/1886, p. 4.

(47) *Diário de Notícias*, 14/7/1890, p. 1.

(48) *Jornal do Commercio*, 25/4/1887, p. 1.

(49) Sobre liderança tradicional e carismática, ver Max Weber, *Economia y sociedad; esbozo de sociologia comprensiva*. México, Fondo de Cultura Económica, 1984, pp. 180-204 (1ª ed., 1922).

(50) *Diário de Notícias*, 14/7/1890, p. 1.

(51) Moraes Filho, op. cit., p. 253.

(52) *O Paiz*, 13/11/1889, p. 1.

(53) *O Paiz*, 9/7/1890, p. 1.

(54) Lima Barreto, "A matemática não falha". In: *Bagatelas*. São Paulo, Brasiliense, 1956, p. 182 (artigo originalmente publicado em 1918).

(55) Von Koseritz, op. cit., p. 160.

(56) Barreto Filho e Lima, op. cit., p. 151.

(57) Lima Barreto, "Pela 'Secção Livre'". In: *Bagatelas*, op. cit., p. 229 (artigo originalmente publicado em 1919).

7. "OS ASSUNTOS BRASILEIROS" (pp. 129-55)

(1) Dom Obá II d'África. "A Divindade manda não ser-se traidor do Rei" (III). *O Carbonário*, 23/5/1887, p. 4.

(2) Idem, "A Justiça e a Consciência" (II). *O Carbonário*, 25/4/1887, p. 4.

(3) Idem, "A Justiça e a Consciência" (I). *O Carbonário*, 22/4/1887, p. 4.

(4) 1 Samuel 9, 15-8. Para o processo inteiro, ver ibid., caps 8-12.

(5) Samuel Johnson, *The history of the Yorubas*. Lagos, C. S. S., 1976, p. 40.

(6) Para uma análise recente do mito de Oduduwa, ver Ulli Beier, *Yoruba Beaded Crowns; sacred regalia of the Olokuku of Okuku*. Londres, Ethnographica, 1982, pp. 2-35. Samuel Johnson (1846-1901) registrou uma outra versão do mito de origem, na qual Oduduwa, sempre um rei guerreiro, não desceu dos céus a Ile-Ife, mas emigrou de Meca, levando seus ídolos para escapar da perseguição implacável dos monoteístas do Islã. Johnson, baseado nessa versão, pensa encontrar boas razões para crer que os Ioruba tenham vindo, se não exatamente de Meca, do Oriente (palavras que eram praticamente sinônimas para o povo), e, mais precisamente, do Egito. Tal versão, contudo, só foi encontrada em Oyó, datando provavelmente do início do século XIX, época de grande penetração do Islã. Cf. Johnson, op. cit., capítulos I e II. Evidências arqueológicas parecem apontar como mais provável uma migração a partir de um ponto norte-ocidental, descendo o rio Niger até possivelmente a região de Borgu. Para um balanço recente dos conhecimentos arqueológicos e históricos disponíveis ver: Krank Willett. "Nigeria". In: P. L. Shinnie, ed., *The African Iron Age*, Oxford, Claredon, 1971, pp. 1-35; Robert S. Smith, *Kingdoms of the Yoruba*. 3ª ed. London, James Currey, 1988, pp. 9-28. Para uma síntese da estrutura política de Oyó e das limitações práticas antepostas ao poder absoluto dos Obás, ver Peter Morton-Williams, "The Yoruba Ogboni Cult in Oyó", *África*, 30:4 (out. 1960), pp. 362-74.

(7) Dom Obá II d'África, "A Justiça e a Consciência" (II), op. cit.; idem, "Plano maldito dos adversários; a inveja e a razão convence os espertalhões dos direitos de Deus e dos reis" (II), *O Carbonário*, 21/6/1886, p. 4.

(8) Idem, "A consciência dos cantoneiros e os remorsos dos quirógrafos acusa a quem é mal principado ser por castigo de Deus mal acabado". *O Carbonário*, 20/5/1887, p. 4.

(9) Idem, "Plano maldito dos adversários..." (I). *O Carbonário*, 18/6/1886, p. 4.

(10) Idem, "As vivas razões da constituição da Lei que nos rege e nos faz respeitá-la", *Jornal do Commercio*, 25/2/1885, p. 5.

(11) Idem, "Fala a consciência universal, que obriga o direito divinal, interessar-se pelo bem-estar do Deus da nação brasileira". *O Carbonário*, 18/3/1887, p. 4; idem, "Ao universo imploro a suplicada saudação" (II), *O Carbonário*, 30/5/1887, p. 4.

(12) Idem, "As vivas razões da constituição...", op. cit.

(13) Joaquim Nabuco, *O abolicionismo; conferências e discursos abolicionistas*. São Paulo, Instituto Progresso Editorial, 1949, p. 13 (edição original, 1883). Tais partidos, segundo Oliveira Viana, "eram simples agregados de clãs organizados para a exploração em comum das vantagens do poder"; ou, segundo Oliveira Lima, ostentavam não programas, mas simples rótulos, "sem outra significação que a de rótulos". Oliveira Viana, *O ocaso do Império*. São Paulo, Melhoramentos, 1925, p. 26; Oliveira Lima, *O movimento da*

Independência; o Império brasileiro (1821-1889). 2ª ed. São Paulo, Melhoramentos, 1921, p. 26.

(14) João Dunshee de Abranches, *O cativeiro* (*Memórias*). Rio de Janeiro, 1941, p. 226.

(15) Anais do Senado, discursos de 18/6/1870. Apud Oliveira Viana, op. cit., p. 26.

(16) Lima Barreto, *Bagatelas*. São Paulo, Brasiliense, 1956, p. 182.

(17) Dom Obá II d'África, "Ao país e ao respeitável público" (V). *O Carbonário*, 1/9/1882, p. 4.

(18) Idem, "Ao país e ao respeitável público" (VI). *O Carbonário*, 4/9/1882, p. 4. Sete anos após a queda dos conservadores, no tempo do gabinete liberal Saraiva, o Príncipe estava havia "sete anos [...] desempregado". Ver: anônimo, "Felicitação oferecida ao distinto patriota monarquista de família, o nobre Príncipe Obá II de África e alferes Galvão, no Brasil". *Jornal do Commercio*, 4/5/1884, p. 3. Dois anos depois, embora já sob o gabinete conservador do barão de Cotegipe, continuava o Príncipe "até hoje desempregado sem o pão da nação". Ver "Plano maldito dos adversários..." (II), op. cit. Sobre esse ponto, ver ainda: "À S. M. o imperador e ao país pois desta natureza só aparecem dum século a século", *O Carbonário*, 12/7/1886, p. 4; "A cruel inveja...". *O Carbonário*, 26/11/1886, p. 4; "A justiça e a consciência". *O Carbonário*, 2/5/1887, p. 4.

(19) Eduardo Silva, org. *Idéias políticas de Quintino Bocaiúva; cronologia, introdução, notas bibliográficas e textos selecionados*. Rio de Janeiro/ Brasília, Senado Federal/FCRB, 1986, vol. I, "Introdução", pp. 55 ss. Sobre a posição de dom Pedro no tocante às eleições e reformas necessárias, ver: dom Pedro II. *Conselhos à regente*. Rio de Janeiro, Livraria São José, 1958, pp. 29-30 (manuscrito original, 1871)

(20) Dom Obá II d'África. "As vivas razões da constituição...", op. cit.

(21) Idem, sem título (II e III). *O Carbonário*, 22 e 25/10/1886, p. 4.

(22) Idem, "Plano maldito dos adversários..." (III). *O Carbonário*, 25/6/1886, p. 4. Sobre as correntes "evolucionista" e "revolucionária", ver Silva, org. *Idéias políticas de Quintino Bocaiúva*, op. cit., pp. 59 ss. Sobre o pensamento de Silva Jardim, ver: Antônio da Silva Jardim, *Propaganda republicana (1888-1889)*; discursos, opúsculos, manifestos e artigos coligidos, anotados e prefaciados por Barbosa Lima Sobrinho. Rio de Janeiro, FCRB/Conselho Federal de Cultura, 1978; idem, *Memórias e viagens*; *campanha de um propagandista, 1887-1890*. Lisboa, Typ. da Companhia Nacional Editora, 1891; idem. *Cartas de Silva Jardim a Clóvis Bevilaqua*. Rio de Janeiro, Apollo, 1936; José Leão, *Silva Jardim*; apontamentos para a biografia do ilustre propagandista hauridos nas informações paternas e dados particulares oficiais por... Rio de Janeiro, Imprensa Nacional, 1895.

(23) Dom Obá II d'África, "A justa palavra perante Deus, a majestade e universidades" (III). *O Carbonário*, 11/6/1883, p. 3. Para a série completa, ver Apêndice C (I, II e III).

(24) Anônimo, "Reminiscências de um do povo (do meu diário)". *A Imprensa*. Rio de Janeiro, 15/11/1911, p. 2. No dia seguinte, segundo um dos conspiradores, Aristides Lobo, o povo do Rio de Janeiro "assistiu aquilo bestializado, atônito, surpreso, sem conhecer o que significava". Apud José Maria dos Santos, *A política geral do Brasil*. São Paulo, J. Magalhães, 1930, p. 203.

(25) Dom Obá II d'África, "As vivas razões da constituição...", op. cit. No mesmo sentido, ver ainda: "Questão diplomática; a S. M. o imperador" (I), *Jornal do Commercio*, 3/1/1886, p. 3; "Plano maldito dos adversários... (I), op. cit.

(26) Idem, "Fala a consciência universal...", op. cit. Ver ainda, no mesmo sentido, "Ao universo imploro a suplicada saudação" (III). *O Carbonário*, 8/6/1887, p. 4.

(27) Idem, "Fala a consciência universal...", op. cit.

(28) Idem, "A justiça e a consciência" (IV). *O Carbonário*, 29/4/1887, p. 4.

(29) Para um estudo dessas articulações, ver Silva, org. *Idéias políticas de Quintino Bocaiúva*, op. cit., "Introdução", pp. 70-6, além de outros documentos na mesma coletânea.

(30) Dom Obá II d'África, "A Divindade manda não ser-se traidor ao rei" (I). *O Carbonário*, 9/5/1887, p. 4. Ainda sobre a "questão militar", poucos dias depois, o príncipe apoiaria o gabinete conservador, chefiado por Cotegipe, em sua tentativa de trazer os militares à ordem, ou, como coloca o Príncipe, ao "fiel severo respeito, que como soldados que somos juramos ao Deus ou Deusa da Nação". Ver "Ao universo imploro a suplicada saudação" (II), op. cit. Quanto a esse mesmo estado de ânimo, convém lembrar uma carta de apoio ao Príncipe, no ano anterior. Ver: anônimo, sem título. *O Carbonário*, 28/6/1886, p. 4.

(31) T. H. Marshall, *Cidade, classe social e status*. Rio de Janeiro, Zahar, 1967, cap. III, "Cidadania e classe social".

(32) Johann Moritz Rugendas, "Imagens e notas do Brasil". *Revista do Patrimônio Histórico e Artístico Nacional*, nº 13, 1956, pp. 43-5.

(33) Lei nº 2040, de 28 de setembro de 1871, artigo 4, parágrafos 1, 2, 3 e 7. *Coleção de leis do Império do Brasil*, t. XXXI, parte I. Rio de Janeiro, 1871, pp. 147-51.

(34) É interessante notar que essa abertura teórica aos direitos de cidadania, sobretudo depois da reforma eleitoral de 1881, forneceria a argumentação básica para o aparecimento de um *movimento abolicionista* em sentido estrito, oposto ao processo *emancipacionista*, então em curso. Era porque os escravos, agora, podiam ser vistos como cidadãos brasileiros em potencial (e não exatamente por serem escravos) que se justificava o projeto político de

representar essa "massa sem voz", na conquista da abolição imediata. "Aceitamos esse mandato", escreveu Joaquim Nabuco, explicando as bases do novo movimento, "como homens políticos, por motivos políticos, e assim representamos os escravos e os *ingênuos* na qualidade de brasileiros que julgam o seu título de cidadãos diminuído enquanto houver brasileiros escravos, isto é, no interesse de todo o país e no nosso próprio interesse." Ver: *O abolicionismo*, op. cit., pp. 17-22. Citação às pp. 19-20.

(35) Em 1846 a renda líquida exigida aumentou para duzentos mil-réis (cerca de cem dólares), e permaneceu a mesma até o fim do Império. Segundo comentaristas contemporâneos, esse nível de renda era tão modesto que apenas "mendigos" e "vagabundos" não tinham acesso a ele. Ver José Antônio Pimenta Bueno, *Direito público brasileiro e análise da Constituição do Império*. Rio de Janeiro, 1857, pp. 194 e 472; José de Alencar, *Sistema representativo*. Rio de Janeiro, B. L. Garnier, 1868, p. 93.

(36) Dom Obá II d'África, "Ao universo imploro a suplicada saudação" (III), op. cit.

(37) Idem, "Ao país e ao respeitável público" (III e IV). *O Carbonário*, 21 e 28/8/1882, p. 4.

(38) Idem, "Ao país e ao respeitável público" (VII). *O Carbonário*, 8/9/1882, p. 4.

(39) Ibid.

(40) Dada a exigência de carta de liberdade para o alistamento militar, e ainda os dispositivos da Constituição que garantiam o acesso à cidadania a partir da liberdade, não foram escravos que partiram para a guerra — e isso era um ponto de honra para homens como Dom Obá II d'África —, mas cidadãos brasileiros. Assim também entendia o chefe liberal, senador Nabuco, pai do abolicionista Joaquim Nabuco: "São cidadãos-soldados", defendeu ele no Conselho de Estado, em novembro de 1866. "É a Constituição do Império que fez o liberto cidadão, e se não há desonra em que ele concorra com seu voto para constituir os poderes políticos, por que haverá em ser ele soldado, em defender a Pátria que o libertou e à qual ele pertence?" Ver: senador Nabuco de Araújo, apud Joaquim Nabuco, *O abolicionismo*, op. cit., p. 55. Senador Nabuco lembrou, em apoio a sua argumentação, procedimentos semelhantes tanto na Bahia, ao tempo de guerra de Independência (provisões de 23 de outubro de 1823 e 10 de setembro de 1824), como nos Estados Unidos, onde o presidente Lincoln (nas proclamações de 22 de setembro de 1862 e 1º de janeiro de 1863) também permitiu o alistamento de escravos, tanto no exército como na marinha. Ver: idem, *Um estadista do Império*. Rio de Janeiro, Nova Aguilar, 1975, pp. 644-5.

(41) Dom Obá II d'África, "Ao país e ao respeitável público" (VI). *O Carbonário*, 4/9/1882, p. 4.

(42) Idem, "Não há vitória sem grande batalha" (I). *O Carbonário*, 5/10/1886, p. 4.

(43) Idem, "Não há vitória sem grande batalha" (III). *O Carbonário*, 10/10/1886, p. 4.

(44) Idem, "Não há vitória sem grande batalha" (IV). *O Carbonário*, 15/10/1886, p. 4. Voltaremos à questão dos santos (ou orixás) no próximo capítulo. Sobre as preocupações do Príncipe com relação a dom Pedro II e à sorte política do gabinete Cotegipe, ver "Fala a consciência universal...", op. cit., p. 4.

(45) Idem, "Plano maldito dos adversários..." (II), op. cit.

(46) Idem, "A justa palavra perante Deus..." (II). *O Carbonário*, 8/6/1883, p. 4.

(47) Idem, "Ao país e ao respeitável público" (VII). *O Carbonário*, 8/9/1882, p. 4.

(48) Idem, "A divindade manda não ser-se traidor do rei" (I), op. cit.

(49) Idem, "A justiça e a consciência" (II). *O Carbonário*, 24/4/1887, p. 4.

(50) Idem, "Não há vitória sem grande batalha" (I), op. cit.

(51) Idem, "Não há vitória sem grande batalha" (II). *O Carbonário*, 8/10/1886, p. 4; idem, sem título (I). *O Carbonário*, 18/10/1886, p. 4.

(52) Idem, "Ao universo imploro a suplicada saudação" (I). *O Carbonário*, 27/5/1887, p. 4. Nas discussões na Câmara, alguns deputados tentaram dificultar a passagem do projeto (revogação do art. 60 do Código Criminal) propondo a extensão de seus efeitos até os regulamentos internos da Marinha, onde os castigos continuavam parte das penas disciplinares. Outros, como Lourenço de Albuquerque, deputado por Alagoas, lembravam que tais penalidades continuavam a existir na civilizada Inglaterra. "A Inglaterra, que não tem os nervos tão delicados", disse ele com ironia, "mantém as penas corporais na sua armada e até as aplica muitas vezes a outros crimes." Ver Brazil: Congresso Nacional, Câmara dos Deputados, *Anais do Parlamento Brasileiro*, 1886, vol. V, pp. 452-3, 470, 479-83. Para uma discussão sobre a questão dos açoites públicos no Brasil, ver José Bonifácio de Andrada e Silva, dito o Moço, *Discursos parlamentares*. Seleção e introdução de Francisco de Assis Barbosa. Brasília, Câmara dos Deputados, 1979 (Perfis parlamentares, 13); Carolina Nabuco, *A vida de Joaquim Nabuco*. 2ª ed. São Paulo, Companhia Editora Nacional, 1929, pp. 204-5; Joaquim Nabuco, *O abolicionismo*, op. cit., pp. 102-17; Evaristo de Morais, *A campanha abolicionista* (*1879-1888*). 2ª ed. Brasília, Editora Universidade de Brasília, 1986, p. 179; Jean Baptiste Debret, *Viagem pitoresca e histórica ao Brasil*. Notas de Sérgio Milliet, 3ª ed. São Paulo, Martins, 2 vols.; Johann Moritz Rugendas, *Voyage pittoresque dans Brésil*. Paris, Engelmenn, 1835.

(53) Joaquim Nabuco, *O abolicionismo*, op. cit., pp. 55-6 e 59.

(54) Dom Obá II d'África. "As vivas razões da constituição...", op. cit.

(55) Joaquim Nabuco, *O abolicionismo*, op. cit., p. 20.

(56) Ver Antônio Paim, *História das idéias filosóficas no Brasil*. São Paulo, Grijalbo, 1967; idem, *A filosofia da Escola do Recife*. Rio de Janeiro, Saga, 1966.

(57) Joaquim Nabuco, *O abolicionismo*, op. cit., p. 21.

(58) Raimundo Nina Rodrigues, *Os africanos no Brasil*. São Paulo, Companhia Editora Nacional, 1945, pp. 24-6. Idem, *O animismo fetichista dos negros baianos*. Rio de Janeiro, Civilização Brasileira, 1935. Para uma visão mais recente do autor, ver ainda Thomas E. Skidmore, *Preto no branco; raça e nacionalidade no pensamento brasileiro*. Rio de Janeiro, Paz e Terra, 1976 (original em inglês, 1974); Abdias Nascimento, *O genocídio do negro brasileiro*. Rio de Janeiro, Paz e Terra, 1978; Roque de Barros Laraia, "Relações entre negros e brancos no Brasil", *BIB*, Rio de Janeiro, (7):11-21, 1979; João Batista Borges Pereira, *Estudos antropológicos e sociológicos sobre o negro no Brasil; aspectos históricos e tendências atuais*. São Paulo, Universidade de São Paulo, 1981.

(59) Sílvio Romero, *A literatura brasileira e a crítica moderna; ensaio de generalização*. Rio de Janeiro, Imprensa Industrial de João Paulo Ferreira Dias, 1880, p. 53. Ver ainda: Antonio Candido, *O método crítico de Sílvio Romero*. São Paulo, 1963; Thomas E. Skidmore, op. cit., pp. 48-53; Marshall C. Eakin, "Race and identity: Sílvio Romero, science, and social thought in late 19th century Brazil". *Luso-Brazilian Review* 22 (2), 1985, p. 152.

(60) Dom Obá II d'África, "A S. A. sereníssimo o senhor príncipe conde d'Eu" (I). *O Carbonário*, 20/9/1886, p. 4.

(61) Idem, "Plano maldito dos adversários..." (III), op. cit.

(62) Anônimo, "Ao país" (III). *O Carbonário*, 20/12/1886, p. 4.

(63) Um amigo de Sua Alteza, Príncipe Obá II d'África (pseud) "O dedo de Deus chama atenção do globo civilizado para ver a verdade". *O Carbonário*, 23/2/1887, p. 4. Para outras cartas de apoio semelhantes, ver: anônimo, "Ao país" (I e II). *O Carbonário*, 13 e 17/12/1886, p. 4; anônimo, "A pedidos", *Jornal do Commercio*, 4/5/1884, p. 3.

(64) Dom Obá II d'África, "Questão diplomática; à S. M. o imperador" (II). *Jornal do Commercio*, 6/3/1886, p. 4.

(65) Idem, "Ao universo imploro a suplicada saudação" (II), op. cit.

(66) Idem, "A justiça e a consciência" (V), op. cit.

(67) Idem, sem título (I), op. cit.

(68) Anônimo, sem título. *O Carbonário*, 28/6/1886, p. 4.

(69) Dom Obá II d'África, sem título. *O Carbonário*, 25/3/1887, p. 4.

(70) Idem, "A consciência dos cantoneiros e os remorsos dos quirógrafos acusa a quem é mal principado ser por castigo de Deus mal acabado". *O Carbonário*, 20/5/1887, p. 4.

(71) Idem, "A divindade manda não ser-se traidor do rei" (III), op. cit.

(72) Ao tempo de Dom Obá II d'África, a capital do Império sentia o primeiro impacto de tal política imigrantista, com profundas conseqüências não apenas sobre as condições de vida do povo pobre, como já apontamos, mas na própria composição cultural da cidade. Segundo os dados disponíveis, entre 1864 e 1872 desembarcaram no Rio de Janeiro, em média, 9869 imigrantes por ano, num total de 88 823 almas. Os portugueses chegavam em grande número (56 315), seguidos pelos italianos (9307), franceses (5862), ingleses (5252), espanhóis (3229), norte-americanos (3515), alemães (3119) e outros (2188). Já no início do processo abolicionista, entre 1873 e 1880, a média anual subiu para 21 771 imigrantes, num total de 304 796 novos habitantes em catorze anos. Nessa fase chegaram principalmente italianos (112 279), portugueses (110 891), alemães (23 469), espanhóis (15 684), austríacos (9022), franceses (3475), ingleses (2215), e ainda suíços, russos, norte-americanos e outros. Às vésperas da Abolição final, apenas em 1887, desembarcaram no Rio 31 310 forasteiros. Ver Eduardo Prado. "Imigration", in: M. F. de Sant'Anna Nery, org., *Le Brésil*. Paris, Charles Delegrave, 1889, p. 495. O processo avançou, sobretudo, no período pós-Abolição e na República. Por decreto de 28 de junho de 1890 a jovem República declara livre a entrada de indivíduos aptos para o trabalho, "exceptuados" asiáticos e africanos, que, para tanto, necessitavam de autorização especial do Congresso. Como resultado, entre 1887 e 1914, cerca de 2,7 milhões de europeus emigraram para o Brasil. No país como um todo, de 1890 a 1940, a população branca aumentou de pouco mais de 2/5 para quase 2/3 da população total. Ver *Censos Demográficos* de 1950 a 1980. Sobre "branqueamento" e imigração, ver *Skidmore*, op. cit., pp. 142-62.

(73) Dom Obá II d'África, sem título. *O Carbonário*, 4/9/1882, p. 4.

(74) Idem, "A S. M. o imperador e ao país pois desta natureza só aparece dum século a século" (II). *O Carbonário*, 16/7/1886, p. 4.

(75) Idem, "A S. A. sereníssima o senhor príncipe conde d'Eu" (III). *O Carbonário*, 24/9/1886, p. 4.

(76) Idem, sem título. *O Carbonário*, 4/9/1882, p. 4.

(77) Idem, "Ao país e ao respeitável público" (V). *O Carbonário*, 1/9/1882, p. 4.

(78) Idem, "A S. M. o imperador e ao país..." (II), op. cit.

(79) Idem, "Não há vitória sem grande batalha" (I), op. cit.

8. *FONTES, PRESSUPOSTOS E PODER SIMBÓLICO* (pp. 156-80)

(1) Dom Obá II d'África, "A cruel inveja contra o Príncipe Dom Obá II d'África, apesar que contra a força há resistência, o certo é que o Diabo não pode mais que Deus" (II e III). *O Carbonário*, 19 e 22/11/1886, p. 4. O papel social do *parati* (cachaça) dentro da comunidade escrava, liberta e livre pode

ser avaliado através das próprias denominações que o aperitivo recebe. Muitos, em reconhecimento de seu papel inspirador e consolador nas agruras (tal como pensava o Príncipe), chamavam-no "abrideira", "branquinha", "água-benta", "capote-de-pobre" e até "sete-virtudes". Tomado em excesso, porém, podia transformar-se de "água-benta" em "água-de-briga", "tira-teima" e "desmancha-samba".

(2) Lulu Senior, "Príncipe Obá". *Gazeta de Notícias*, 13/11/1889, p. 1.

(3) Dom Obá II d'África, "Ao país e ao respeitável público" (III). *O Carbonário*, 21/8/1882, p. 4.

(4) Idem, "A cruel inveja..." (III e VI). *O Carbonário*, 22 e 26/11/1886, p. 4. Não nos foi possível localizar esse "volume de poesia", intitulado *Infernal intrigas*, em nenhum dos arquivos públicos do Rio de Janeiro, Salvador ou Lençóis. Trata-se, provavelmente, de um simples folheto de cordel.

(5) Idem, "Questão diplomática; a S. M. o imperador" (I). *Jornal do Commercio*, 3/1/1886, p. 3; Idem, "Plano maldito..." (I), *O Carbonário*, 21/6/1886, p. 4. O Príncipe aparentemente cita de cabeça. Cf. Luís de Camões (*c*. 1525-80), *Os lusíadas*. Lisboa, Biblioteca Nacional, 1921, abertura do primeiro canto. O prestígio do bardo português junto à intelectualidade da época pode ser avaliado, por diversos itens, no minucioso levantamento realizado por Osvaldo Melo Braga, *Bibliografia de Joaquim Nabuco*. Rio de Janeiro, Imprensa Nacional, 1952. Sobre o tema, ver ainda Hamilton Elia, *Camões e a literatura brasileira*. Rio de Janeiro, FCRB, 1973; Gilberto Mendonça Teles, *Camões e a poesia brasileira*. Rio de Janeiro, FCRB, 1973. Sobre Antônio de Castro Alves (1847-71), poeta de corte romântico, autor de composições líricas, republicanas e abolicionistas, ver: Castro Alves, *Obra completa*. Rio de Janeiro, Aguilar, 1960 (estudo introdutório de Eugênio Gomes); Nelson Werneck Sodré, *História da literatura brasileira*. 2ª ed. Rio de Janeiro, José Olympio, 1940, pp. 141-51; Antonio Candido, *Formação da literatura brasileira: momentos decisivos*. 2ª ed., São Paulo, Martins, 1964; José Guilherme Merquior, "O Navio Negreiro", *Cadernos Brasileiros*. Rio de Janeiro, nº 35, maio-jun. 1966; idem, *De Anchieta a Euclides; breve história da literatura brasileira*. Rio de Janeiro, José Olympio, 1977, pp. 91-6.

(6) Dom Obá II d'África. "Não há vitória sem grande batalha" (II). *O Carbonário*, 8/10/1886, p. 4.

(7) Idem, "A cruel inveja..." (IV), op. cit. As afirmações do Príncipe não parecem bater exatamente com a biografia de seu contemporâneo, rei Humberto I (1844-1900), filho e sucessor de Vitor Emanuel III, que nunca esteve no exílio, sendo conhecido, não obstante, como "Re buono e generozo" e mesmo "Padre del popolo".

(8) Idem, "Plano maldito..." (I e II). *O Carbonário*, 21 e 25/6/1886, p. 4.

(9) Idem, "Ao país e ao respeitável público" (II). *O Carbonário*, 18/8/1882, p. 4.

(10) Idem, "A cruel inveja..." (III), op. cit. No dia 2 de julho de 1823 os brasileiros entram festivamente em Salvador, até então sob controle de tropas portuguesas. Sobre o episódio como um todo existem trabalhos bem documentados: Braz do Amaral, *História da Independência na Bahia*. 2ª ed. Salvador, Progresso, 1957; Luís Henrique Dias Tavares, *A Independência do Brasil na Bahia*. 2ª ed. Rio de Janeiro, Civilização Brasileira/MEC, 1977; F. W. O. Morton, "The conservative revolution of Independence". Tese de doutorado, Oxford University, 1974. Para uma visão geral do período, ver: Wanderley Pinho, "A Bahia (1808-1856)". In: Sérgio Buarque de Holanda, org., *História geral da civilização brasileira*. São Paulo, Difusão Européia do Livro, 1964, t. II, vol. 2., pp. 242-311.

(11) José Bonifácio de Andrada e Silva, *Representação à Assembléia Constituinte e Legislativa do Império do Brasil sobre a escravatura*. Rio de Janeiro, Typographia de J. E. S. Cabral, 1840, p. 3 (1ª ed., Londres, 1826); Octávio Tarquínio de Sousa, org., *O pensamento vivo de José Bonifácio*. São Paulo, 1944; Vicente Barreto, *Ideologia e política no pensamento de José Bonifácio de Andrada e Silva*. Rio de Janeiro, Zahar, 1977, p. 71 ss.; Emília Viotti da Costa, "A consciência liberal nos primórdios do Império". In: *Da Monarquia à República*. São Paulo, Ciências Humanas, 1979, p. 109 e ss.

(12) Dom Obá II d'África, "Não há vitória sem grande batalha" (II), op. cit.

(13) Cf. Joaquim Nabuco. *O abolicionismo*; conferências e discursos abolicionistas. São Paulo, Instituto Progresso Editorial, 1949, p. 22 (1ª ed., Londres, 1883).

(14) Ver acima, nota 5.

(15) Dom Obá II d'África. "Ao país e ao respeitável público" (II). *O Carbonário*, 21/8/1882, p. 4.

(16) Dom Obá II d'África, "Ao país e ao respeitável público" (IV). *O Carbonário*, 28/8/1882, p. 4.

(17) Rev. Samuel Johnson, *The history of the Yorubas: from the earliest times to the beginning of the British Protectorate*. Lagos, C. S. S., 1976 (1ª ed. 1921), parte I, capítulo VIII.

(18) N. A. Fadipe (1893-1944). *The sociology of the Yoruba*. Ibadan, Ibadan University Press, 1970, pp. 302-3 e 311. Mais recentemente, Elechi Amadi dedicou um capítulo inteiro ao estudo dos conceitos de bondade e filosofia ética presentes nos provérbios ioruba e nigerianos em geral. Ver: *Ethics in Nigerian Culture*. Ibadan, Heinemann, 1982, cap. 7. Ainda no mundo contemporâneo, expressões proverbiais, freqüentemente de origem africana, assumem importante papel tanto no pensamento rastafari como no estilo retórico dos pregadores negros da Jamaica, Estados Unidos e, mais recentemente, Grã-Bretanha. Ver: David Sutcliffe e Carol Tomlin, "The Black churches"; e pastor L. A. Jackson, "Proverbs of Jamaica". In: David Sutcliffe e Ansel Wong,

orgs., *The language of the Black experience; cultural expression through word and sound in the Caribbean and Black Britain*. Oxford, Basil Blackwell, 1986, pp. 15-31 e 32-6.

(19) Ver, respectivamente, carta a Miss C. Darwin (Maldonado, 22/5/1833) e a J. M. Herbert (2/6/1833). In: Francis Darwin, org., *The life and letters of Charles Darwin*. 3ª ed., Londres, John Murray, 1887, vol. I, pp. 246 e 248.

(20) Dom Obá II d'África. "Não há vitória sem grande batalha" (II). Op. cit.; idem, "A cruel inveja..." (II). Op. cit.

(21) Idem, "A justa palavra perante Deus, a majestade e as universidades" (III), *O Carbonário*, 11/6/1883, p. 3.

(22) Amadi, op. cit., pp. 55-6.

(23) Dom Obá II d'África, "Ao país e ao respeitável público" (III). Op. cit.

(24) Idem, "Não há vitória sem grande batalha" (II). Op. cit.

(25) Idem, "Ao país e ao respeitável público" (VI). *O Carbonário*, 4/9/1882, p. 4. A expressão tem origem entre 1830-50, período em que o tráfico africano, apesar de proibido por lei, continuou sendo tolerado.

(26) Idem, "Plano maldito..." (II). Op. cit. Tal idéia — que não pode ser considerada "natural" dentro do sistema escravista — encontra-se entre as instruções de Jesus a seus discípulos. Cf. Mateus, 10, 10.

(27) Idem, "Ao país e ao respeitável público" (III). Op. cit.

(28) Idem, "Ao país e ao respeitável público" (II). Op. cit. É interessante notar que também em alguns *jongos* cantados na Corte, como na área rural circundante, escravos, libertos e homens livres referem-se a si mesmos, alegoricamente, como "macaco", ou "macaco véio". A expressão tem a ver, sem dúvida, com a imagem de inteligência e sagacidade atribuída aos primatas nas fabulações populares. A mesma analogia pode ser encontrada não apenas nas culturas sudanesas, como também na Jamaica, "*follow-fashion monkey broke him neck*" (ver: L. A. Jackson, op. cit., p. 32), e nas culturas banto. Um bom exemplo, aqui, é o *jisabu* de Angola, "o kima Katale o mukila uê", um convite à moderação e autocrítica que passaria à tradição brasileira em tradução quase literal: "macaco, olha o seu rabo!". Ver: Artur Ramos, *O folclore negro do Brasil; demopsicologia e psicanálise*. 2ª ed. Rio de Janeiro, Casa do Estudante do Brasil, 1954, pp. 224-6.

(29) Johnson, op. cit., p. 102; Fadipe, op. cit., p. 307.

(30) Dom Obá II d'África, "A cruel inveja..." (III). Op. cit.; idem, "Ao país e ao respeitável público" (II). Op. cit.

(31) Já o título do folheto, de apenas dez páginas, é um resumo completo de tal pensamento. Ver: J. J. do C. M., *Carta do compadre do Rio S. Francisco do Norte, ao filho do compadre do Rio de Janeiro, qual se lhe queixa do paralelo, que faz dos índios com os cavalos, de não conceder aos homens*

pretos maior dignidade, que a de reis do Rosário, e de asseverar, que o Brasil ainda agora está engatinhando. E crê provar o contrário de tudo isso por... Rio de Janeiro, Impressão Nacional, 1821, pp. 4-5. A argumentação histórica, a experiência acumulada no convívio diário, era aqui fundamental, distinguindo-se claramente, talvez pela primeira vez em trabalho escrito, o *escravo*, de um lado, e a *raça negra*, de outro. O trabalho resume o cerne desse debate tal como se coloca já no encerramento da era colonial: "Se não têm aparecido entre os pretos repetidas vezes grandes homens", defendia o *moreno* J. J. do C. M., "é porque a condição servil, em que estão postos entre nós lho não consente [...] mas apesar disso, quantos Heróis poderiam eles memorar, se lhes fosse conhecida a prodigiosa Arte de transmitir seus nomes à posteridade? [...] sem sairmos do nosso Brasil admiraremos um Henrique Dias; não foi ele preto? Impediu-o acaso o acidente da cor, para que obrasse as grandes ações de fidelidade, valor, heroicidade, que praticou na restauração de Pernambuco? [...]. O brioso, e valente Corpo de Libertos Leais d'El Rei não é composto de pretos? Tem por isso deixado de se conduzir com honra, e valor na Guerra do Sul? não vemos entre os Cavaleiros das Ordens Militares, coronéis, e oficiais pretos, que dignamente preenchem os deveres, e comportamentos? Não vemos sacerdotes, e cônegos muito dignos? São os pretos menos hábeis e aptos para as Letras, Artes, e Ofícios? Não certamente; temos disso sobejas provas entre nós mesmos, e lá em Lisboa".

(32) Leonardo Mota, *Violeiros do Norte*. São Paulo, Editora Monteiro Lobato, 1925, pp. 93-4.

(33) Dom Obá II d'África, "Ao país e ao respeitável público" (VI). *O Carbonário*, 4/9/1882, p. 4. A influência de passagens bíblicas é, também aqui, evidente. Sobre a última citação em particular, ver Lucas 23, 34: "Perdoa-lhes, Pai, porque não sabem o que fazem".

(34) Idem, "A justiça e a consciência" (I). *O Carbonário*, 22/4/1887, p. 4.

(35) Idem, sem título (III). *O Carbonário*, 25/10/1886, p. 4.

(36) Idem, "A justa palavra perante Deus, a majestade e universidades" (III). Op. cit.

(37) Cândido da Fonseca Galvão, requerimento manuscrito. Ver Apêndice A, p. 187

(38) Dom Obá II d'África, carta a dom Pedro II. Rio de Janeiro, 31/1/1882. Ver Apêndice B, p. 189

(39) Idem, "Raiza-me de Abiodun". *O Carbonário*, 30/11/1888, pp. 3 e 4.

(40) Idem, "Ao Exmo. Sr. Conselheiro Ernesto Ferreira França". *O Carbonário*, 13/3/1889, p. 4.

(41) Idem, "A justa palavra perante Deus, a majestade e as universidades" (II). *O Carbonário*, 8/6/1883, p. 4.

(42) Idem, "A Paixão de N. S. Jesus Cristo". *O Carbonário*, 26/4/1886, p. 4.

(43) Idem, "A S. A. Sereníssima o senhor príncipe conde d'Eu" (II). *O Carbonário*, 22/9/1886, p. 4.

(44) Pesquisa de campo, fevereiro de 1987.

(45) Dom Obá II d'África, "Questão diplomática; a S. M. o imperador" (I). Op. cit. Outros santos pretos ou pardos, como santa Efigênia, exerceram papel semelhante. Afrânio Peixoto menciona em seu romance três bandas de música rivais na Lençóis do século XIX — as *filarmônicas*, como eram chamadas. A "Banda Oito de Dezembro", dedicada a Nossa Senhora da Conceição; a "Dois de Fevereiro", dedicada ao Senhor dos Passos; e a "Primeiro de Janeiro", dedicada a são Benedito e formada exclusivamente por músicos negros. Ver *Bugrinha*. 10ª ed. Rio de Janeiro/Brasília, Conquista/INL, 1972. Dados históricos básicos sobre Benedito, o Preto, podem ser encontrados em Donald Attwater, *Dictionary of saints*. Harmondsworth, Penguin, 1970, pp. 62-3.

(46) Dom Obá II d'África, "A S. A. Sereníssima o senhor príncipe conde d'Eu" (II). Op. cit.

(47) Idem, "A cruel inveja..." (I). *O Carbonário*, 17/11/1886, p. 4.

(48) AN, Auto de Penhora Executiva, 1ª Vara Cível, nº 137, cx. 2327, 1889.

(49) Raimundo Nina Rodrigues, *Os africanos no Brasil*. São Paulo, Companhia Editora Nacional, 1977; Manuel Querino, *Costumes africanos no Brasil*. Rio de Janeiro, Civilização Brasileira, 1938; Artur Ramos, *Introdução à antropologia brasileira*. Rio de Janeiro, Casa do Estudante do Brasil, 1947, 2 vols.; Edison Carneiro, *Candomblés da Bahia*. 5ª ed. Rio de Janeiro/Brasília, Civilização Brasileira/INL, 1977.

(50) Sobre Xangô e outros pais fundadores dos Iorubas, ver Johnson, op. cit., pp. 143-54. Sobre o culto do Xangô na África e no Brasil, ver o bem documentado livro de Pierre Fatumbi Verger, *Orixás; deuses iorubas na África e no Novo Mundo*. São Paulo, Corrupio/Círculo do Livro, 1981, pp. 134-41.

(51) Dom Obá II d'África, "A divindade manda não ser-se traidor do rei" (I e III). *O Carbonário*, 9 e 16/5/1887, p. 4.

(52) Cf. Johnson, op. cit., pp. 85-6. Sobre o simbolismo da direita e da esquerda, ver Fadipe, op. cit., pp. 311-2; Juana Elbein dos Santos, *Os nagô e a morte*. 4ª ed., Petrópolis, Vozes, 1986, pp. 72 e ss.

(53) Jean Baptiste Debret, *Viagem pitoresca e histórica ao Brasil*. Trad. e notas de Sérgio Milliet. São Paulo, Martins, 1940, vol. 2, pp. 39-41 e 217, prancha 27; Mello Moraes Filho, *Festas e tradições populares do Brasil*. 3ª ed. Rio de Janeiro, Briguiet, 1946, pp. 257-64; José Vieira Fazenda, "Antiqualhas e memórias do Rio de Janeiro". *Revista do IHGB*, t. 86, vol. 140, 1919, pp. 202-7.

(54) Sobre o período mitológico ioruba, ver Johnson, op. cit., pp. 143-54. Uma excelente fotografia de "ferramenta de Ogum" esculpida em ferro, e muito semelhante à representação abstrata do príncipe, pode ser encontrada em Verger, op. cit., p. 109. O sincretismo histórico do Espírito Santo com

Oxum registra-se aqui, provavelmente, pela primeira vez. Para uma sistematização das identificações sincréticas, desde os trabalhos pioneiros de Nina Rodrigues, ver Waldemar Valente. *Sincretismo religioso afro-brasileiro*. 3ª ed. São Paulo, Companhia Editora Nacional, 1977, pp. 98-106.

(55) Câmara Cascudo atribuiu a idéia (na verdade uma magnífica análise de história cultural aplicada) a José Bonifácio de Andrada e Silva, o "José Bonifácio nosso" de Dom Obá II d'África. Cf. *Dicionário do folclore brasileiro*. 3ª ed. Brasília, INL, 1972, pp. 338-9 e 384-5.

(56) Moraes Filho, op. cit., capítulo "A Festa do Divino".

(57) Peixoto, op. cit., p. 31.

(58) Eduardo Silva, *As queixas do povo*. Rio de Janeiro, Paz e Terra, 1988, pp. 75-7.

(59) Moraes Filho, op. cit., pp. 253-4.

(60) Cf. Gilberto Freyre, *Ordem e progresso*. Rio de Janeiro, José Olympio, 1959, 1º tomo, "Nota metodológica", p. XXXI. É interessante notar que o autor chega a essa conclusão após submeter cerca de 183 brasileiros nascidos entre 1850 e 1900 a questionários verdadeiramente íntimos e minuciosos, que ele chamava "autobiografias provocadas" ou "inquérito antropológico e sociológico retrospectivo". Na verdade, não apenas as elegantes bengalas, mas todo o "rigor" e simbolismo da moda senhorial brasileira, vem a ser um dos temas mais recorrentes e uma das contribuições mais importantes (embora pouco notada) da "sociologia proustiana" de Freyre. Ver *Vida Social no Brasil nos meados do século XIX*. Trad. Waldemar Valente. 2ª ed. Rio de Janeiro/Recife, Artenova/Instituto Joaquim Nabuco de Pesquisas Sociais, 1977, pp. 92, 112 e passim (original em inglês: 1922); *Casa-grande & senzala*. 25ª ed. Rio de Janeiro, José Olympio, 1987, pp. 416 e passim.

(61) *O Paiz*, 15/11/1886, p. 1; *Diário de Notícias*, 14/7/1890, p. 1.

(62) Johnson, op. cit., p. 52 (original, 1897; 1ª ed., 1921).

(63) Fadipe, op. cit., p. 307.

(64) Peter B. Clarke, "Charismatic authority and the creation of a new order; the case of the Mahdiyyat Movement in South-western Nigeria". In: Donal B. Cruise O'Brien and Christian Coulon, eds., *Charisma and brotherhood in African Islam*. Oxford, Clarendon Press, 1988, pp. 157-82. Citações à p. 175.

(65) James Wetherell, *Brazil: stray notes from Bahia: being extracts from letters etc. During a residence of fifteen years*. Edited by William Hadfield. Liverpool, Webb and Hunt, 1860, p. 77.

(66) Pesquisa de campo, 1986 e 1987.

CONCLUSÃO (pp. 181-4)

(1) *Revista Illustrada*, 2 e 9/6/1888, pp. 2-6.

(2) Apud Stanley J. Stein, *Grandeza e decadência do café no vale do Paraíba*. São Paulo, Brasiliense, 1961, p. 310.

(3) *Revista Illustrada*, 15/9/1888, p. 3.

(4) Roberto DaMatta, *Carnavais, malandros e heróis; para uma sociologia do dilema brasileiro*. 3ª ed. Rio de Janeiro, Zahar, 1981, cap. IV.

(5) Visconde de São Boaventura, *A Revolução no Brasil*, 1894, p. 18. Apud Gilberto Freyre, *Ordem e progresso*. Rio de Janeiro, José Olympio, 1959, p. CXIX.

(6) *Revista Illustrada*, 2/6/1888, p. 4.

(7) Julio Verim, "Pela política". *Revista Illustrada*, 18/5/1889, p. 2.

(8) AN, Auto de Penhora Executiva, 1ª Vara Cível, nº 137, cx. 2327, 1889.

(9) *O Paiz*, 13/11/1889, p. 1; *Jornal do Commercio*, 13/11/1889, p. 1.

(10) *Diário de Notícias*, 9/7/1890, p. 1.

APÊNDICES (pp. 187-98)

(1) "Povos de Oyó e Eubá" (Egba): subgrupos aparentados do povo de fala ioruba. Segundo reverendo S. Johnson, "as principais famílias dos Egbas traçam suas origens a partir de Oyó, daí o conhecido ditado: 'Egbas que não têm suas raízes em Oyó são escravos'". Cf. *The history of the Yorubas*, pp. 15-8.

(2) *O Corsário*: jornal de escândalos publicado no Rio de Janeiro às quartas e sábados, desde 1881, com críticas desabridas ao imperador, ao qual aplicava epítetos jocosos. Tiragem declarada entre 20 mil e 25 mil exemplares.

(3) "Imorredoura idéia": lei nº 2040, de 28 de setembro de 1871, também conhecida como Lei Rio Branco, ou Lei do Ventre Livre. Da assinatura da lei até 1883, quando o Príncipe escrevia, foram alforriados, em virtude dela, uma média de 11 mil escravos por ano (cf. *Jornal do Commercio*, 28/9/1882, editorial). Ao contrário de Dom Obá II d'África, o movimento abolicionista criticava esses resultados como demasiadamente lentos, propondo em substituição a abolição imediata e sem indenização. Cf. Joaquim Nabuco, *O abolicionismo*, op. cit.

(4) "Hodie mi crastib" (*hodie mihi, cras tibi*): frase latina cujo sentido literal é "hoje comigo, amanhã contigo", empregada com freqüência nas lápides, para lembrar aos passantes, como explica o Príncipe, "que ninguém estaria isento das falsidades da vida".

(5) "Ximango": ave falconiforme (*Milvago chimango*) comum no extremo sul do Brasil; epíteto dado aos liberais, depreciativamente, pelos conservadores, que, por sua vez, eram chamados "cascudos" (peixe teleósteo, da

família dos loricarídeos). Refere-se aqui, especificamente, a José Antonio Saraiva (1823-95), líder do gabinete liberal, então no poder.

(6) "Esbirrado": o mesmo que esmirrado ou mirrado.

(7) "Potentosos": cheios de influência e poder.

(8) O desaparecimento do operário João Alves Castro Malta, depois de preso pela polícia, nunca foi devidamente esclarecido. Castro Malta trabalhava como encadernador nas oficinas da Casa Laemmert, editora de grande prestígio à época. O Príncipe parece tê-lo conhecido pessoalmente e apresenta uma versão nada oficial sobre os fatos. Protegido sob o véu do anonimato, também Aluísio Azevedo abordaria o tema, de resto rumoroso, num folhetim burlesco. Ver *Mattos, Malta ou Matta?* Rio de Janeiro, Nova Fronteira, FCRB, 1985.

(9) "Ecó": atual cidade de Lagos, capital da Nigéria.

BIBLIOGRAFIA

FONTES MANUSCRITAS

Arquivo Nacional (*Rio de Janeiro*)

Auto de Penhora Executiva, 1ª Vara Cível, nº 137, cx. 2327, 1889.

Arquivo Seletivo do Exército (*Rio de Janeiro*)

"Oficiais dos Corpos de Voluntários da Pátria em sua organização", 1865.
Companhia de Zuavos, pasta 9, "Voluntários de diversos estados que marcharam para a Guerra do Paraguai".
Pasta 539, maço 17.
Pasta "Cândido da Fonseca Galvão".
"Papéis que serviram de base ao decreto de 25 set. 1872, concedendo honras do posto de alferes a Cândido da Fonseca Galvão".
Ministério da Guerra, 2ª secção. Repartição do Ajudante General, doc. 1602.
Ministério da Guerra, 1ª secção. Repartição Fiscal, doc. 1184.

Museu Histórico Nacional (*Rio de Janeiro*)

Livro de Assinaturas do Palácio Imperial da Quinta da Boa Vista, 1882-5. Arquivo Histórico, IMr2.
"O Príncipe Obá". Arquivo Histórico, doc. 72A.
Coleção Uniformes Militares. Arquivo Histórico, UM 118.

Arquivo do Instituto Histórico e Geográfico Brasileiro (Rio de Janeiro)

Lata 416. Opúsculo de J. J. do C. M., 1821.

Arquivo Geral da Secretaria do Patrimônio Histórico e Artístico Nacional (Rio de Janeiro)

Pasta de Tombamento: "Casa dos 7 Candeeiros".

Museu Imperial de Petrópolis (Petrópolis)

Arquivo de Manuscritos, maço 187, doc. 8473.

Arquivo Público do Estado da Bahia (Salvador)

Atos do Governo, maço 976.
Presidência da Província. Governo Câmara de Lençóis, 1858-81.
Presidência da Província. Governo Câmara de Lençóis, 1859-89.
Seção Histórica. Correspondência, livro 689.
Assembléia Legislativa. Abaixo-assinados, 1835-6.
Guerra do Paraguai, maço 3668.
Avisos Recebidos. Ministro da Guerra, maço 828.

Coleção particular de mestre Oswaldo (Lençóis, BA)

Manuscritos do farmacêutico João de Miranda Neves. "Livro I" (*c*. 1908-12); "Livro II" (*c*. 1916-7); "Livro III" (1917).

FONTES IMPRESSAS

Artigos de Dom Obá II d'África

Dom Obá II d'África, "Ao país e ao respeitável público" (I), *O Carbonário*, 4/3/1882, p. 4.
_____, "Ao país e ao respeitável público" (II), *O Carbonário,* 18/8/1882, p. 4.
_____, "Ao país e ao respeitável público" (III), *O Carbonário*, 21/8/1882, p. 4.
_____, "Ao país e ao respeitável público" (IV), *O Carbonário*, 28/8/1882, p. 4.

Dom Obá II d'África, "Ao país e ao respeitável público" (V), *O Carbonário*, 1/9/1882, p. 4.

_____, "Ao país e ao respeitável público" (VI), *O Carbonário*, 4/9/1882, p. 4.

_____, "Ao país e ao respeitável público" (VII), *O Carbonário*, 8/9/1882, p. 4.

_____, sem título, *O Carbonário*, 4/9/1882, p. 4.

_____, "A justa palavra perante Deus, a majestade e universidades" (I), *O Carbonário*, 4/6/1883, p. 4.

_____, "A justa palavra perante Deus..." (II), *O Carbonário*, 8/6/1883, p. 4.

_____, "A justa palavra perante Deus..." (III), *O Carbonário*, 11/6/1883, p. 3.

_____,. "As vivas razões da constituição da lei que nos rege e nos faz respeitá-la", *Jornal do Commercio*, 25/2/1885, p. 5.

_____, "A S. M. o imperador", *Jornal do Commercio*, 28/2/1885, p. 5.

_____, "Questão diplomática; a S. M. o imperador" (I), *Jornal do Commercio*, 3/1/1886, p. 3.

_____, "Questão diplomática; a S. M. o imperador" (II), *Jornal do Commercio*, 6/3/1886, p. 4.

_____, "Protesto", *O Carbonário*, 26/3/1886, p. 4.

_____, "A Paixão de N. S. Jesus Cristo", *O Carbonário*, 26/4/1886, p. 4.

_____, "Plano maldito dos adversários; a inveja e a razão convencem os espertalhões dos direitos de deus e dos reis" (I), *O Carbonário*, 18/6/1886, p. 4.

_____, "Plano maldito dos adversários..." (II), *O Carbonário*, 21/6/1886, p. 4.

_____, "Plano maldito dos adversários..." (III), *O Carbonário*, 25/6/1886, p. 4.

_____, "A S. M. o imperador e Ao país pois desta natureza só aparece dum século a século" (I), *O Carbonário*, 12/7/1886, p. 4.

_____, "A S. M. o imperador e Ao país..."(II), *O Carbonário*, 16/7/1886, p. 4.

_____, "Aos poderes do Estado", *O Carbonário*, 2/8/1886, p. 4.

_____, "A S. A. Sereníssima o senhor príncipe conde d'Eu" (I), *O Carbonário*, 20/9/1886, p. 4.

_____, "A S. A. Sereníssima o senhor príncipe conde d'Eu" (II), *O Carbonário*, 22/9/1886, p. 4.

_____, "A S. A. Sereníssima o senhor príncipe conde d'Eu" (III), *O Carbonário*, 24/9/1886, p. 4.

_____,"Não há vitória sem grande batalha" (I), *O Carbonário*, 5/10/1886, p. 4.

_____, "Não há vitória sem grande batalha"(II), *O Carbonário*, 8/10/1886, p. 4.

_____, "Não há vitória sem grande batalha"(III), *O Carbonário*, 10/10/1886, p. 4.

_____, "Não há vitória sem grande batalha"(IV), *O Carbonário*, 15/10/1886, p. 4.

_____, sem título (I), *O Carbonário*, 18/10/1886, p. 4.

_____, sem título (II), *O Carbonário*, 22/10/1886, p. 4.

_____, sem título (III), *O Carbonário*, 25/10/1886, p. 4.

Dom Obá II d'África, sem título (IV), *O Carbonário*, 1/11/1886, p. 4.
_____, "A cruel inveja contra o Príncipe Dom Obá II d'África, apesar que contra a força há resistência, o certo é que o Diabo não pode mais que Deus", (I) *O Carbonário*, 17/11/1886, p. 4.
_____, "A cruel inveja..." (II), *O Carbonário*, 19/11/1886, p. 4.
_____, "A cruel inveja..." (III), *O Carbonário*, 22/11/1886, p. 4.
_____, "A cruel inveja..." (IV), *O Carbonário*, 26/11/1886, p. 4.
_____, "Cruel intriga...", *O Carbonário*, 29/11/1886, p. 4.
_____, "Fala a consciência universal, que obriga o direito divinal, interessar-se pelo bem-estar do deus da Nação brasileira", *O Carbonário*, 18/3/1887, p. 4.
_____, sem título, *O Carbonário*, 25/3/1887, p. 4.
_____, "A justiça e a consciência" (I), *O Carbonário*, 22/4/1887, p. 4.
_____, "A justiça e a consciência" (II), *O Carbonário*, 24/4/1887, p. 4.
_____, "A justiça e a consciência" (III), *O Carbonário*, 25/4/1887, p. 4.
_____, "A justiça e a consciência" (IV), *O Carbonário*, 29/4/1887, p. 4.
_____, "A justiça e a consciência" (V), *O Carbonário*, 2/5/1887, p. 4.
_____, "A cruel inveja...", *O Carbonário*, 2/5/1887, p. 4.
_____, "A divindade manda não ser-se traidor do rei" (I), *O Carbonário*, 9/5/1887, p. 4.
_____, "A divindade manda não ser-se traidor do rei" (II), *O Carbonário*, 16/5/1887, p. 4.
_____, "A divindade manda não ser-se traidor do rei" (III), *O Carbonário*, 23/5/1887, p. 4.
_____, "A consciência dos cantoneiros e os remorsos dos quirógrafos acusa a quem é mal principiado ser por castigo de Deus mal acabado", *O Carbonário*, 20/5/1887.
_____, "Ao universo imploro a suplicada saudação" (I), *O Carbonário*, 27/5/1887, p. 4.
_____, "Ao universo imploro a suplicada saudação" (II), *O Carbonário*, 30/5/1887, p. 4.
_____,"Ao universo imploro a suplicada saudação" (III), *O Carbonário*, 8/6/1887, p. 4.
_____, "Raiza-me de Abiodun", *O Carbonário*, 13/11/1888, p. 3.
_____, "Ao Exmo. sr. conselheiro Ernesto Ferreira França", *O Carbonário*, 13/3/1889, p. 4.

Cartas de Apoio a Dom Obá II d'África

Anônimo, "Manifestação de apreço", *Jornal do Commercio*, 16/1/1880, p. 2.

Anônimo, "Felicitação oferecida ao distinto patriota monarquista de família, o nobre Príncipe Obá II de África e alferes Galvão, no Brasil", *Jornal do Commercio*, 4/5/1884, p. 3.
Anônimo, sem título, *O Carbonário*, 28/6/1886, p. 4.
Anônimo, "Ao país" (I), *O Carbonário*, 13/12/1886, p. 4.
Anônimo, "Ao país" (II), *O Carbonário*, 17/12/1886, p. 4.
Anônimo, "Ao país" (III), *O Carbonário*, 20/12/1886, p. 4.
Um amigo de S. A., Príncipe Obá II d'África, pseud., "O dedo de Deus chama a atenção do globo civilizado para ver a verdade" (I), *O Carbonário*, 18/2/1887, p. 4.
_____, "O dedo de Deus chama a atenção do globo civilizado para ver a verdade" (II), *O Carbonário*, 23/2/1887, p. 4.

Trabalhos contemporâneos e outros documentos

Abranches, João Dunshee de, *O cativeiro* (*Memórias*). Rio de Janeiro, s. ed., 1941.
Albuquerque, Medeiros e, *Quando eu era vivo, 1867-1934.* 2ª ed. Rio de Janeiro, Livraria Globo, 1945.
Alencar, José de, *Sistema representativo.* Rio de Janeiro, B. L. Garnier, 1868.
_____, *Obra completa*, 4 vols., ed. M. Cavalvanti Proença. Rio de Janeiro, Aguilar, 1959.
Almeida, Caetano Furquim de, "Carestia dos gêneros alimentícios". In: *Relatório do presidente da província do Rio de Janeiro.* Rio de Janeiro, 1858, anexo K.
Alves, Castro, *Obra completa*, ed. Eugênio Gomes. Rio de Janeiro, Aguilar, 1960.
Andrada e Silva, José Bonifácio de, *Representação à Assembléia Constituinte e Legislativa do Império do Brasil sobre a escravatura.* Rio de Janeiro, Typ. de J. E. S. Cabral, 1840.
_____, *Discursos parlamentares*, seleção e introdução de Francisco de Assis Barbosa. Brasília, Câmara dos Deputados, 1979 (col. Perfis Parlamentares, 13).
Antonil, André João. *Cultura e opulência do Brasil*, 2ª ed., introdução e vocabulário de Alice P. Canabrava. São Paulo, Companhia Editora Nacional, s. d.
Anônimo, "Reminiscências de um do povo (do meu Diário)", *A Imprensa.* Rio de Janeiro, 15/11/1911, p. 2.
Azevedo, Aluízio, *O cortiço.* São Paulo, Martins, 1965.
_____, *Mattos, Malta ou Matta?* Rio de Janeiro, Nova Fronteira/FCRB, 1985.

Barreto, Filho, Mello e Lima, Hermeto, *História da polícia do Rio de Janeiro; aspectos da cidade e da vida carioca 1870-1889*. Rio de Janeiro, A Noite, 1944.

Barreto, Lima, *Bagatelas*. São Paulo, Brasiliense, 1956.

Brasil, Congresso Nacional, Câmara dos Deputados, *Anais do Parlamento Brasileiro*. Rio de Janeiro, 1854.

_____, *Anais do Parlamento Brasileiro*. Rio de Janeiro, 1886-8.

_____, *Coleção de leis do Império do Brasil*, t. XXXI, Rio de Janeiro, 1871.

_____, *Coleção das ordens do dia da Repartição General publicadas no ano de 1872*. Rio de Janeiro, Typ. do Diário do Rio de Janeiro, 1874.

_____, *Constituição política do Império do Brasil*. Rio de Janeiro, Typ. de Silva Porto, 1824.

_____, Repartição de Ajudante General, *Coleção das ordens do dia*. Rio de Janeiro, Typ. de G. Leuzinger & Filhos, 1889.

_____, *Recenseamento da população do Império do Brasil a que se procedeu no dia 1 de agosto de 1872*, vol. 21. Rio de Janeiro, Oficina de Estatística, 1873-6.

_____, *Recenseamento do Distrito Federal de 1890*. Rio de Janeiro, Oficina de Estatística, 1901.

_____, *Recenseamento do Rio de Janeiro (Distrito Federal) realizado em 20 de setembro de 1906*. Rio de Janeiro, Oficina de Estatística, 1907.

Bocaiúva, Quintino, *Idéias políticas de Quintino Bocaiúva*; cronologia, introdução, notas bibliográficas e textos selecionados por Eduardo Silva. Brasília/Rio de Janeiro, Senado Federal/FCRB, 1986, 2 vols. (Ação e Pensamento da República, 11, 11-A)

Bueno, José Antonio Pimenta, *Direito público brasileiro e análise da Constituição do Império*. Rio de Janeiro, 1857.

Camões, Luís de, *Os lusíadas*. Lisboa, Biblioteca Nacional, 1921.

Cerqueira, Dionísio, *Reminiscências da campanha do Paraguai, 1865-1870*. Rio de Janeiro, Biblioteca do Exército, 1980.

Couty, Louis, *L'esclavage au Brésil*. Paris, Librairie de Guillaumin, 1881.

_____, *Le Brésil en 1884*. Rio de Janeiro, Faro e Lino, 1884.

Darwin, Francis, ed., *The life and letters of Charles Darwin*, 3ª ed. Londres, John Murray, 1887, vol. I.

Davatz, Thomas, *Memória de um colono no Brasil*; tradução, introdução e notas de Sérgio Buarque de Holanda, 2ª ed. São Paulo, Martins, 1951.

Debret, Jean Baptiste, *Viagem pitoresca e histórica ao Brasil*; tradução e notas de Sérgio Milliet. São Paulo, Martins, 2 vols., 1940.

D'Eu, conde, *Viagem militar ao Rio Grande do Sul*. São Paulo, Companhia Editora Nacional, 1936.

Dias, Antonio Gonçalves, *Poesias completas e prosa escolhida*. Manuel Bandeira e Antonio Houaiss, orgs. Rio de Janeiro, Aguilar, 1959.

Dom Pedro II, *Conselhos à regente*; introdução e notas de João Camillo de Oliveira Torres. Rio de Janeiro, Livraria São José, 1958.

Galvão, Rodolpho, *Das concepções delirantes; seu valor diagnóstico*. Rio de Janeiro, Typ. de G. Leuzinger & Filhos, 1886.

Gomes, A. Carlos, *O Guarani: ópera baile em quatro atos*. Versão e adaptação brasileira de C. Paula Barros segundo o original italiano de Antonio Scalvini, extraído do romance *O Guarani*, de José de Alencar. Rio de Janeiro, MEC, 1936.

Great Britain, Parliamentary Papers, 1878, vol. 75; 1881, vol. 89; 1882, vol. 70; 1886, vol. 65.

Hartt, Charles Frederick, *Geology and physical geography of Brazil*. Londres, Trübner, 1870.

Jardim, Antonio da Silva, *Memórias e viagens; campanha de um propagandista, 1887-1890*. Lisboa, Typ. da Companhia Editora Nacional, 1891.

_____, *Cartas de Silva Jardim a Clóvis Bevilaqua*. Rio de Janeiro, Apollo 1936.

_____, *Propaganda republicana* (*1888-1889*); discursos, opúsculos, manifestos e artigos coligidos, anotados e prefaciados por Barbosa Lima Sobrinho. Rio de Janeiro, FCRB/Conselho Federal de Cultura, 1978.

J. J. do C. M., pseud., *Carta do compadre do rio São Francisco do Norte, ao filho do compadre do Rio de Janeiro qual se lhe queixa do paralelo, que faz dos índios com os cavalos, de não conceder aos homens pretos maior dignidade, que a de reis do Rozário, e de asseverar, que o Brasil ainda agora está gatinhando. E crê provar o contrário de tudo isso...* Rio de Janeiro, Impressão Nacional, 1821.

João do Rio, pseud. Paulo Barreto, *As religiões no Rio*. Rio de Janeiro, H. Garnier, s. d.

_____, *A alma encantada das ruas*. Rio de Janeiro, Organização Simões, 1951.

Koseritz, Carl von. *Imagens do Brasil*; tradução Afonso Arinos de Melo Franco. São Paulo, Martins, 1943.

Leclerc, Max, *Cartas do Brasil*; tradução, prefácio e notas de Sérgio Milliet. São Paulo, Companhia Editora Nacional, 1942.

Lima, Hermeto, *A identidade do homem pela impressão digital*. Rio de Janeiro, Imprensa Nacional, 1913.

_____, *O alcoolismo no Rio de Janeiro*. Rio de Janeiro, Imprensa Nacional, 1914.

_____, *A infâmia alcoólatra*. Rio de Janeiro, Imprensa Nacional, 1916.

_____, *Os crimes célebres do Rio de Janeiro*. Rio de Janeiro, Empresa de Romances Populares, 1921.

_____, "O Príncipe Obá", *Revista da Semana*. Rio de Janeiro, 21/2/1925, p. 30.

Lulu Senior, pseud., "O Príncipe Obá", *Gazeta de Notícias*. Rio de Janeiro, 13/11/1889, p. 1.

Martius, Karl e Friederich, Phillipp von, *Cartas a Paulo Barbosa da Silva.* Organização e notas de Américo Jacobina Lacombe. Rio de Janeiro, IHGB, 1991.

Moraes Filho, Mello, *Quadros e crônicas.* Rio de Janeiro, Garnier, s. d.

_____, *Festas e tradições populares do Brasil.* 3ª ed. Rio de Janeiro, Briguiet, 1946 (1ª ed., 1895).

Nabuco, Joaquim, *Um estadista do Império.* Rio de Janeiro, Nova Aguilar, 1975.

_____, *O abolicionismo; conferências e discursos abolicionistas.* São Paulo, Instituto Progresso Editorial, 1949 (*Obras completas*, vol. 7).

_____, *Cartas aos abolicionistas ingleses*, José Thomaz Nabuco, org. Recife, Fundação Joaquim Nabuco/Massangana, 1985.

Peixoto, Afrânio. *Bugrinha*, 10ª ed. Rio de Janeiro/Brasília, Conquista/INL, 1972.

Pompéia, Raul. *Obras* (VI), org. e notas de Afrânio Coutinho. Rio de Janeiro, Civilização Brasileira, 1982.

Prado, Eduardo, "Immigration". In: M. F. de Sant'Anna Nery, org., *Le Brésil.* Paris, Charles Delegrave, 1889.

Querino, Manuel, *Costumes africanos no Brasil.* Rio de Janeiro, Civilização Brasileira, 1938.

Reis, Vicente, "O Rio de Janeiro no crepúsculo da Monarquia; aspectos de sua vida social e comercial", *Revista do IHGB*, nº 345, out./dez. 1984.

Romero, Sílvio, *A literatura brasileira e a crítica moderna; ensaio de generalização.* Rio de Janeiro, Imp. ind. João P. F. Dias, 1880.

Rugendas, Johann Moritz, *Voyage pittoresque dans Brésil.* Paris, Engelmenn, 1835.

_____, "Imagens e notas do Brasil", *Revista do Patrimônio Histórico e Artístico Nacional*, 13 (1956): 17-84.

Sales, Alberto, *A pátria paulista.* Brasília, Editora da Universidade de Brasília, 1983.

Sales, Campos, *Da propaganda à presidência.* São Paulo, s. ed., 1908.

Soares, Sebastião Ferreira. *Notas estatísticas sobre a produção agrícola e carestia dos gêneros alimentícios no Império do Brasil.* Rio de Janeiro, Typ. Imp. e Const. de J. Villeneuve, 1860.

Spix, Johann von e Martius, Karl von, *Viagem pelo Brasil, 1817-1820.* São Paulo, 3 vols., Melhoramentos, 1976.

Verim, Julio, "Pela política". *Revista Illustrada*, 18/5/1889, p. 2.

Wehers, C. Carlos J. *O Rio antigo: pitoresco e musical; memórias e diário.* Rio de Janeiro, Organização Tipográfica Brasileira, 1980.

Werneck, Francisco Peixoto de Lacerda, barão de Pati do Alferes, *Memória sobre a fundação de uma fazenda na província do Rio de Janeiro*, edição

original de 1847 e edição modificada e acrescida de 1878, Eduardo Silva, org. Brasília/Rio de Janeiro, Senado Federal/FCRB, 1985.
Werneck, Luís Peixoto de Lacerda, *Idéias sobre colonização precedidas de uma sucinta exposição dos princípios gerais que regem a população.* Rio de Janeiro, E. & H. Laemmert, 1855.
_____, "Breves considerações sobre a posição atual da lavoura do café", *Almanack Administrativo Mercantil e Industrial da Corte e da Província do Rio de Janeiro.* Rio de Janeiro, 12, 2ª série (7): 93-109, 1855.
Wetherell, James, *Brazil: stray notes from Bahia: being extracts from letters etc. during a residence of fifteen years*, William Hadfield, ed. Liverpool, Webb and Hunt, 1860.

Jornais e periódicos

O Carbonário, Rio de Janeiro, 1881-9.
O Corsário, Rio de Janeiro, 1881-3.
Diário de Notícias, Rio de Janeiro, 1890.
Distracção, Rio de Janeiro, 1886.
Gazeta da Tarde, Rio de Janeiro, 1881.
Gazeta de Notícias, Rio de Janeiro, 1889-90.
A Imprensa, Rio de Janeiro, 1911.
Jornal do Commercio, Rio de Janeiro, 1865 e 1882-7.
O Paiz, Rio de Janeiro, 1886-90.
Revista da Semana, Rio de Janeiro, 1925.
Revista do IHGB, Rio de Janeiro, 1838-1984.
Revista Illustrada, Rio de Janeiro, 1888-90.
A Tarde, Salvador, 1917.

FONTES SECUNDÁRIAS

Abercrombie, Nicholas e Hill, Stephen, "Paternalism and Patronage", *British Journal of Sociology*, 27(4): 13-29, 1976.
Abreu, Silvio Fróes, *A riqueza mineral do Brasil*, 2ª ed. São Paulo, Companhia Editora Nacional, 1975.
Adamo, Sam C., "The broken promise; race, health, and justice in Rio de Janeiro, 1890-1940", PhD thesis, University of New Mexico, 1983.
Alagoa, Ebiegberi J., "Oral tradition and cultural history in Nigeria". *Storia della Storiografia.* Milano, Editoriale Jaca Book, nº 5, 1984, pp. 66-76.
Algranti, Leila Mezan, *O feitor ausente; estudo sobre a escravidão urbana no Rio de Janeiro.* Petrópolis, Vozes, 1988.

Amadi, Elechi, *Ethics*. In: *Nigerian Culture*. Ibadan, Heinemann, 1982.

Amaral, Braz do, *História da Independência na Bahia*, 2ª ed., Salvador, Progresso, 1957.

Atanda, J. A., "The fall of the Old Oyó Empire: a re-consideration of its cause", *Journal of the Historical Society of Nigeria*, 5 (4): 477-90, 1971.

_____, *The New Oyó Empire*. Londres, Longmans, 1973.

Attwater, Donald, *Dictionary of saints*. Hardmondsworth, Penguin, 1970.

Augel, Moema Parente, *Visitantes estrangeiros na Bahia oitocentista*. São Paulo/Brasília, Cultrix/INL, 1980.

Ayódelé, C. O., "The traditional political institutions in Oyó", MA thesis. Ibadan University, 1983.

Azevedo, Eliane S. *Análise antropológica e cultural dos nomes de família na Bahia*. Salvador, Centro de Estudos Afro-Orientais/UFBA, 1981.

Barber, Karin, "How man makes God in West Africa: Yoruba attitudes towards the Orisa", *Africa* 51 (3), pp. 724-45, 1981.

Barbosa, Francisco de Assis, *JK: uma revisão na política brasileira*. Rio de Janeiro, José Olympio, 1960.

_____, org., "Cadernos do IV Centenário", *Jornal do Brasil*, jan.-dez. 1965.

Barreto, Vicente, *Ideologia e política no pensamento de José Bonifácio de Andrada e Silva*. Rio de Janeiro, Zahar, 1977.

Barroso, Gustavo, "Príncipes e filósofos da vadiagem". *O Cruzeiro*, 23/2/1952, pp. 40-4.

Beier, Ulli, *Yoruba Beaded Crowns; sacred regalia of the Olokutu of Okuku*. Londres, Ethnographica, 1982.

Bento, Cláudio Moreira, "O Exército e a Abolição". In: Arno Wehling, org., *Abolição do cativeiro*. Rio de Janeiro, IHGB, 1988.

Bergstresser, Rebecca Baird, *The movement for the abolition of slavery*. In: "Rio de Janeiro; Brazil, 1880-1889", PhD thesis, Stanford University, 1973.

Bethell, Leslie, *The abolition of the Brazilian slave trade; Britain, Brazil and the slave trade question, 1807-1869*. Cambridge, Cambridge University Press, 1970.

Bourdieu, Pierre, Darnton, Robert e Chartier, Roger, "Dialogue à propos de l'histoire culturelle", *Actes de la Recherche en Sciences Sociales*, nº 59, set. 1985, pp. 86-93.

Braga, Júlio, *Sociedade Protetora dos Desvalidos: uma irmandade de cor*. Salvador, Ianamá, 1987.

Braga, Osvaldo Melo, *Bibliografia de Joaquim Nabuco*. Rio de Janeiro, Imprensa Nacional, 1952.

Branner, John C., "The Tombador Escarpment in the State of Bahia, Brazil", *American Journal of Science*. New Haven, 30 (179): 335-43, 1910.

Broca, José Brito, *A vida literária no Brasil, 1900*. 3ª ed. Rio de Janeiro, José Olympio, 1975.

Buesco, Mircea, "Aspectos econômicos do processo abolicionista", *Revista de Informação Legislativa*, Brasília, 25 (98): 71-86, 1988.

Cabral, Sérgio, *As escolas de samba*. Rio de Janeiro, Fontana, 1974.

Calmon, Pedro, *História social do Brasil*, t. 2, *Espírito da sociedade imperial*, 3ª ed. São Paulo, Companhia Editora Nacional, 1937.

Candido, Antonio, *O método de Sílvio Romero*. São Paulo, Martins, 1963.

_____, *Formação da literatura brasileira; momentos decisivos*, 2ª ed. São Paulo, Martins, 1964.

Cardoso, Ciro F. S., *Escravo ou camponês?* São Paulo, Brasiliense, 1987.

Cardoso, Fernando Henrique, *Capitalismo e escravidão no Brasil meridional*. São Paulo, Difusão Européia do Livro, 1962.

Carneiro, Edison, *A sabedoria popular*. Rio de Janeiro, MEC/INL, 1957.

_____, *Candomblés da Bahia*, 5ª ed. Rio de Janeiro/Brasília, Civilização Brasileira/INL, 1977.

Carvalho, Delgado de, *História da cidade do Rio de Janeiro*. Rio de Janeiro, Secretaria Municipal de Cultura, 1988.

Carvalho, José Murilo de, *Os bestializados; o Rio de Janeiro e a República que não foi*. São Paulo, Companhia das Letras, 1987.

_____ e Silva, Eduardo. "Entre a enxada e o voto". *Acervo: Revista do Arquivo Nacional*. Rio de Janeiro, 2 (1):23-8, 1987.

Cascudo, Luís da Câmara, *Dicionário do folclore brasileiro*, 4ª ed., rev. e aum. São Paulo/Brasília, Melhoramentos/INL, 1976.

Castro, Antonio Barros de, "A economia política, o capitalismo e a escravidão". In: J. R. do Amaral Lapa, org., *Modos de produção e realidade brasileira*. Petrópolis, Vozes, 1980.

Centro de Estudos Geológicos, *Morro do Chapéu. Bahia*, Brasília, Departamento Nacional da Produção Mineral, 1987.

Chalhoub, Sidney, *Visões da liberdade; uma história das últimas décadas da escravidão na Corte*. São Paulo, Companhia das Letras, 1990.

Chartier, Roger, *Cultural history; between practices and representations*; trad. Lydia G. Cochrane. Cambridge, Polity Press, 1988.

Clarke, Peter B., "Charismatic authority and the creation of a new order; the case of the Mahdiyyat movement in South-western Nigeria". In: Donal B. Cruise O'Brien and Christian Coulon, eds., *Charisma and brotherhood*. In: *African Islam*. Oxford, Clarendon Press, 1988, pp. 57-82.

Colson, Frank, "On expectations — perspectives on the crisis of 1889 in Brazil", *Journal of Latin American Studies*. Cambridge, 13 (2): 265-92, 1981.

Conrad, Robert Edgar, *Os últimos anos da escravatura no Brasil, 1850-1888*. Rio de Janeiro/Brasília, Civilização Brasileira/INL, 1975.

Conrad, Robert Edgar, *Tumbeiros*. São Paulo, Brasiliense, 1985.

Costa, Emília Viotti da, *Da senzala à colônia*. São Paulo, Difel, 1966.

_____, *Da Monarquia à República: momentos decisivos*. São Paulo, Grijalbo, 1977.

Costa, Wilma Peres, "Notas sobre o jacobinismo brasileiro". Trabalho apresentado no Seminário Rio Republicano, FCRB, 1984.

Cunha, Manuela Carneiro da. *Negros, estrangeiros; os escravos libertos e sua volta à África*. São Paulo, Brasiliense, 1985.

DaMatta, Roberto, *Carnavais, malandros e heróis; para uma sociologia do dilema brasileiro*, 3ª ed. Rio de Janeiro, Zahar, 1981.

Darnton, Robert, *O grande massacre de gatos*. Rio de Janeiro, Graal, 1986 (edição original, 1984).

Davidson, Basil, *Black Mother; African and Atlantic slave trade*, 3ª ed. Middelsex, Penguin, 1980.

Davis, David Brion, *Slavery and human progress*. Nova York, Oxford University Press, 1984.

_____, *The problem of slavery*. In: *Western culture*. Nova York, Oxford University Press, 1988.

Dean, Warren, *Rio Claro: um sistema brasileiro de grande lavoura, 1820-1920*. São Paulo, Paz e Terra, 1977.

Degler, Carl, *Nem preto nem branco; escravidão e relações raciais no Brasil e nos EUA*. São Paulo, Labor do Brasil, 1976.

Drescher, Seymour, *Capitalism and antislavery; British mobilization*. In: *Comparative Perspective*. Londres, Macmillan, 1986.

Duarte, Paulo de Queiroz, *Os Voluntários da Pátria na Guerra do Paraguai*. Rio de Janeiro, Biblioteca do Exército, 2 vols., 1981-4.

Eakin, Marshall C., "Race and identity: Sílvio Romero, science and social thought in late 19th century. Brazil", *Luso-Brazilian Review*, 22 (2): 151-74, 1985.

Eduardo, Octávio da Costa, *The Negro*. In: *Northren Brazil; a study*. In: *Acculturation*. Londres, The African Publication Society, 1981.

Efegê, Jota, pseud., *Ameno Resedá, o rancho que foi escola*. Rio de Janeiro, Letras e Artes, 1965.

Elia, Hamilton, *Camões e a literatura brasileira*. Rio de Janeiro, FCRB, 1973.

Elkins, Stanley, *Slavery; a problem*. In: *American institutional and intelectual life*. Nova York, The Universal Library, 1959.

Eneida, pseud., *História do Carnaval carioca*. Rio de Janeiro, Civilização Brasileira, 1958.

Fadipe, N. A., *The sociology of the Yoruba*. Ibadan, Ibadan University Press, 1970.

Faoro, Raimundo, *Os donos do poder*. Porto Alegre, Globo, 1958.

Fazenda, José Vieira, "Antiqualhas e memórias do Rio de Janeiro", *Revista do IHGB*, t. 86, vol. 140, 1919.

Fernandes, Florestan e Bastide, Roger, *Brancos e negros em São Paulo*. São Paulo, Companhia Editora Nacional, 1959.

Fogel, R. W. e Engermann, S. L. *Time on the cross, the economics of American Negro slavery*. Boston, Little, Brown, 1974.

Fonseca, Walter, *Fonseca, uma família e uma história*. São Paulo, Obelisco, 1982.

Freyre, Gilberto, *Ordem e progresso*. 2 vols. Rio de Janeiro, José Olympio, 1959.

_____, *Sobrados e mocambos*, 5ª ed. Rio de Janeiro, José Olympio/INL-MEC, 2 vols., 1977.

_____, *Vida social no Brasil nos meados do século XIX*; trad. Waldemar Valente, 2ª ed. Rio de Janeiro/Recife, Artenova/Instituto Joaquim Nabuco de Pesquisas Sociais, 1977.

_____, *O escravo nos anúncios de jornais brasileiros do século XIX*, 2ª ed. São Paulo, Companhia Editora Nacional, 1979.

_____, *Casa-grande & senzala*, 25ª ed. Rio de Janeiro, José Olympio, 1987.

Ganem, Nadir, *Lençóis de outras eras*. Brasília, Thesaurus, 1984.

Gebara, Ademir, *O mercado de trabalho livre no Brasil*. São Paulo, Brasiliense, 1986.

Genovese, Eugene D., *Roll, Jordan, roll; the world the slaves made*. Nova York, Vintage, 1976.

Ginzburg, Carlo, *O queijo e os vermes; o cotidiano e as idéias de um moleiro perseguido pela Inquisição*; trad. Betânia Amoroso. São Paulo, Companhia das Letras, 1987 (1ª ed. 1976).

Gonçalves, Aureliano Restier, "Carnes verdes em São Sebastião do Rio de Janeiro, 1500-1900", *Revista de Documentos para a História do Rio de Janeiro*, vol. III. Rio de Janeiro, Arquivo do Distrito Federal, 1952.

Gordon, Jacob U., "Yoruba cosmology and culture in Brazil; a study of African survivals in the New World". *Journal of Black Studies*, 10 (2): 231-44, 1979.

Gorender, Jacob, *O escravismo colonial*. São Paulo, Ática, 1978.

Graham, Richard, "Os fundamentos da ruptura de relações diplomáticas entre o Brasil e a Grã-Bretanha em 1863: 'A questão Christie' ", *Revista de História*, 24 (49): 117-38, 379-402, 1962.

_____, "Landowners and the overthrow of the Empire". *Luso-Brazilian Review*, 7 (2): 44-56, 1970.

_____, "Government expenditures and the political change in Brazil, 1880-1899", *Journal of Interamerican Studies and World Affairs*, 19 (3): 339-68, 1970.

Graham, Richard, "Escravidão e desenvolvimento econômico: Brasil e Sul dos Estados Unidos no século XIX". *Estudos Econômicos*, 13 (1): 223-57,1983.

_____, *Patronage and politics*. In: *Nineteenth-century Brazil*. Stanford, Stanford University Press, 1990.

Graham, Sandra Lauderdale, "The Vintém Riot and political culture; Rio de Janeiro, 1880", *Hispanic American Historical Review*, 60 (3): 432-49, 1980.

_____, *House and street: the domestic world of servants and masters in nineteenth-century Rio de Janeiro*. Cambridge, Cambridge University Press, 1988.

Hahner, June, "Jacobinos versus galegos: urban radicals versus Portuguese immigrants in Rio de Janeiro in the 1890's". *Journal of Interamerican Studies and World Affairs*, 18 (2): 125-54, mai. 1976.

Harris, Marvin, *Padrões raciais nas Américas*. Rio de Janeiro, Civilização Brasileira, 1967.

Hodgkin, Thomas, *Nigerian perspectives; an historical anthology*, 2ª ed. Oxford, Oxford University Press, 1975 (1ª ed. 1960).

Holanda, Sérgio Buarque de, "As colônias de parceria". In: Sérgio B. de Holanda, org., *História geral da civilização brasileira*, t. V. São Paulo, Difel, 1960, pp. 245-60.

Ianni, Octávio, *As metamorfoses dos escravos*. São Paulo, Difusão Européia do Livro, 1962.

Instituto Brasileiro de Geografia e Estatística, *Enciclopédia dos municípios brasileiros*. Rio de Janeiro, 1959, vol. XX.

Johnson, Samuel, *The history of the Yorubas: from the earliest times to the beginning of the British Protectorate*, Lagos, C. S. S., 1976.

Karash, Mary C. *Slave life in Rio de Janeiro, 1808-1850*. Princeton, Princeton University Press, 1987.

Lacombe, Américo Jacobina, "A cultura africana no Brasil", *Jornal do Brasil*, 27/11/1988, p. 7. (*Caderno B*/Especial)

_____, Silva, Eduardo e Barbosa, Francisco de Assis, *Rui Barbosa e a queima dos arquivos*. Brasília, Ministério da Justiça; Rio de Janeiro, FCRB, 1988.

Lanna, Ana Lúcia Duarte, *A transformação do trabalho: a passagem para o trabalho livre na Zona da Mata mineira, 1870-1920*, 2ª ed. Campinas, Editora da UNICAMP, 1989.

Lamounier, Maria Lúcia, *Da escravidão ao trabalho livre*. Campinas, Papirus, 1988.

Laraia, Roque de Barros, "Relações entre negros e brancos no Brasil", *BIB*; *Boletim Informativo e Bibliográfico de Ciências Sociais*. Rio de Janeiro, (7): 11-21, 1979.

Law, Robin, *The Oyó empire* (c. *1600-1836*)*; a West African Imperialism in the era of the Atlantic slave trade*. Oxford Clarendon Press, 1977.

Leal, Victor Nunes, *Coronelismo, enxada e voto*, 2ª ed. São Paulo, Alfa-Omega, 1975.

Leão, José, *Silva Jardim; apontamentos para a biografia do ilustre propagandista hauridos nas informações paternas e dados particulares oficiais por...* Rio de Janeiro, Imprensa Nacional, 1895.

Le Goff, J., "As mentalidades, uma história ambígua". In: J. Le Goff e P. Nora, orgs., *História: novos objetos.* Rio de Janeiro, Francisco Alves, 1976.

Levine, Robert, *"Valley of Tears": Canudos as myth in Brazilian history*, inédito.

Lévi-Strauss, Claude. *O pensamento selvagem*, 2ª ed. São Paulo, Companhia Editora Nacional, 1976.

Levy, Carlos Roberto Maciel, *Exposições gerais da Academia Imperial e da Escola Nacional de Belas Artes: período monárquico: catálogo de artistas e obras entre 1840 e 1884.* Rio de Janeiro, Pinakotheke, 1990.

Lewin, Linda, *Politics and parentela.* In: *Paraíba: a case-study of family-based oligarchy.* In: *Brazil.* Princeton, Princeton University Press, 1987.

Lima, Oliveira, *O movimento da Independência; o Império brasileiro, 1821-1889*, 2ª ed. São Paulo, Melhoramentos, s. d.

Luz, Nícia Vilela, *A luta pela industrialização do Brasil.* São Paulo, Difusão Européia do Livro, 1961.

Machado Neto, Zahidé et alii, *O coronelismo na Bahia.* Salvador, Universidade Federal da Bahia, 1972.

Magalhães, João Batista, *A evolução militar do Brasil: anotações para a história.* Rio de Janeiro, Biblioteca do Exército, 1958.

Magalhães Júnior, R., *Arthur Azevedo e sua época.* São Paulo, Saraiva, 1953.

_____, *O Império em chinelos.* Rio de Janeiro, Civilização Brasileira, 1957.

Maia, Tom e Maia, Teresa de Camargo, *Velha Bahia de hoje.* Rio de Janeiro, Expressão e Cultura, 1985.

Mariz, Vasco. *A canção brasileira.* Rio de Janeiro, MEC, 1959.

Marshall, T. H., *Cidade, classe social e status.* Rio de Janeiro, Zahar, 1967.

Mattoso, Kátia M. de Queirós. "A propósito das cartas de alforria; Bahia, 1779-1850", *Anais de História,* Assis (SP), 4 (1972): 23-52.

_____, Klein, Herbert S. e Engerman, Stanley L., "Notas sobre as tendências e padrões dos preços de alforria na Bahia, 1819-1888". In: J. J. Reis, org., *Escravidão e invenção da liberdade; estudos sobre o negro no Brasil.* São Paulo/Brasília, Brasiliense/CNPq, 1988, pp. 60-72.

Mello Júnior, Donato, "As exposições gerais na Academia Imperial de Belas-Artes no Segundo Reinado". *Revista do IHGB*; Anais do Congresso de História do Segundo Reinado, vol. 1, 1984, pp. 203-352.

Menezes, Raimundo de, *Emílio de Menezes, o último dos boêmios.* São Paulo, Saraiva, 1949.

Merquior, José Guilherme, "O navio negreiro". *Cadernos Brasileiros.* Rio de Janeiro, nº 5, mai.-jun. 1966.

Merchior, José Guilherme, *De Anchieta a Euclides; breve história da literatura brasileira*. Rio de Janeiro, José Olympio, 1977.

Moraes, Walfrido, *Jagunços e heróis; a civilização do diamante nas lavras da Bahia*, 4ª ed. Salvador, Empresa Gráfica da Bahia, 1991.

Morais, Evaristo de, *A campanha abolicionista, 1879-1888*, 2ª ed. Brasília, Editora da Universidade de Brasília, 1986.

Morton, F. W. O., "The conservative revolution of Independence". Dphil thesis, Oxford University, 1974.

Morton-Williams, Peter, "The Yoruba Ogboni cult in Oyó", *Africa*, 30 (4): 362-74, 1960.

_____, "The Oyó Yoruba and the Atlantic trade, 1670-1830", *Journal of the Historical Society of Nigeria*, 3 (1): 25-45, 1964.

Mota, Leonardo, *Violeiros do Norte*. São Paulo, Editora Monteiro Lobato, 1925.

Moura, Roberto, *Tia Ciata e a Pequena África no Rio de Janeiro*. Rio de Janeiro, FUNARTE, 1983.

Mulvey, Patrícia, "The Black lay brotherhoods of Colonial Brazil: a history", PhD thesis, City University of New York, 1976.

Murad, Abid, *A batalha do Tuiuti e uma lição de civismo*. Rio de Janeiro, Biblioteca do Exército, 1957.

Nabuco, Carolina, *A vida de Joaquim Nabuco*, 2ª ed. São Paulo, Companhia Editora Nacional, 1929.

Nascimento, Abdias, *O genocídio do negro brasileiro*. Rio de Janeiro, Paz e Terra, 1978.

Nequete, Lenine, *Escravos e magistrados no Segundo Reinado*. Brasília, Fundação Petrônio Portela, 1988.

Oliveira, Maria Inês de, *O liberto: o seu mundo e os outros; Salvador, 1790-1890*. São Paulo/Brasília, Corrupio/CNPq, 1988.

Paim, Antônio, *A filosofia da escola do Recife*. Rio de Janeiro, Saga, 1966.

_____, *História das idéias filosóficas no Brasil*. São Paulo, Grijalbo, 1967.

Pang, Eul-soo, *Bahia in the First Brazilian Republic; coronelism and oligarchies, 1889-1933*. Gainesville, University Press of Florida, 1979.

Peixoto, Afrânio, *Bugrinha*, 10ª ed. Rio de Janeiro/Brasília, Conquista/ INL, 1972.

_____, *Breviário da Bahia*. 3ª ed. Rio de Janeiro, Conselho Federal de Cultura, 1980.

Pereira, João Batista Borges, *Estudos antropológicos e sociológicos sobre o negro no Brasil; aspectos históricos e tendências atuais*. São Paulo, Universidade de São Paulo, 1981.

Pinho, Wanderley. "A Bahia (1808-1856)". In: Sérgio Buarque de Holanda, org., *História geral da civilização brasileira*. São Paulo, Difusão Européia do Livro, 1964, t. II, 2 vols., pp. 242-311.

Pinto, Egon Prates, *Armorial brasileiro; iluminuras de Luís Gomes Loureiro.* Rio de Janeiro, Revista da Semana, 1936.

Pinto, L. A. Costa. *O negro no Rio de Janeiro.* São Paulo, Companhia Editora Nacional, 1953.

Planella, João José, *Índice por assuntos gerais da Revista do IHGB, 1838-1983.* Porto Alegre, mimeo., 1983.

Pontes, Eloy, *A vida exuberante de Olavo Bilac*, 2 vols. Rio de Janeiro, José Olympio, 1944.

Queiroz, Maria Isaura Pereira de, *O mandonismo local na vida política brasileira.* São Paulo, IEB, 1969.

Ramos, Arthur, *Introdução à antropologia brasileira.* 3 vols. Rio de Janeiro, Casa do Estudante do Brasil, 1947.

_____, *O folclore negro do Brasil; demopsicologia e psicanálise.* 2ª ed. ilustrada e revista. Rio de Janeiro, Casa do Estudante do Brasil, 1954.

_____, *As culturas negras no Novo Mundo*, 4ª ed. São Paulo, Companhia Editora Nacional, 1979.

Reis, Elisa Maria da Conceição Pereira, *The agrarian roots of authoritarian modernization.* In: "Brazil, 1880-1930". PhD thesis, Massachusetts Institute of Technology, 1979.

Ribeiro, Gladys Sabina, " 'Cabras e 'pés-de-chumbo': os rolos do tempo; o antilusitanismo na cidade do Rio de Janeiro, 1890-1930". Tese de mestrado, Universidade Federal Fluminense, 1987.

Richardson, David, ed., *Abolition and its aftermath.* Londres, Frank Cass, 1985.

Rodrigues, E. Martins, Falcon, Francisco José Calazans e Neves, Margarida de Souza, *A Guarda Nacional no Rio de Janeiro, 1831-1918.* Rio de Janeiro, PUC, 1981.

Rodrigues, Raimundo Nina, *O animismo fetichista dos negros baianos.* Rio de Janeiro, Civilização Brasileira, 1935.

_____, *Os africanos no Brasil.* São Paulo, Companhia Editora Nacional, 1945.

Romero, Sílvio, *A literatura brasileira e a crítica moderna; ensaio de generalização.* Rio de Janeiro, Imprensa Industrial de João Paulo Ferreira Dias, 1880.

Russel-Wood, A. J. R. *Fidalgos and philantropists: the Santa Casa da Misericordia of Bahia, 1550-1755.* Londres, Macmillan, 1968.

_____, *The Black man.* In: *Slavery and freedom in Colonial Brazil.* Nova York, St. Martin's Press, 1982.

Sales, Fernando, *Lençóis, coração diamantino da Bahia.* Salvador, s. ed., 1973.

Santos, Francisco Agenor de Noronha, *As freguesias do Rio antigo.* Rio de Janeiro, Cruzeiro, 1965.

Santos, José Maria dos, *A política geral do Brasil.* São Paulo, J. Magalhães, 1930.

Santos, Juana Elbein dos, *Os nagôs e a morte*, 4ª ed. Petrópolis, Vozes, 1986.

Schwartz, Stuart B., "The manumission of slaves in Colonial Brazil; Bahia, 1684-1745", *Hispanic American Historical Review*, 54 (4): 603-35, 1974.

_____, "Resistence and accommodation in eighteenth-century Brazil: the slaves' view of slavery", *Hispanic American Historical Review*, 57 (1): 69-81, 1977.

_____, *Sugar plantations in the formation of Brazilian society; Bahia, 1850-1935*, Cambridge, Cambridge University Press, 1985.

Schwarz, Roberto, org., *Os pobres na literatura brasileira.* São Paulo, Brasiliense, 1983.

Senna, Ronaldo de Salles, "Garimpo e religião na Chapada Diamantina: um estudo do Jerê, variante regional do sincretismo candomblé de caboclo — umbanda". Tese de mestrado, Universidade Federal da Bahia, 1973.

Shinnie, P. L., ed., *The Arican Iron Age.* Oxford, Clarendon, 1971.

Silva, Eduardo, *Barões e escravidão; três gerações de fazendeiros e a crise da estrutura escravista.* Rio de Janeiro/Brasília, Nova Fronteira/INL, 1984.

_____, *As queixas do povo.* Rio de Janeiro, Paz e Terra, 1988.

_____ e Reis, João J., *Negociação e conflito; a resistência negra no Brasil escravista.* São Paulo, Companhia das Letras, 1989.

Silva, José Luís F. Werneck da, "Isto é o que me parece: a Sociedade Auxiliadora da Indústria Nacional na formação social brasileira, 1827-1904", 2 vols., tese de mestrado, Universidade Federal Fluminense, 1979.

Simonsen, Roberto, "Aspectos da história econômica do café". *Anais do 3º Congresso de História Nacional.* Rio de Janeiro, IHGB, 1941, vol. IV, pp. 211-99.

Skidmore, Thomas E., *O preto no branco; raça e nacionalidade no pensamento brasileiro.* Rio de Janeiro, Paz e Terra, 1976.

Slenes, Robert, "The demography and economics of Brazilian slavery, 1850-1888". PhD thesis, Stanford University, 1976.

Smith, Robert S., *Kingdoms of the Yoruba*, 3ª ed. Londres, James Currey, 1988.

Soares, Luís Carlos, "Urban slavery in Nineteenth-century Rio de Janeiro", PhD thesis, University of London, 1988.

Soares, Ubaldo, *A escravatura na Misericórdia.* Rio de Janeiro, Fundação Romão de Matos Duarte, 1958.

Sodré, Nelson Werneck, *História da literatura brasileira*, 2ª. ed. Rio de Janeiro, José Olympio, 1940.

_____, *História da imprensa no Brasil.* Rio de Janeiro, Civilização Brasileira, 1966.

Sousa, Octávio Tarquínio de, org., *O pensamento vivo de José Bonifácio*. São Paulo, s. ed., 1944.
Stein, Stanley J., *Grandeza e decadência do café no vale do Paraíba*. São Paulo, Brasiliense, 1961.
Sutcliffe, David and Wong, Ansel, eds., *The language of the Black experience: cultural expression through word and sound in the Caribbean and Black Britain*. Oxford, Basill Blackwell, 1986.
Tannenbaum, Frank, *Slaves and citizen: the Negro in the Americas*. Nova York, Alfred A. Knopf, 1947.
Tavares, Luís Henrique Dias, *A Independência do Brasil na Bahia*. 2ª ed. Rio de Janeiro, Civilização Brasileira/MEC, 1977.
Tavares-Neto, J. e Azevedo, E. S., "Racial origin and historical aspects of family names in Bahia, Brazil", *Human Biology*, 49 (1977): 287-99.
Taunay, Afonso d'Escragnolle, *Pequena história do café no Brasil*. Rio de Janeiro, DNC, 1945.
Teles, Gilberto Mendonça, *Camões e a poesia brasileira*. Rio de Janeiro, FCRB, 1973.
Tinhorão, José Ramos, *Pequena história da música popular; da modinha à canção de protesto*. Petrópolis, Vozes, 1974.
_____, *Música popular, um tema em debate*, 2ª ed. Rio de Janeiro, JCM, 1969.
Tolipan, Heloísa, "Sambista centenária". *Jornal do Brasil*, 28/2/1987, caderno *Cidade*, p. 5.
Valente, Waldemar, *Sincretismo religioso afro-brasileiro*, 3ª ed. São Paulo, Companhia Editora Nacional, 1977.
Vasconcelos, Ary, *Panorama da música popular brasileira*, 2 vols. São Paulo, Martins, 1964.
Vaz, Lílian Fessler, "Notas sobre o Cabeça de Porco". *Revista do Rio de Janeiro*, 1 (2): 29-35, 1986.
Verger, Pierre Fatumbi, *Orixás; deuses iorubas na África e no Novo Mundo*. São Paulo, Corrupio/Círculo do Livro, 1981.
_____, *Fluxo e refluxo do tráfico de escravos entre o golfo de Benin e a Bahia de Todos os Santos dos séculos XVII a XIX*; trad. Tasso Gadzanis. São Paulo, Corrupio, 1987.
Viana, Oliveira, *O caso do Império*, São Paulo, Melhoramentos, 1925.
Vilaça, Marcos Vinícios e Albuquerque, Roberto de. *Coronel, coronéis*. Rio de Janeiro, Tempo Brasileiro, 1965.
Weber, Max, *Economia y sociedad; esbozo de sociologia compreensiva*. México, Fondo de Cultura Económica, 1984.
Witter, José Sebastião, *Ibicaba, uma experiência pioneira*, 2ª ed. São Paulo, Arquivo do Estado de São Paulo, 1982.

CRÉDITO DAS ILUSTRAÇÕES

p. 47: Uniforme dos zuavos da Bahia (1865-70), aquarela de J. Washt Rodrigues (*c.* 1922). Museu Histórico Nacional, Arquivo Histórico, Coleção Uniformes Militares, UM 118.
p. 172: *Retrato Oficial*. In: Carta de Dom Obá II d'África para Dom Pedro II, 1882. Museu Imperial de Petrópolis, Arquivo de Manuscritos, maço 187, doc. 8473.
p. 176: *O Príncipe Obá,* desenho sem data. Museu Histórico Nacional, Arquivo Histórico, doc. 72 A.
p. 178: *Aventura de Sua Alteza o Príncipe Ubá 2º da África,* cartoon satírico, artista desconhecido. In: *Distração*. Rio de Janeiro, ano 2, nº 66, 9/1/1886.
p. 179: *Príncipe Obá* pintura a óleo de Belmiro de Almeira, 24 × 15 cm, coleção particular do embaixador João Hermes Pereira de Araújo, Rio de Janeiro.

ÍNDICE ONOMÁSTICO

ESTA OBRA FOI COMPOSTA PELA HELVÉTICA EDITORIAL EM TIMES E FOI IMPRESSA PELA GEOGRÁFICA EM OFF-SET SOBRE PAPEL PRINT-MAX DA VOTORANTIM PARA A EDITORA SCHWARCZ EM NOVEMBRO DE 1997.